高技能人才培养创新示范教材

筑路材料及试验检测
Zhulu Cailiao ji Shiyan Jiance

主编 王潘劳 姚浩刚
主审 毛 刚

人民交通出版社股份有限公司
China Communications Press Co., Ltd.

内 容 提 要

本书是高技能人才培养创新示范教材,主要内容包括:公路工程用土检测,公路工程无机结合料材料检测,公路工程沥青及沥青混合料材料检测,公路工程水泥及水泥混凝土材料检测,金属材料检测,橡胶支座与石料检测,土工合成材料检测。

本书可作为中职院校公路工程施工类相关专业全日制学生培养教学用书,还可供相关专业在职人员培训及参考使用。

图书在版编目(CIP)数据

筑路材料及试验检测/王潘劳,姚浩刚主编. —北京:人民交通出版社股份有限公司,2017.12(2025.1重印)
高技能人才培养创新示范教材
ISBN 978-7-114-14227-7

Ⅰ.①筑… Ⅱ.①王…②姚… Ⅲ.①筑路材料—材料试验—教材 Ⅳ.①U414

中国版本图书馆 CIP 数据核字(2017)第 239337 号

书　　名:	筑路材料及试验检测
著 作 者:	王潘劳　姚浩刚
责任编辑:	戴慧莉
出版发行:	人民交通出版社股份有限公司
地　　址:	(100011)北京市朝阳区安定门外外馆斜街3号
网　　址:	http://www.ccpcl.com.cn
销售电话:	(010)85285911
总 经 销:	人民交通出版社股份有限公司发行部
经　　销:	各地新华书店
印　　刷:	北京虎彩文化传播有限公司
开　　本:	787×1092　1/16
印　　张:	14.25
字　　数:	319千
版　　次:	2017年12月　第1版
印　　次:	2025年1月　第3次印刷
书　　号:	ISBN 978-7-114-14227-7
定　　价:	36.00元

(有印刷、装订质量问题的图书,由本公司负责调换)

前言 Preface

为贯彻落实《国家中长期教育改革和发展规划纲要(2010—2020年)》精神,按照《国家高技能人才振兴计划》的要求,深化职业教育教学改革,积极推进课程改革和教材建设,满足职业教育发展的新需求,着重高技能人才的培养,依据公路工程施工与养护专业的教学计划和课程标准,我们组织行业专家及一线教师编写了这套补充教材。

本套教材适用于公路工程施工类专业高级工和技师层次全日制学生培养及社会在职人员培训,具有以下特点:

(1)本套教材开发基于实际工作岗位,通过提炼典型工作任务,形成专业课程框架、教学计划及课程标准,切合职业教育教学的特点,符合培养技能型人才成长的规律。

(2)本套教材在编写模式上部分实践性较强的课程采用了任务引领型模式进行编写,有利于任务驱动式教学方法的使用,便于培养学生自我学习、收集信息、解决问题等方面的核心能力。

(3)本套教材在内容选取方面打破了传统教材的学科知识体系的结构,但也考虑了知识和技能的连贯性与整体性,同时保持了知识和技能选取的先进性、科学性与实用性。

《筑路材料及试验检测》是公路施工与养护专业重要课程。本教材由试验检测人员直接参加编写,按照公路工程施工流程设置任务,提供了较多现阶段公路工程施工与检测中的最新技术,也提出了行业对专业人才的职业要求,为学生走上职业岗位提供有力的技能保障。

本书由浙江公路技师学院王潘劳、姚浩刚担任主编,毛刚担任主审。具体编写分工如下:浙江公路技师学院姚浩刚编写模块一、模块四的任务一和任务六;浙江公路技师学院洪新兰编写模块二;浙江公路技师学院王潘劳编写模块三;浙江公路技师学院高亚丽编写模块四的任务二至任务五;浙江公路技师学院检测中心姜建俭编写模块五、模块六;浙江公路技师学院赵婷编写模块七。全书由姚浩刚对技术内容把关,并负责统稿工作。

由于编者水平有限,书中不足之处敬请读者批评指正。

编　者
2017年10月9日

目录 Contents

模块一　公路工程用土检测 ··· 1
　　任务一　组建土建工程工地试验室 ····························· 1
　　任务二　明确路基填筑材料技术要求 ··························· 9
　　任务三　土的物理性能检测 ······································ 12
　　任务四　工程用土鉴别 ··· 17
　　任务五　土的路用性能检测 ····································· 30

模块二　公路工程无机结合料材料检测 ······················· 36
　　任务一　明确无机结合料稳定材料原材料技术要求 ········· 36
　　任务二　粗集料技术性能检测 ·································· 45
　　任务三　细集料技术性能检测 ·································· 56
　　任务四　无机结合料稳定材料性能检测 ······················ 64
　　任务五　无机结合料稳定材料组成设计 ······················ 80

模块三　公路工程沥青及沥青混合料材料检测 ·············· 91
　　任务一　明确沥青混合料原材料技术要求 ··················· 91
　　任务二　沥青技术性能检测 ···································· 101
　　任务三　沥青混合料技术性能检测 ···························· 113
　　任务四　热拌沥青混合料组成设计 ···························· 121

模块四　公路工程水泥及水泥混凝土材料检测 ············· 130
　　任务一　明确公路桥涵水泥混凝土原材料技术要求 ········ 130
　　任务二　水泥技术性能检测 ···································· 139
　　任务三　水泥混凝土拌和物技术性能检测 ··················· 156
　　任务四　硬化水泥混凝土技术性能检测 ······················ 165

任务五　普通水泥混凝土配合比设计 …………………………………… 173
　　任务六　水泥砂浆技术性能检测 ……………………………………… 188
模块五　金属材料检测 ……………………………………………………… 192
　　任务一　钢筋技术性能检测 …………………………………………… 192
　　任务二　钢绞线技术性能检测 ………………………………………… 200
　　任务三　锚具技术性能检测 …………………………………………… 204
模块六　橡胶支座与石料检测 ……………………………………………… 208
　　任务一　橡胶支座技术性能检测 ……………………………………… 208
　　任务二　石料技术性能检测 …………………………………………… 211
模块七　土工合成材料检测 ………………………………………………… 215
　　任务　土工合成材料技术性能检测 …………………………………… 215
参考文献 ……………………………………………………………………… 221

模块一　公路工程用土检测

任务一　组建土建工程工地试验室

 学习目标

1. 能按照《公路工程工地试验室标准化指南》和《浙江省高等级公路标准化工地试验室建设指导性意见》要求进行现场标准化工地试验室建设。
2. 依照标准化工地试验室的相关要求,并结合工程实际,对项目部工地试验室进行标准化建设,编制工地试验室建设方案并及时上报。

 建议学时

2 学时。

 **任务描述**

××高速公路复线第 8 合同段,起止桩号为 YK353+640(ZK353+630)(龙沙互通起点)~K356+700,路线长度 3.06km。为创造良好的检测环境,该公司项目部按照《公路工程工地试验室标准化指南》和《浙江省高等级公路标准化工地试验室建设指导性意见》要求,结合该工程的实际,对项目部工地试验室进行标准化建设,编制工地试验室建设方案,并及时上报。

 理论知识

一、项目概况

该项目为 6 车道高速公路项目,设计速度 100km/h。第 8 合同段位于潮滩亚区,地形略有起伏,向海洋方向倾斜,上部分布软土层,中部为砂卵石层,下伏基岩。受潮汐影响,该区时有露出水面。本合同段所处地主要为海积平原区,特殊性岩土为软土,岩性为淤泥、淤泥质黏土、淤泥质黏土夹粉砂。工程施工主要内容为路基、桥梁、互通立交等。

1. 路基工程

(1)路基挖方与填筑工程:路基挖方63.2万立方米,填方19.9万立方米,高液限土基处理6万立方米。

(2)排水工程:排水沟4475m,ϕ100钢筋混凝土管5m。

(3)防护工程:植草护坡35319m^2,砌片石护坡3755m^3,六角空心块护坡18.6m^3,C20片石混凝土挡墙11279.7m^3,M7.5浆砌片(块)石挡土墙146.28m^3,检修踏步140m^3,栏杆扶手362m,挖方平台553.4m^3,框架锚杆4163m。

2. 桥涵工程

互通立交主线设有特大桥1159m/1座,大桥1471m/2座,匝道设有大桥1392.8m/5座,联络通道桥60m/1座,通道、涵洞共148m/6道。桥梁基础采用钻孔灌注桩和人工挖孔桩,下部结构采用桩柱式桥墩。

二、工地试验室一般规定

(1)工地试验室是指公路工程建设从业单位在工地现场为质量控制和检验工作需要而设立的临时试验室。工地试验室建设应满足《公路水运工程试验检测管理办法》(交通部令2005年第12号)的有关规定,由取得"公路水运工程试验检测机构资质等级证书"的试验检测机构授权设立,且授权的试验检测项目和参数不得超出其等级证书核定的业务范围。母体试验检测机构对工地试验室的试验检测行为及结果承担责任。

(2)施工、监理单位应在工程正式开工前,根据合同承诺,经授权在工程现场设立与工程内容相适应的工地试验室。不具备设立试验室条件的施工、监理单位和有需要设立工地试验室的建设单位,可委托取得"等级证书"和"计量认证证书"的第三方试验检验机构在工地现场设立。

(3)工地试验室应经有认证资格的单位组织认定合格,批准后方可正式开展试验检测工作。

任务实施

试验室建设方案

1. 建设目的

工地试验室是工程项目部质量管理的部门,试验检测工作是控制工程施工质量的有效保障手段,客观准确的试验检测数据是反映工程项目实体质量和指导现场施工的重要依据。工地试验室的试验检测数据是工程实体质量最基础的数据,其真实性、准确性极其重要。建设标准化工地试验室,促进工地试验室规范化管理,将有效提高试验检测数据的准确性。

2. 建设要求

工地试验室主要担负该合同段建筑工程原材料的检测及合理使用,通过工地试验检测与监督检查,对结构物与构件成品、半成品的质量进行检验,以保证工程施工和产品质

量。试验室检测人员按照浙江省标准化管理要求,项目规模1亿~5亿元的量检测人员5~8人,目前该项目考虑检测人员5人,其中检测工程师2人,检测员3人。所有人员均在母体试验室注册,考虑到该项目混凝土用量较大(达到24万立方米)另加辅助工2~3人,满足试验检测人员持证上岗规定及现场检测的要求。

3. 试验室场地要求

按照《公路工程工地试验室标准化指南》和《浙江省高等级公路标准化工地试验室建设指导性意见》进行规划建设,采用独立院子建设,试验室总占地面积为820m²,建筑面积为320m²,设置办公室和各功能室。办公室3间(含资料室1间);功能室为力学室、水泥室、混凝土室、集料室、养护室、样品室和留样室等,各室配置相应的空调,满足试验环境要求,布局合理,仪器设备摆放科学。试验室各操作室需装配三相四线开关12个,两相插座24个,灯开关13个。试验室总的电功率为30kW,主要在标养室、力学室、集料室。主线采用10mm²的铜芯线,各个功能室采用6mm²铜芯线,办公室、资料室、会议室采用4mm²铜芯线。

4. 功能室设计要求

办公室和各功能室应设置醒目门牌,尺寸为28cm×10cm,金底红字。办公桌、资料柜等布置摆放要合理,各功能室电源插头应高出地面130cm以上,各种设备保证"一机一闸",防止冲洗时进水漏电,操作台的高度应控制在70~90cm,台面宽度为60~80cm,总长度约20m,台面宜采用光洁、耐磨的瓷砖,台下隔柜的宽度不小于60cm,柜门采用双开式柜门,各功能室的操作规程等框图应上墙,制作尺寸为高60cm×宽40cm,蓝底白字,仪器使用及维修记录用竖放硬面夹挂在相应的仪器后面,离地150cm。集料采用隔仓存放,隔墙高为60cm,宽和深分别为60cm和80cm,仓后墙120cm高处贴材料标识牌。水泥室里的沸煮箱用外箱罩住,外箱上接一直径大于8cm的塑料管通向室外。地面上要设置环形水槽,便于室内水排向室外,水槽断面尺寸为宽8cm×深5cm。试件养护架要有一定的刚度(建议采用4×4mm角钢),每个养护架应用大写英文字母编号。工地试验室建设方案如图1-1~图1-8所示。

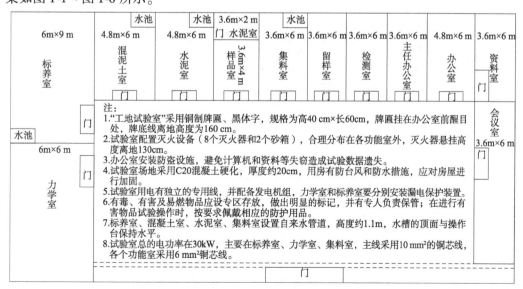

图1-1 工地试验室总体操作间布置图

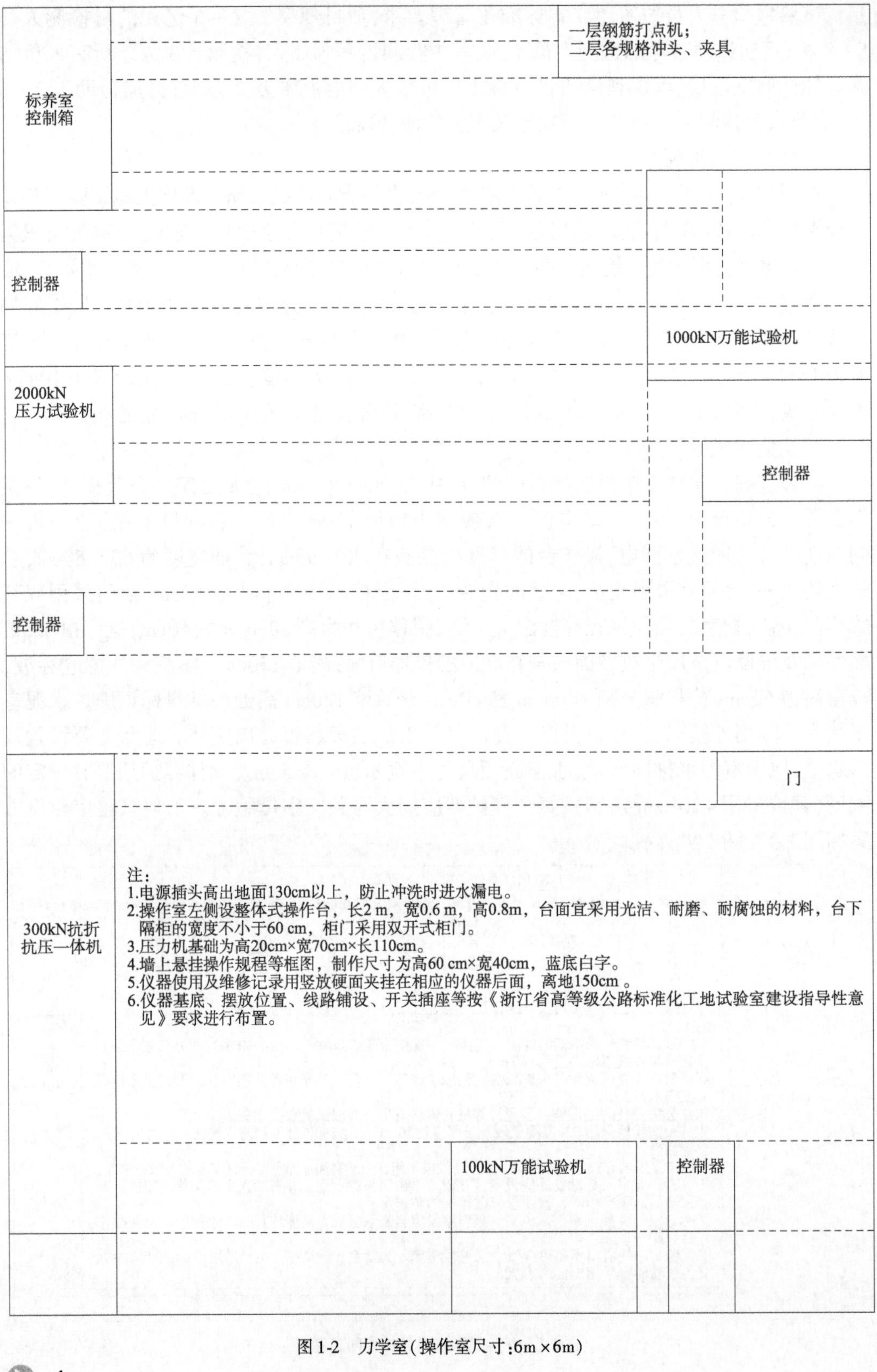

		一层钢筋打点机；二层各规格冲头、夹具
标养室控制箱		
控制器		
		1000kN万能试验机
2000kN压力试验机		
		控制器
控制器		
		门
300kN抗折抗压一体机	注： 1.电源插头高出地面130cm以上，防止冲洗时进水漏电。 2.操作室左侧设整体式操作台，长2m，宽0.6m，高0.8m，台面宜采用光洁、耐磨、耐腐蚀的材料，台下隔柜的宽度不小于60 cm，柜门采用双开式柜门。 3.压力机基础为高20cm×宽70cm×长110cm。 4.墙上悬挂操作规程等框图，制作尺寸为高60 cm×宽40cm，蓝底白字。 5.仪器使用及维修记录用竖放硬面夹挂在相应的仪器后面，离地150cm。 6.仪器基础、摆放位置、线路铺设、开关插座等按《浙江省高等级公路标准化工地试验室建设指导性意见》要求进行布置。	
	100kN万能试验机	控制器

图1-2　力学室(操作室尺寸:6m×6m)

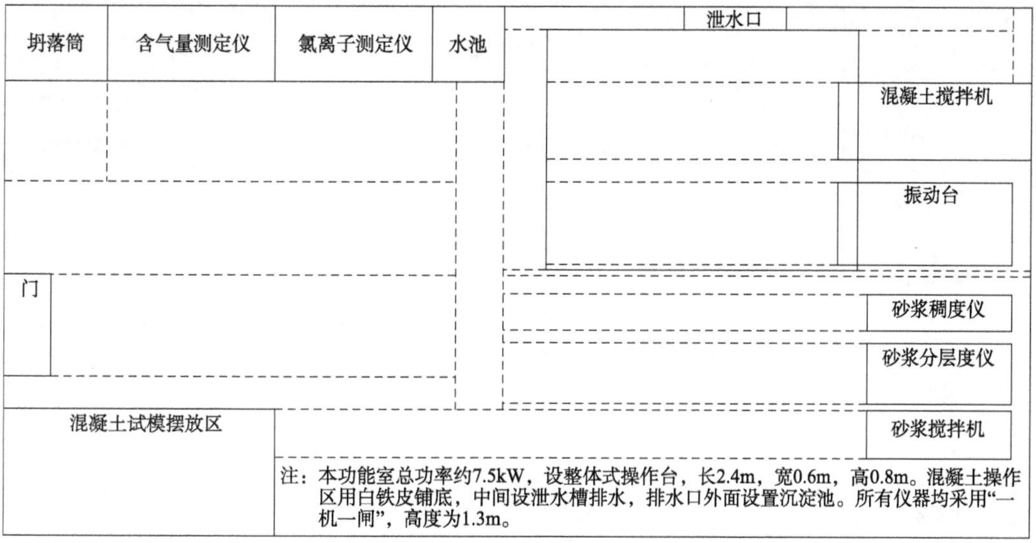

坍落筒	含气量测定仪	氯离子测定仪	水池	泄水口	
					混凝土搅拌机
					振动台
门					砂浆稠度仪
					砂浆分层度仪
混凝土试模摆放区					砂浆搅拌机

注：本功能室总功率约7.5kW，设整体式操作台，长2.4m，宽0.6m，高0.8m。混凝土操作区用白铁皮铺底，中间设泄水槽排水，排水口外面设置沉淀池。所有仪器均采用"一机一闸"，高度为1.3m。

图1-3　水泥混凝土室(操作室尺寸：4.8m×6m)

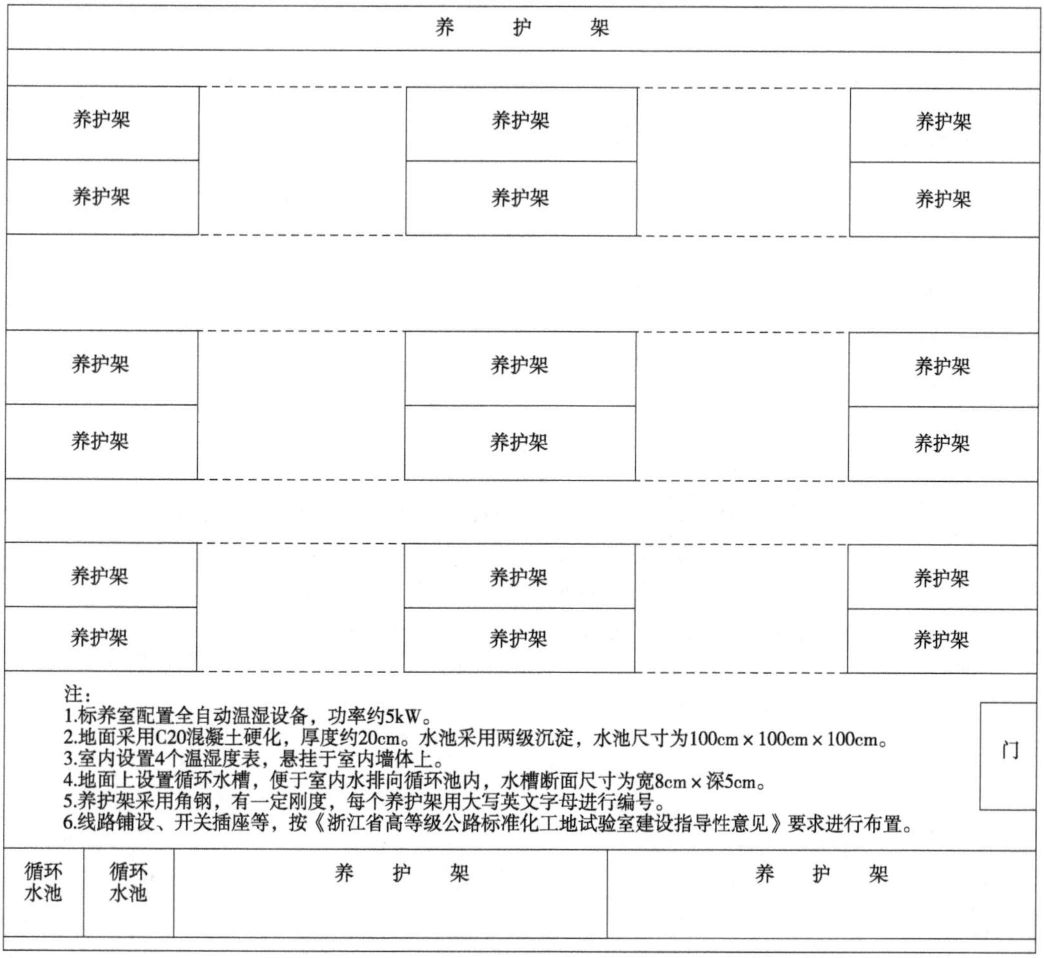

养护架					
养护架		养护架		养护架	
养护架		养护架		养护架	
养护架		养护架		养护架	
养护架		养护架		养护架	
养护架		养护架		养护架	
养护架		养护架		养护架	
注： 1.标养室配置全自动温湿设备，功率约5kW。 2.地面采用C20混凝土硬化，厚度约20cm。水池采用两级沉淀，水池尺寸为100cm×100cm×100cm。 3.室内设置4个温湿度表，悬挂于室内墙体上。 4.地面上设置循环水槽，便于室内水排向循环池内，水槽断面尺寸为宽8cm深5cm。 5.养护架采用角钢，有一定刚度，每个养护架用大写英文字母进行编号。 6.线路铺设、开关插座等，按《浙江省高等级公路标准化工地试验室建设指导性意见》要求进行布置。					门
循环水池	循环水池	养护架		养护架	

图1-4　标准养护室(操作室尺寸：6m×9m)

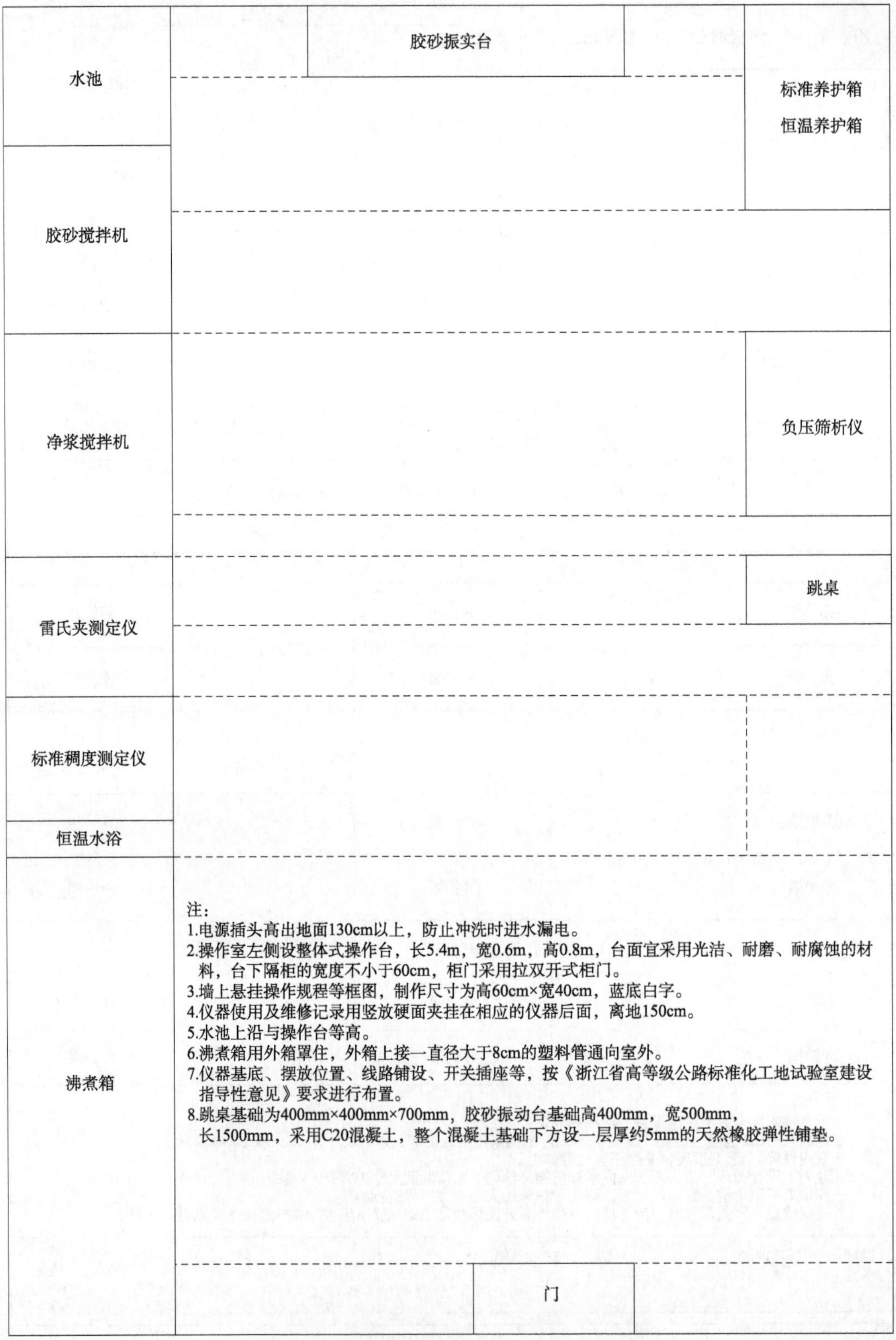

水池			胶砂振实台		标准养护箱 恒温养护箱
胶砂搅拌机					
净浆搅拌机					负压筛析仪
雷氏夹测定仪					跳桌
标准稠度测定仪					
恒温水浴					
沸煮箱	注: 1.电源插头高出地面130cm以上,防止冲洗时进水漏电。 2.操作室左侧设整体式操作台,长5.4m,宽0.6m,高0.8m,台面宜采用光洁、耐磨、耐腐蚀的材料,台下隔柜的宽度不小于60cm,柜门采用拉双开式柜门。 3.墙上悬挂操作规程等框图,制作尺寸为高60cm×宽40cm,蓝底白字。 4.仪器使用及维修记录用竖放硬面夹挂在相应的仪器后面,离地150cm。 5.水池上沿与操作台等高。 6.沸煮箱用外箱罩住,外箱上接一直径大于8cm的塑料管通向室外。 7.仪器基底、摆放位置、线路铺设、开关插座等,按《浙江省高等级公路标准化工地试验室建设指导性意见》要求进行布置。 8.跳桌基础为400mm×400mm×700mm,胶砂振动台基础高400mm,宽500mm,长1500mm,采用C20混凝土,整个混凝土基础下方设一层厚约5mm的天然橡胶弹性铺垫。				
				门	

图1-5 水泥室1(操作室尺寸:4.8m×6m)

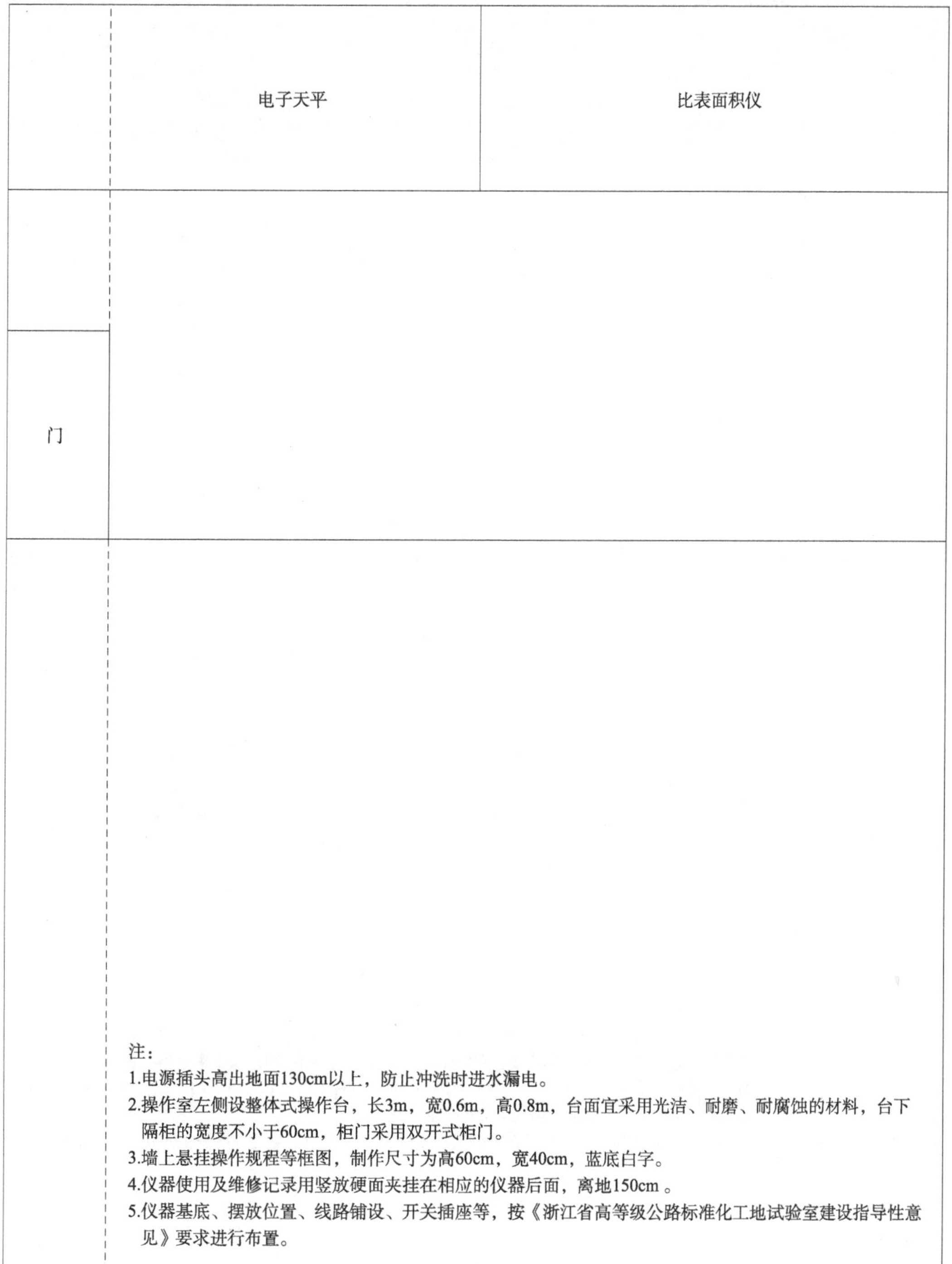

电子天平	比表面积仪

门	

注：
1. 电源插头高出地面130cm以上，防止冲洗时进水漏电。
2. 操作室左侧设整体式操作台，长3m，宽0.6m，高0.8m，台面宜采用光洁、耐磨、耐腐蚀的材料，台下隔柜的宽度不小于60cm，柜门采用双开式柜门。
3. 墙上悬挂操作规程等框图，制作尺寸为高60cm，宽40cm，蓝底白字。
4. 仪器使用及维修记录用竖放硬面夹挂在相应的仪器后面，离地150cm。
5. 仪器基底、摆放位置、线路铺设、开关插座等，按《浙江省高等级公路标准化工地试验室建设指导性意见》要求进行布置。

图1-6 水泥室2(操作室尺寸:3.6m×2m)

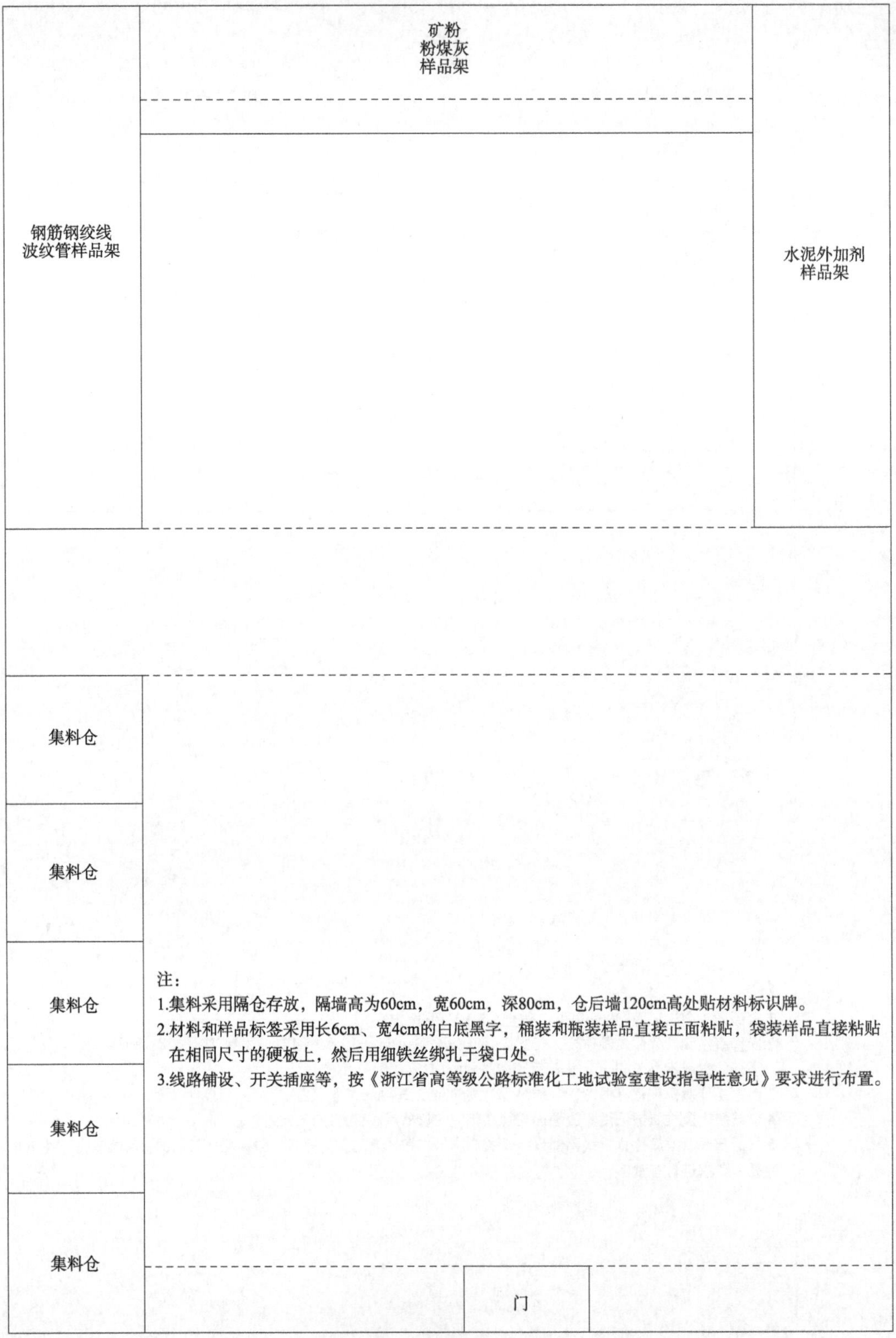
矿粉
粉煤灰
样品架
钢筋钢绞线
波纹管样品架
水泥外加剂
样品架
集料仓
集料仓
集料仓
集料仓
集料仓
注：
1.集料采用隔仓存放，隔墙高为60cm，宽60cm，深80cm，仓后墙120cm高处贴材料标识牌。
2.材料和样品标签采用长6cm、宽4cm的白底黑字，桶装和瓶装样品直接正面粘贴，袋装样品直接粘贴在相同尺寸的硬板上，然后用细铁丝绑扎于袋口处。
3.线路铺设、开关插座等，按《浙江省高等级公路标准化工地试验室建设指导性意见》要求进行布置。
门

图1-7　样品室(操作室尺寸:3.6m×4m)

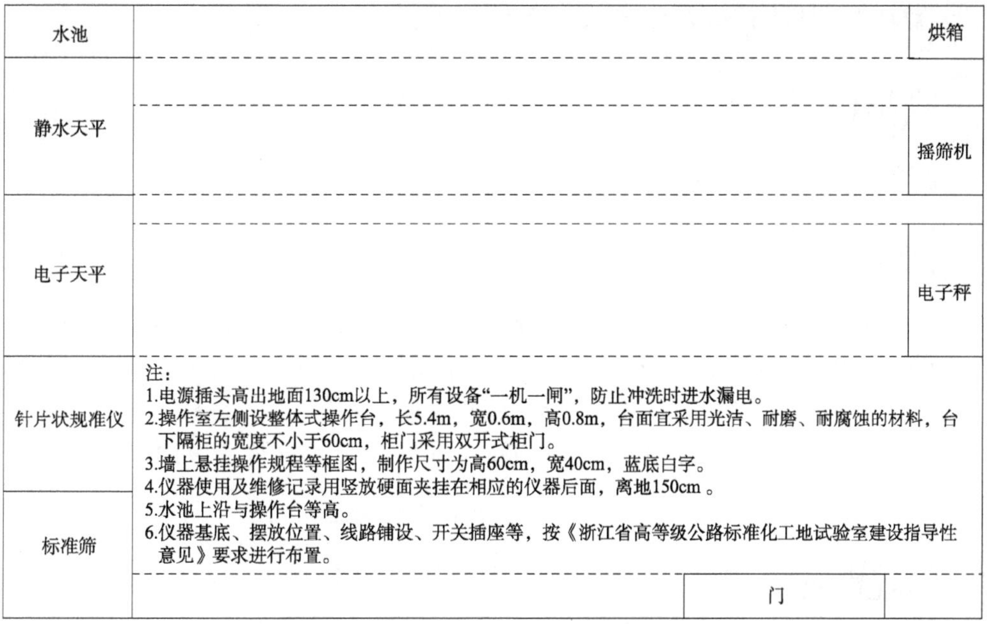

模块一　公路工程用土检测

水池		烘箱
静水天平		摇筛机
电子天平		电子秤
针片状规准仪	注: 1.电源插头高出地面130cm以上,所有设备"一机一闸",防止冲洗时进水漏电。 2.操作室左侧设整体式操作台,长5.4m,宽0.6m,高0.8m,台面宜采用光洁、耐磨、耐腐蚀的材料,台下隔柜的宽度不小于60cm,柜门采用双开式柜门。 3.墙上悬挂操作规程等框图,制作尺寸为高60cm,宽40cm,蓝底白字。 4.仪器使用及维修记录用竖放硬面夹挂在相应的仪器后面,离地150cm。 5.水池上沿与操作台等高。 6.仪器基底、摆放位置、线路铺设、开关插座等,按《浙江省高等级公路标准化工地试验室建设指导性意见》要求进行布置。	
标准筛		门

图 1-8　集料室(操作室尺寸:3.6m×6m)

思考与练习

一、填空题

1.施工、监理单位应在工程正式开工前,根据合同承诺,经授权在_____设立与工程内容相适应的_____。不具备设立试验室条件的施工、监理单位和有需要设立工地试验室的建设单位,可委托取得"等级证书"和"计量认证证书"的_____在工地现场设立。

2.工地试验室的_____是工程实体质量最基础的数据,建设标准化工地试验室,促进工地试验室_____,将有效提高试验检测数据的准确性。

3.为创造良好的检测环境,项目部按照_____和_____要求,并结合工程实际,对项目部工地试验室进行标准化建设。

二、综合题

有一条双向6车道高速公路,设计速度120km/h,全长14.7km。主线路面采用沥青混凝土路面,路面结构为:4cmAC-13C细粒式沥青混凝土+6cmAC-20C中粒式沥青混凝土+8cmAC-25C粗粒式沥青混凝土+32cm水泥稳定碎石(基层)+20cm低剂量水泥稳定碎石(底基层),请根据该工程的特性,编写工地试验室建设方案,组建路面工地试验室。

任务二　明确路基填筑材料技术要求

学习目标

1.能描述土的概念和三相组成。

2.能描述公路路基工程对土的技术要求。

 建议学时

2学时。

 任务描述

××高速公路复线第8合同段,起止桩号为YK353+640(ZK353+630)(龙沙互通起点)~K356+700,路线长度3.06km。该工地试验室已建成,相关仪器(土工试验仪器)设备已经到位,并已通过临时资质认定。该合同段建设中需要从取土场取土进行路基填筑,按《公路路基施工技术规范》(JTG F10—2006)要求,进行相关试验,判定土样是否符合要求。

 理论知识

一、项目概况

该项目为6车道高速公路项目,设计速度100km/h。该合同段位于潮滩亚区,地形略有起伏,向海洋方向倾斜,上部分布软土层,中部为砂卵石层,下伏基岩。受潮汐影响,该区时有露出水面。该合同段所处地线主要为海积平原区,特殊性岩土为软土,岩性为淤泥、淤泥质黏土、淤泥质黏土夹粉砂。路基挖方63.2万m^3,填方19.9万m^3,高液限土基处理6万m^3,现处于路基施工前期备料阶段。

试验员需对该土进行试验检测工作,其内容包括天然含水率、液限、塑限、标准击实试验、CBR试验等,必要时应做颗粒分析、相对密度、有机质含量、易溶盐含量、冻胀和膨胀量等试验,检测后根据试验结果判定土样是否符合要求。

二、土的定义

土是由地壳岩石经风化、剥蚀、搬运、沉积,形成由固体矿物、液态水和气体组成的一种集合体。它包括土壤、黏土、砂、岩屑、岩块和砾石等。土的特征是颗粒和颗粒之间的黏结强度低,甚至没有黏结性。因此根据土粒之间有无黏结性,大致可将土分为砂类土和黏质土两大类。

三、土的三相组成

土体是由固体土粒、液体水和填充在空隙中的气体三部分组成。土中的固体矿物颗粒(固相)构成土的主体部分,它是土的骨架,骨架之间存在大量孔隙,孔隙中填充着液体水(液相)和气体(气相)。因此土也被称为三相体。

自然界土体的三相比例不是一成不变的,随着环境的变化,土的三相比例也将发生相应的变化,土体三相比例不同,土的状态和工程性质也随之各异,见表1-1。

模块一　公路工程用土检测

三相因素和土的状态关系　　　　　　　　　　　　　　　表1-1

三相因素	名　称	状　态
固相+气相	干土	黏质土呈干硬状态,砂类土呈松散状态
固相+液相+气相	湿土	黏质土多为可塑状态,砂类土具有一定的黏结性
固相+液相	饱和土	黏质土多为流塑状态,砂类土仍呈松散状态,但遇强烈地震时可能产生液化,使工程结构物遭到破坏

土的物理性质指标,就是指土中固相、液相、气相三者在体积和质量方面的相互比例关系,利用物理性质指标可间接地评定土的工程性质。

任务实施

在公路工程中,土的用途主要有两个方面:一是填方路基的填料;二是无机结合料稳定材料的被稳定材料。本任务主要介绍路基用土的技术要求。

对于一般路基施工,《公路路基施工技术规范》(JTG F10—2006)中对路基填料的相关要求如下:

(1)含草皮、生活垃圾、树根、腐殖质的土,严禁作为填料。

(2)泥炭、淤泥、冻土、强膨胀土、有机质土及易溶盐超过允许含量的土,不得直接用于填筑路基;确需使用时,必须采取技术措施进行处理,经检验满足设计要求后方可使用。

(3)液限大于50%、塑性指数大于26、含水率不适宜直接压实的细粒土,不得直接作为路堤填料;需要使用时,必须采取技术措施进行处理,经检验满足设计要求后方可使用。

(4)粉质土不宜直接填筑于路床,不得直接填筑于冰冻地区的路床及浸水部分的路堤。

(5)路基填料最小强度和最大粒径,应符合表1-2的规定。

路基填料最小强度和最大粒径要求　　　　　　　　　　表1-2

填料应用部位 (路面底高程以下深度,m)		填料最小强度(CBR)(%)			填料最大粒径 (mm)
		高速公路、 一级公路	二级公路	三级公路、 四级公路	
填方 路基	上路床(0~0.30)	8	6	5	100
	下路床(0.30~0.80)	5	4	3	100
	上路堤(0.80~1.50)	4	3	3	150
	下路堤(>1.50)	3	2	2	150
零填 及挖方路基	(0~0.30)	8	6	5	100
	(0.30~0.80)	5	4	3	100

注:①表列强度按《公路土工试验规程》(JTG E40—2007)规定的浸水96h的CBR试验方法测定;
②三、四级公路铺筑沥青混凝土和水泥混凝土路面时,应采用二级公路的规定;
③表中上、下路堤填料最大粒径150mm的规定不适用于填石路堤和土石路堤。

(6)土质路基地基表层处理中,对二级及二级以上公路路堤基底的压实度应不小于90%;三级公路、四级公路应不小于85%。

(7)《公路路基施工技术规范》(JTG F10—2006)对土质路基压实度应符合表1-3的规定。

土质路基压实度标准　　　　　　　　　表 1-3

填挖类型		路床顶面以下深度(m)	压实度（%）		
			高速公路、一级公路	二级公路	三级公路、四级公路
路堤	上路床	0～0.30	≥96	≥95	≥94
	下路床	0.30～0.80	≥96	≥95	≥94
	上路堤	0.80～1.50	≥94	≥94	≥93
	下路堤	>1.50	≥93	≥92	≥90
零填及挖方路基		0～0.30	≥96	≥95	≥94
		0.30～0.80	≥96	≥95	—

注：①表列压实度以《公路土工试验规程》(JTJ E40—2007)重型击实试验法为准；
②三、四级公路铺筑水泥混凝土路面或沥青混凝土路面时，其压实度应采用二级公路的规定值；
③路堤采用特殊填料或处特殊气候地区，压实度标准根据试验路在保证路基强度要求的前提下适当降低；
④特别干旱地区的压实度标准可降低2%～3%。

 思考与练习

一、填空题

1. 土体是由_____、_____和填充在空隙中的_____三部分组成。土中的固体矿物颗粒(固相)构成土的_____，它是土的骨架，骨架之间存在大量孔隙，孔隙中填充着液体水(液相)和气体(气相)。因此土也被称为三相体。

2. 液限大于_____、塑性指数大于_____、含水率不适宜直接压实的细粒土，不得直接作为路堤填料；需要时，必须采取_____进行处理，经检验满足设计要求后方可用。

3. 土质路基地基表层处理中，对二级及二级以上公路路堤基底的压实度应不小于_____；三级公路、四级公路应不小于_____。

二、综合题

某二级公路土方工程施工，设计速度60km/h，双向2车道。该合同段主要路基工程的工程量有路基挖土石方187353m³，路基土石混合料填筑186197m³，台背回填砂砾9628m³，土工格栅503m²，碎石桩538m，高液限土基处理26182m³。现该项目部需进行路床部位土方填筑，根据该工程的特性，试验员需对工程范围内的土样进行检测，判断其是否能用于土方填筑。请简述检测项目有哪些？技术要求是什么？

任务三　土的物理性能检测

 学习目标

1. 能描述土的含水率、密度的概念；
2. 能依据现行《公路土工试验规程》(JTG E40—2007)完成土的含水率测定、土的相对密度试验测定。

建议学时

4学时。

任务描述

××高速公路复线第8合同段,起止桩号为YK353+640(ZK353+630)(龙沙互通起点)~K356+700,路线长度3.06km。该项目为双向6车道高速公路项目,设计速度100km/h。现有一批土方进场,试验室人员对到场土样的含水率和密度进行测定,以确定土的工程可用性。

参照现行《公路土工试验规程》(JTG E40—2007)要求进行试验检测任务。

理论知识

反映土的物理性质的试验有含水率、密度、颗粒分析和相对密度等。

一、土的含水率

土的含水率表示土中含水的数量,为土体中水的质量与固体矿物质量的比值,用百分数表示,按式(1-1)计算:

$$w = \frac{m - m_s}{m_s} \times 100\% \qquad (1\text{-}1)$$

式中:w——土的含水率,计算至0.1;

m——湿土的质量(g);

m_s——干土质量(g)。

土体的含水率测定方法主要有烘干法、酒精燃烧法和比重法。其中干土的质量和土粒的质量是一样的。

二、土体的密度

土体的密度是指土体试样的总质量与其总体积的比值。土的总质量包括土粒质量、孔隙中水分质量和气体质量。根据土体孔隙中所含水分情况,可将土体的密度分为天然密度、干密度、饱和密度和相对密度。

1. 天然密度(ρ)

土体的天然密度是指在天然状态下土体试样单位体积的质量,包括土粒的质量和孔隙中水分的质量,故也称湿密度,按式(1-2)计算:

$$\rho = \frac{m}{V} = \frac{m_s + m_w}{V} \qquad (1\text{-}2)$$

式中:ρ——土体的天然密度;

m——土粒的质量;

m_s——干土质量;

m_w——土中水的质量;

V——土样总体积。

土的密度与土的结构和所含水分的多少以及矿物成分有关,所以在测定土的天然密度时,必须要采用原状土样(是指结构未受扰动破坏,并且保持其天然结构状态下的天然含水率)。测定土的天然密度也可根据工程的需要制备所需状态的扰动土样。

土体的天然密度值一般在1.6~2.2g/m³之间。常用土的天然密度测定方法有环刀法、灌砂法、电动取土器法、灌水法、蜡封法等。环刀法适用于细粒土;灌砂法适用于现场测定细粒土、砂类土和砾类土的密度;电动取土器法适用于无机结合料稳定细粒土和硬塑土密度的快速测定;灌水法适用于现场测定粗粒土和巨粒土的密度;蜡封法适用于易破裂土和形状不规则的坚硬土。

2. 干密度(ρ_d)

干密度是指干燥状态下土体试样单位体积的质量,即土体中固体土粒的质量与土样总体积的比值,按式(1-3)计算:

$$\rho_d = \frac{m_s}{V} = \frac{\rho}{1+0.01w} \tag{1-3}$$

式中:m_s——干土质量;
$\quad V$——土样总体积;
$\quad \rho$——土的天然密度;
$\quad w$——土中含水率。

土体的干密度实际上是土体中完全不含水分的密度,是土体密度中最小的。土体的干密度与土体结构的紧密程度有关。一般来说,土的干密度值越大,土越密集,孔隙率越小。干密度在一定程度上反映了土粒排列的紧密程度,在工程中常用它作为压实质量的控制指标。

3. 饱和密度(ρ_f)

饱和密度是指当土的孔隙中全部为水所充满时的密度,按式(1-4)计算:

$$\rho_f = \frac{m_s + m_w}{V} = \frac{m_s + V_n \rho_w}{V} \tag{1-4}$$

式中:m_w——土中水的质量;
$\quad V_n$——水分的体积;
$\quad \rho_w$——水的密度。

4. 相对密度(G_s)

土的相对密度是指土在105~110℃下烘干至恒重时的质量与同体积4℃蒸馏水质量的比值,即土的比重。

土的相对密度只与组成土的矿物成分有关,而与土的孔隙大小及其中所含水分多少无关。土的相对密度常用测定方法有比重瓶法、浮称法、虹吸筒法和浮力法等。

任务实施

一、烘干法测土的含水率试验

1. 试验目的

烘干法测定含水率精度高,因此应用较广,适用于黏性土、粉质土、砂类土和有机质

土类。

2.仪器设备

(1)烘箱:可采用电热烘箱或温度能保持 105~110℃ 的其他能源烘箱。

(2)天平:感量 0.01g,称量 200g;感量 0.1g,称量 1000g。

(3)其他:干燥器、称量盒等。

3.试验步骤

(1)取代表性试样,细粒土 15~30g,砂类土、有机土 50g,装入称量盒内,立即盖好盒盖,称质量。

(2)揭开盒盖,将试样和盒放入烘箱内,在 105~110℃ 的恒温下烘干。烘干时间对细粒土不得少于 8h,对砂类土不得少于 6h。对含有机质超过 5% 或含石膏土,应将温度控制在 60~70℃ 的恒温下烘干,干燥 12~15h 为好。

(3)将烘干后的试样和盒取出,放入干燥器内冷却(一般只需 0.5~1h 即可)。冷却后盖好盒盖,再称量,准确至 0.01g。

4.结果整理

含水率按式(1-5)计算,精确至 0.1%。

$$w = \frac{m - m_s}{m_s} \times 100 \tag{1-5}$$

式中:w——土中含水率(%);

m——土粒的质量;

m_s——干土质量。

5.精密度和允许差

该试验须进行两次平行测定,取其算术平均值,允许平行差值应符合有关规定,见表 1-4。

含水率测定的允许平行差值　　　　　表 1-4

含水率(%)	允许平行差值(%)	含水率(%)	允许平行差值(%)
5 以下	0.3	40 以上	≤2
40 以下	≤1	对层状和网状构造的冻土	<3

二、土的相对密度试验

1.试验目的

测定粒径小于 5mm 土的相对密度。

2.仪器设备

(1)比重瓶:容量 100(或 50)mL。

(2)天平:称量 200g,感量 0.001g。

(3)恒温水槽:灵敏度 ±1℃。

(4)温度计:刻度为 0~50℃,分画值为 0.5℃。

(5)其他:烘箱、砂浴、真空抽气设备(砂土)、蒸馏水、中性液体(煤油)、孔径 2mm 及 5mm 筛、漏斗、滴管。

3. 比重瓶校正

(1) 将比重瓶洗净、烘干,称比重瓶质量,准确至0.001g。

(2) 将煮沸冷却的纯水注入比重瓶。对长颈比重瓶注水至刻度处,对短颈比重瓶应注满纯水,塞紧瓶塞,多余水分自瓶塞毛细管中溢出。调节恒温水槽至5℃或10℃,然后将比重瓶放入恒温水槽内,直至瓶内水温恒定。取出比重瓶,擦干外壁,称瓶、水总质量,准确至0.001g。

(3) 以5℃级差调节恒温水槽的水温,逐级测定不同温度下的比重瓶、水总质量,一直达到该地区最高自然气温为止。每个温度时均应进行两次平行测定,两次测定的差值不得大于0.002g,取两次测值的平均值。绘制温度与瓶、水质量的关系曲线。

4. 试验步骤

(1) 将比重瓶烘干,将15g烘干土装入100mL比重瓶内(若用50mL比重瓶,装烘干土12g),称量。

(2) 为排除土中空气,将已装有干土的比重瓶,注入蒸馏水至瓶的一半处,摇动比重瓶,并将瓶在砂浴中煮沸,煮沸时间自悬液沸腾算起,砂及低液限黏质土应不少于30min,高液限黏质土应不少于1h,使土粒分散。注意沸腾后调节砂浴温度,不使土液溢出瓶外。

(3) 如用长颈比重瓶,用滴管调整液面恰至刻度(以弯液面下缘为准),擦干瓶外及瓶内壁刻度以上部分的水,称瓶、水、土总质量。如用短颈比重瓶,将纯水注满,使多余水分自瓶塞毛细管中溢出,将瓶外水分擦干后,称瓶、水、土总质量,称量后立即测出瓶内水的温度(0.5℃)。

(4) 如根据测得的温度,从已绘制的温度与瓶、水总质量关系曲线中查得瓶、水总质量。比重瓶体积事先未经温度校正,则立即倾去悬液,洗净比重瓶,注入事先煮沸过且与试验时同温度的蒸馏水至同一体积刻度处,将瓶外水分擦干后,称瓶、水总质量。

(5) 如砂土,煮沸时砂砾易跳出,允许用真空抽气法排除土中空气。

5. 结果整理

用蒸馏水测定时,按式(1-6)计算:

$$G_s = \frac{m_s}{m_1 + m_s - m_2} \times G_{wt} \tag{1-6}$$

式中:G_s——土的相对密度;

m_s——干土质量(g);

m_1——比重瓶、水总质量(g);

m_2——比重瓶、水、土总质量(g);

G_{wt}——t℃时蒸馏水的相对密度(可查物理表得到),精确至0.001。

6. 精度和允许差

进行两次平行测定,取平均值,以两位小数表示,平行差值不大于0.02。

思考与练习

一、填空题

1. 土体的天然密度是指在天然状态下土体试样单位体积的质量,包括_____和孔隙中_____,故也称湿密度。

2. 土的相对密度是指土在_____下烘干至恒重时的质量与同体积4℃_____的比值。

3. 土的饱和密度是指当土的_____所充满时的密度。

二、综合题

说明土的天然密度、干密度、饱和密度与相对密度的物理概念和相互之间的关系,并比较同一种土的各密度数值的大小。

任务四　工程用土鉴别

1. 能描述土的粒组划分、粒度成分分析方法和表示方法;
2. 能描述土的稠度状态和黏性土的界限含水率;
3. 能描述工程用土的分类原则;
4. 能完成土的颗粒分析、测定土的界限含水率、试验结果计算并鉴别土的类别;
5. 能根据已知条件判断土的工程适用性。

4学时。

××高速公路复线第8合同段,起止桩号为YK353+640(ZK353+630)(龙沙互通起点)~K356+700,路线长度3.06km。现对该地区土样进行土的界限含水率试验,参照现行《公路土工试验规程》(JTG E40—2007),判断土的类别,是否可用于工程施工土方填筑。

该项目为双向6车道高速公路项目,设计速度100km/h。现处于路基施工前期备料阶段,该合同段建设中需要从取土场取土进行路基填筑,按施工规范要求,需要判定土的级配情况和界限含水率。完成此任务的重点首先应掌握土的工程分类方法,然后通过相关的试验方法获得原始数据,最后通过对数据的定量分析,并以规定的分类方法为依据对土的类别进行判定。按照不同土类所对应的工程性质来确定施工方案。

一、土的粒度成分概念

自然界中的土是由大小不同的颗粒组成,土的粒度是指土颗粒的大小,以粒径表示,通常以 mm 为单位。工程上通常把大小相近的土粒合并为组,称为粒组。每个粒组的区间常以其粒径的上、下限给以粒组命名,如砾粒、砂粒、粉粒、黏粒等。各组内还可细分成若干亚组,《公路土工试验规程》(JTG E40—2007)中的粒组划分见表1-5。

粒组划分表(单位:mm) 表1-5

200		60		20	5	2	0.5	0.25	0.075		0.002
巨粒组				粗 粒 组						细粒组	
漂石（块石）		卵石（小块石）		砾(角砾)			砂			粉粒	黏粒
				粗	中	细	粗	中	细		

工程上常把组成土的各种大小颗粒的相互比例关系,称为土的粒度成分(通常以占总质量的百分比计)。各粒组之间的相互搭配关系称为颗粒级配。

二、土的粒度成分分析方法

用指定方法测定土的粒度成分的试验,称为土的颗粒分析。对于土进行颗粒分析,其目的在于确定土中各粒组的相对含量。《公路土工试验规程》(JTG E40—2007)中的土颗粒分析方法见表1-6。

土颗粒分析方法 表1-6

方　　法	适用粒径范围	原　　理
筛分法	粒径 $d>0.075$mm	利用筛孔限制不同粒径颗粒的通过
密度计法	粒径 $d<0.075$mm	粒径为 d 的颗粒以速度 v 经过时间 t 后,下降距离为 $L=vt$,粒径大于 d 的下降距离肯定大于 L,所以 L 平面以上只有粒径小于 d 的颗粒,测出此处的相对密度与原来的相对密度相比较,即可求出粒径小于 d 的颗粒百分数
移液管法	粒径 $d<0.075$mm	预先计算好粒径小于 0.05mm、0.01mm 和其他所需粒径下沉一定深度所需的静置时间,然后按规定时间在虚线断面上吸取一定量的悬浮液,第一次取出的悬浮液中已缺少粒径大于 d_1 的尘粒;第二次取出的悬浮液中已缺少粒径大于 d_2 的尘粒;因此两次悬浮液中所含粉尘的质量差就是在 $d_1 \sim d_2$ 这个粒径范围内的尘粒质量。根据悬浮液中原始的粉尘质量,即可算出不同粒径尘粒的质量百分数

三、土的粒度成分表示方法

常用粒度成分的表示方法主要有表格法、累计曲线法和三角坐标法。

1. 表格法

颗粒分析后,按粒径由大到小划分的各粒组及其测定的质量百分数,用表格的形式(表1-7)直接表达其颗粒级配情况。同一表格中可以表示多种土样的粒度成分的分析结果。

粒度成分的累计百分含量表示法   表1-7

粒径 d_i (mm)	粒径小于或等于 d_i 的累计百分含量 P_i(%)		
	土样 a	土样 b	土样 c
10	100	100	100
5	100	75	100
2	98.9	55	100
1	92.9	42.7	100
0.5	76.5	34.7	100
0.25	35	28.5	100
0.10	9	20.6	92
0.075	0	19	89
0.01	0	9.9	51.4
0.005	0	6.7	40.3
0.001	0	2.5	21.4
<0.001	0	0	0

2. 累计曲线法

累计曲线法是一种图示的方法,通常用半对数坐标纸绘制,横坐标(按对数比例尺)表示粒径 d_i,纵坐标表示小于某一粒径的土粒的累计百分数 P_i。图1-9所示是根据表1-7提供的资料,在半对数坐标纸上点出各粒组累计百分数及粒径对应的点,然后将各点连成一条平滑的曲线,即得该土样的累计曲线。

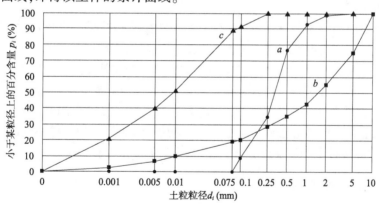

图1-9 累计曲线图

从累计曲线图上可以看出:曲线平缓,表明土的粒度成分复杂,大小粒组都有,各粒组的相对含量都差不多;曲线坡度较陡,表明土粒比较单一,斜率最大线段所包括的粒组,在土样中的含量最多,成为具有代表性的粒组。

累计曲线的用途主要有以下两个方面:

(1)由累计曲线可以直观地判断土中各粒组的分布情况。曲线 a 表示该土绝大部分是由比较均匀的砂粒组成;而曲线 b 表示该土是由各种粒组的土粒组成,土粒极不均匀;曲线 c 表示该土中砂粒极少,主要由粉粒和黏粒组成。

(2)由累计曲线可确定两个土粒的级配指标。级配良好的土,粗细颗粒搭配好,粗颗粒的孔隙由细颗粒填充,易被压实到较高的密度。为了衡量土的级配是否良好,常用不均匀系数 C_u 和曲率系数 C_c 两个判别指标。计算公式如下:

不均匀系数 C_u:

$$C_u = \frac{d_{60}}{d_{10}} \tag{1-7}$$

曲率系数 C_c(或称级配系数):

$$C_c = \frac{d_{30}^2}{d_{10} \cdot d_{60}} \tag{1-8}$$

式中:d_{10}——土的有效粒径,即土中小于该粒径的颗粒质量为10%的粒径(mm);
d_{60}——土的限制粒径,即土中小于该粒径的颗粒质量为60%的粒径(mm);
d_{30}——土的平均粒径,即土中小于该粒径的颗粒质量为30%的粒径(mm)。

不均匀系数 C_u 反映土的粗细情况和级配情况。C_u 值越大,曲线越平缓,表明土颗粒大小分布范围大,土的级配良好。C_u 值越小,曲线越陡,表明土粒大小相近,土的级配不良。一般认为不均匀系数 $C_u < 5$ 时,称为均粒土,其级配不好;$C_u \geq 5$ 时的土称为非匀粒土,其级配良好。但仅用不均匀系数 C_u 来确定土的级配情况是不够的,还必须同时考虑曲率系数 C_c 的大小。C_c 值越高,表明土的均匀程度高;反之,均匀程度低。在工程上,常利用累计曲线确定的土粒两个级配指标来判断土的级配优劣情况。当同时满足不均匀系数 $C_u \geq 5$ 和曲率系数 $C_c = 1 \sim 3$ 这两个条件时,土为级配良好的土;若不能同时满足,土为级配不良的土。具体操作方法见《公路土工试验规程》(JTG E40—2007)中筛分法。

3.三角坐标法

三角坐标法可用一张图来表达黏粒、粉粒和砂粒三种粒组的百分含量。其原理是利用几何上的等边三角形中的任意一点到三边的垂直距离之和恒等于三角形的高。

上述三种方法各有其特点和适用条件。表格法能清楚地用数据说明土样的各粒组含量,但对于大量土样之间的比较就显得过于冗长,且无直观概念,使用比较困难。累计曲线法能用一条曲线表示一种土的粒度成分,而且可以在一张图上同时表示多种土的粒度成分,能直观地比较其级配情况。三角坐标法能用一点表示一种土的粒度成分,在一张图上能同时表示许多种土的粒度成分,便于进行土料的级配设计。

四、黏性土的物理状态

黏性土的含水率不同,它的物理性质和物理状态也不同。土因含水率的不同表现出的软硬程度特性称为稠度。土随着含水率的增高,土从固体状态变为半固体状态到可塑状态转变为流动状态,这些不同的物理状态称为土的稠度状态。通常把土的稠度状态分为固态、半固态、塑态、液态等。土的稠度状态与界限含水率的关系如图1-10所示。

图1-10 土的稠度状态与界限含水率的关系

五、黏性土的界限含水率

黏性土由一种稠度状态转变到另一种稠度状态的分界含水率称为界限含水率。工程上常用的分界含水率有缩限、塑限、液限,它对黏性土的分类和工程性质的评价有重要意义。

(1)缩限 w_s(%)。黏性土呈半固态不断蒸发水分,则体积不断缩小,直到体积不再变化时的界限含水率称为缩限。

(2)塑限 w_p(%)。黏性土由半固态转到可塑状态的界限含水率称为塑限。

(3)液限 w_L(%)。黏性土由可塑状态转到流动状态的界限含水率称为液限。

六、黏性土的塑性及其指标

土的塑性是指土在一定外力作用下可以塑造成任何形状而不改变其整体性,当外力取消后,在一段时间内仍保持其已变形后的形态而不恢复原状的性能。塑性状态是黏性土的一种特殊状态,因此,黏性土又称为塑性土。

黏性土自可塑状态起,逐渐增加含水率到滞流状态出现为止,若增加的含水率幅度大,说明该黏性土的吸水能力强,有较大的保持塑性状态的能力,通常称这样的黏性土具有高塑性;如果由可塑状态转变到滞流状态所增加的含水率很小,则称这一类黏性土具有低塑性。判断土的可塑性强弱的指标采用塑性指数 I_p,即土的液限与塑限之差,按下式计算:

$$I_p = w_L - w_p \tag{1-9}$$

式中:I_p——土的塑性指数;

w_L——土的液限;

w_p——土的塑限。

黏性土的塑性指数大小,主要取决于土中黏粒、胶粒及矿物成分的亲水性。即土中黏粒、胶粒含量越多,亲水性越强,土的塑性指数越大,可塑性愈强;反之则越小。

七、黏性土的液性指数

黏性土的液限、塑限和塑性指数,都不是测定天然土物理性质的指标,而是评定黏性土物理性质的稠度指标。对于任何状态的黏性土应该用试验方法,先找出稠度状态变化时的含水率(即液限或塑限),再与它的天然含水率比较,借以判定土的稠度状态。

为了反映黏性土在天然情况下的稠度状态,可以用液性指数来表示。黏性土的液性指数又称相对稠度,是天然含水率与塑限的差值与液限与塑限的差值之比,按下式计算:

$$I_L = \frac{w - w_p}{w_L - w_p} \tag{1-10}$$

式中:I_L——土的液性指数;

w——土的天然含水率;

w_L——土的液限;

w_p——土的塑限。

黏性土的液性指数是反映土的稠度的指标。对于某种黏性土,其液限 w_L 和塑限 w_p

都是一定值,土的天然含水率越大,液性指数越大,土越稀软。

八、黏性土的界限含水率测定方法

黏性土界限含水率的测定方法很多,目前常用液塑限联合测定仪同时测定液限和塑限,也可用液限碟式仪法、塑限滚搓法等方法测定。各方法的使用范围及原理见表1-8。

界限含水率检测常用试验方法　　　表1-8

方法	使用范围	原理
联合测定法	粒径不大于0.5mm,有机质含量不大于试样总质量5%的土	一定质量的试锥锥入不同含水率的土时,其锥入深度不同
液限碟式仪法	粒径不大于0.5mm,有机质含量不大于试样总质量5%的土	同一试样分成两份,放入同一土碟中进行坠击,土的含水率不同时,两份土合拢所需的坠击次数不同
塑限滚搓法	粒径不大于0.5mm,有机质含量不大于试样总质量5%的土	人工将土条滚搓至一定长度,土样含水率不同时出现裂缝的长度不同

九、土的分类依据和分类方法

1. 分类依据

(1)土颗粒组成特征:以土的级配指标不均匀系数和曲率系数表示。

(2)土的塑性指标:液限、塑限和塑性指数。

(3)土中有机质存在情况。

2. 分类方法

土的分类,应根据土类、土组和土名的次序区分,首先按其相应的粒级来划分土,对于混合土类,按液限划分为低、高两个等级。对送检土样应在试验室进行分类试验,用土的颗粒大小分析试验,以便确定各粒组的含量;用液塑限测定仪测定土的液限、塑限,并计算出塑性指数,最后进行土的分类、命名。为便于查找,对定出的土名给以明确的学名和代号。

3. 土类名称表示方式

土的分类见表1-9。

土 的 分 类 符 号　　　表1-9

土　类	巨粒土		粗粒土		细粒土		特 殊 土	
成分代号	漂石 块石 卵石 小块石	B Ba Cb Cba	砾石 角砾 砂	G Ga S	粉土 黏土 细粒土(C和M合称) (混合)土(粗、细粒土合称) 有机质土	M C F Sl O	黄土 红黏土 盐渍土 膨胀土	Y R St E
级配或特性	—		级配良好 级配不良	W P	高液限 低液限	H L		

十、公路工程的土质分类

《公路土工试验规程》(JTG E40—2007)提出了工程土质分类的总体系,将土分为巨粒土、粗粒土、细粒土和特殊土,如图1-11所示。

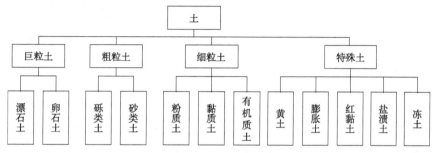

图1-11 土的分类总体系图

1. 巨粒土

试样中巨粒组质量多于总质量15%的土称为巨粒土,分类体系如图1-12所示。

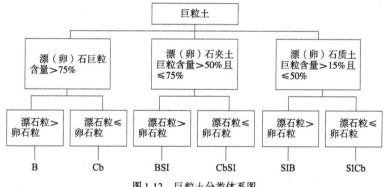

图1-12 巨粒土分类体系图

注意:当巨粒土分类体系中的漂石换成块石,B换成Ba,即构成相应的块石分类体系。当巨粒土分类体系中的卵石换成小块石,Cb换成CBa,即构成相应的小块石分类体系。

2. 粗粒土

试样中巨粒组土粒质量小于或等于总质量15%,且巨粒组和粗粒组土粒质量之和大于或等于总质量50%的土称粗粒土。

(1)粗粒土中砾粒组质量多于50%的土称为砾类土。砾类土应根据其中细粒含量和类别以及粗砾组的级配进行分类,分类体系如图1-13所示。

①砾类土中细粒组质量小于总质量5%的土称为砾,按下列级配指标定名:

a. 当$C_u \geq 5$,$C_c = 1 \sim 3$时,称为级配良好砾,记为GW。

b. 不同时满足上述条件时称为级配不良砾,记为GP。

②砾类土中细粒组质量为总质量5%~15%的土称为含细土砾,记为GF。

③砾类土中细粒组质量大于总质量15%,并小于或等于总质量50%时,称为含粉土质砾(GM)或含黏土质砾(GC),其定名见"工程土按塑性图"分类。

注意:砾类土分类体系中的砾石换成角砾,G换成Ga,即构成相应的角砾土分类体系。

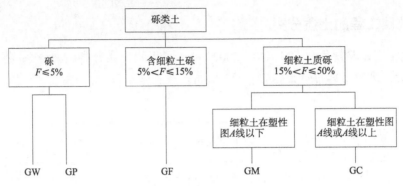

图 1-13 砾类土分类体系

（2）粗粒土中砾粒组质量小于或等于总质量 50% 的土称为砂类土。砂类土应根据其中的细粒含量和类别以及细粒组的级配进行分类，分类体系如图 1-14 所示。

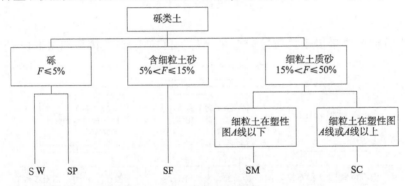

图 1-14 砂类土分类体系

注意：需要时，砂可进一步细分为粗砂、中砂、细砂。粗砂为粒径大于 0.5mm 的颗粒并大于总质量的 50% 的砂；中砂为粒径大于 0.25mm 的颗粒并大于总质量的 50% 的砂；细砂为粒径大于 0.075mm 的颗粒并大于总质量的 75% 的砂。

根据粒径分组由大到小，以首先符合者命名。

①砂类土中细粒组质量小于总质量 5% 的土称为砂，按下列级配指标定名：

a. 当 $C_u \geq 5$，$C_c = 1 \sim 3$ 时，称为级配良好砂，记为 SW。

b. 不同时满足上述条件时，称为级配不良砂，记为 SP。

②砂类土中细粒组质量为总质量 5%～15% 的土称为含细粒土砂，记为 SF。

③砂类土中细粒组质量大于 15% 并小于或等于总质量的 50% 时，称为粉土质砂（SM）或黏土质砂（SC）。

3. 细粒土

试样中细粒组质量大于或等于总质量 50% 的土称为细粒土，分类体系如图 1-15 所示。

细粒土可按下列规定划分为：

（1）细粒土中粗粒组质量小于或等于总质量 25% 的土称为粉质土或黏质土。

（2）细粒土中粗粒组质量为总质量 25%～50%（含 50%）的土称为含粗粒的粉质土或含粗粒的黏质土。

(3)试样中有机质含量大于或等于总质量的5%,且小于总质量的10%的土称为有机质土。试样中有机质含量大于或等于总质量10%的土称为有机土。

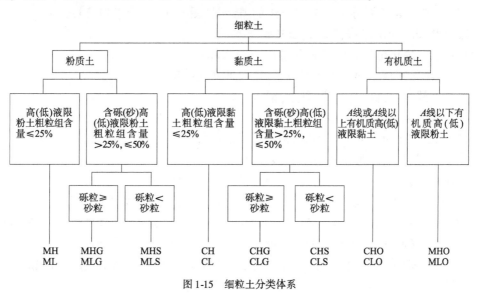

图1-15 细粒土分类体系

十一、工程土按塑性图分类

塑性图是在颗粒级配和塑性的基础上,以塑性指数I_p值为纵坐标,以液限$w_L(\%)$值为横坐标的直角坐标图。在图1-16中,用几条直线将直角坐标系分割成若干区域,不同区域代表着不同性质的土类。以A线的方程$I_p=0.73(w_L-20)$,将直角坐标图分为C(黏土)区和M(粉土)区。再以B线方程:$w_L=50\%$,将坐标图按液限高低分割成两个区域,即由左到右分为:L(低液限)区和H(高液限)区。又在L(低液限)区,以$I_p=4$或$I_p=7$的水平线作为C(黏性土)和M(粉性土)的分界线。在$I_p=4$和$I_p=7$并在A线之上的部分为粉性土到黏性土的过渡区。土样具体命名根据其所在土层的相邻土层类别考虑细分。

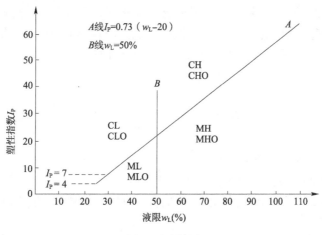

图1-16 塑性图

塑性图的功能在于能较快地和有效地在图上定出土类的性质及土名,即根据实测的I_p值及w_L值在图上找出相对应的坐标点,就可得到其稠度特征及土类名称。

细粒土应按塑性图分类。该"分类"的塑性图(图1-16)采用下列液限分区:

低液限:$w_L < 50\%$;高液限$w_L \geqslant 50\%$。

细粒土应按其在图1-16中的位置确定土的名称。

(1)当细粒土位于塑性图A线以上时,按下列规定定名:

①在B线以右,称为高液限黏土,记为CH。

②在B线以左,$I_p = 7$线以上,称为低液限黏土,记为CL。

(2)当细粒土位于A线以下时,按下列规定定名:

①在B线以右,称为高液限粉土,记为MH。

②在B线以左,$I_p = 4$线以下,称为低液限粉土,记为ML。

(3)黏土~粉土过渡区(CL~ML)的土,可按照相邻土层的类别进行细分。

(4)土中有机质包括未完全分解的动植物残骸和完全分解的无定性物质。后者多呈黑色、青黑色或暗色,有臭味,有弹性和海绵感,借目测、手摸及嗅感辨别。

当不能判别时,可采用下列方法:将试验在105~110℃的烘箱中烘烤,若烘烤24h后试样的液限小于烘干前的3/4,该试验为有机质土。

有机质土应根据图1-16按下列规定定名:

①位于塑性图A线以上

在B线以右,称为有机质高液限黏土,记为CHO。

在B线以左,$I_p = 7$线以上,称为有机质低液限黏土,记为CLO。

②位于塑性图A线以下

在B线以右,称为有机质高液限粉土,记为MHO。

在B线以左,$I_p = 4$线以下,称为有机质低液限粉土,记为MLO。

任务实施

本任务主要对路基填土的界限含水率进行测定,判定土为黏质土或粉质土。

液限和塑限联合测定法测定土的界限含水率的试验目的是联合测定土的液限和塑限,划分土类,计算天然稠度、塑性指数,供公路工程设计和施工使用。该测定方法适用于粒径不大于0.5mm、有机质含量不大于试样总质量5%的土。

1.准备工作

(1)仪器准备

①圆锥仪:锥质量为100g或76g,锥角为30°,读数显示形式宜采用光电式、数码式、游标式、百分表式。

②盛土杯:直径50mm,深度40~50mm。

③天平:称量200g,感量0.01g。

④其他:0.5mm筛、调土刀、调土皿、称量盒、研钵、干燥器、吸管、凡士林等。

(2)土样准备

①取有代表性的天然含水率或风干土样进行试验。如土中含大于0.5mm的土粒

或杂物时,应将风干土样用带橡皮头的研钵研碎或用木棒在橡皮板上压碎,过0.5mm的筛。

②取0.5mm筛下的代表性土样200g,分开放入3个盛土皿中,加不同数量的蒸馏水,土样的含水率分别控制在液限(a点)、略大于塑限(c点)和二者的中间状态(b点)。用调土刀调匀,盖上湿布,放置18h以上。

测定a点的锥入深度,对于100g锥应为20±0.2mm,对于76g锥应为17mm。测定c点的锥入深度,对于100g锥应控制在5mm以下,对于76g锥应控制在2mm以下。对于砂类土,用100g锥测定c点的锥入深度可大于5mm,用76g锥测定c点的锥入深度可大于2mm。

2.试验步骤

(1)将制备的土样充分搅拌均匀,分层装入盛土杯,用力压密,使空气逸出。对于较干的土样,应先充分搓揉,用调土刀反复压实。试杯装满后,刮成与杯边齐平。

(2)当用游标式或百分表式液塑限联合测定仪试验时,调平仪器,提起锥杆(此时游标或百分表读数为零),锥头上涂少许凡士林。

(3)将装好土样的试杯放在联合测定仪的升降座上,转动升降旋钮,待锥尖与土样表面刚好接触时停止升降,扭动锥下降旋钮,同时开动秒表,经5s时,松开旋钮,锥体停止下落,此时游标读数即为锥入深度h_1。

(4)改变锥尖与土接触位置(锥尖两次锥入位置距离不小于1cm),重复(3)和(4)步骤,得锥入深度h_2。h_1、h_2允许平行误差为0.5mm,否则,应重做。取h_1、h_2平均值作为该点的锥入深度h。

(5)去掉锥尖入土处的凡士林,取10g以上的土样两个,分别装入称量盒内,称质量(准确至0.01g),测定其含水率w_1、w_2(计算到0.1%)。计算含水率平均值w。

(6)重复(1)~(5)步骤,对其他两个土样进行试验,测其锥入深度和含水率,见表1-10。

(7)用光电式或数码式液塑限联合测定仪测定时,接通电源,调平机身,打开开关,提上锥体(此时刻度或数码显示为零)。将装好土样的试杯放在升降座上,转动升降旋钮,试杯徐徐上升,土样表面和锥尖刚好接触,指示灯亮,停止转动旋钮,锥体立刻自行下沉,5s时,自动停止下落,读数窗上或数码管上显示锥入深度。试验完毕,按动复位按钮,锥体复位,读数显示为零,如图1-17所示。

图1-17 土的液塑限试验

3.结果整理

(1)在二级双对数坐标上,以含水率w为横坐标,锥入深度h为纵坐标,点绘a、b、c三点含水率的h-w图。连接a、b、c三点应呈一条直线,如图1-18所示。

(2)液限的确定方法。采用100g锥做液限试验,则在h-w图上,查得纵坐标入土深度h=20mm所对应的横坐标的含水率w,即为该土样的液限w_L。由图1-18上查得w_L=34.6%。

土的液塑限试验记录　　　　　　　　　　　　　　　　　表1-10

工程名称：某高速公路路基01合同段　　　　　试验方法：　T 0118—2007
路段范围：　K000+000～K020+200　　　　　　试验者：　××
试样来源：　　　委托　　　　　　　　　　　　校核者：　××
试验规程：　JTG E40—2007　　　　　　　　　　试验日期：　××

试验点		a点		b点		c点	
入土深度（mm）	h_1	4.80		12.20		20.10	
	h_2	4.70		12.40		20.00	
	$\frac{1}{2}(h_1+h_2)$	4.75		12.30		20.05	
含水率（%）	盒号	1	2	3	4	5	6
	盒质量(g)	12.41	13.02	12.11	12.02	11.81	12.13
	盒+湿土质量(g)	55.12	63.43	69.80	73.03	73.81	67.20
	盒+干土质量(g)	46.62	53.53	56.51	58.82	58.03	52.90
	干土质量(g)	34.21	40.51	44.40	46.80	46.22	40.77
	水质量(g)	8.50	9.90	13.29	14.21	15.78	14.30
	含水率(%)	24.8	24.4	29.9	30.3	34.1	35.0
	平均含水率(%)	24.6		30.1		34.6	

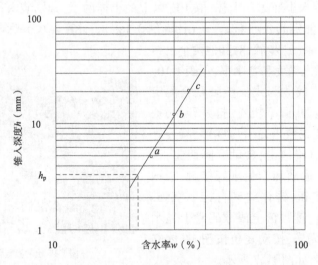

图1-18　锥入度与含水率(h-w)关系

（3）塑限的确定方法。通过试验前对土样的筛分已经知道该土样为细粒土，所以应用双曲线确定h_p。

因为$w_L=34.6\%$，查图h_p-w_L关系曲线，确定$h_p=3.3$mm。

再由图1-19求出锥入深度为h_p时所对应的含水率，即为该土样的塑限w_p。因为

$h_p = 3.3$ mm，确定 $w_p = 21.7\%$。确定塑性指数 $I_p = w_L - w_P = 34.6 - 21.7 = 12.9$。

由 I_p 和 w_L 确定该土样在塑性图中的位置，如图 1-16 所示。

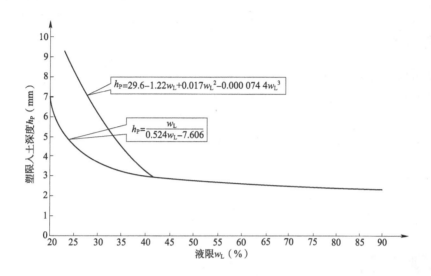

图 1-19　h_p-w_L 关系曲线

4. 结论

从图 1-19 可以判定该土样为低液限黏土，土名为 CL。经检测土的液限为 34.6%，小于 50%。塑性指数为 12.9，小于 26，符合《公路路基施工技术规范》（JTG F10—2006）要求，可用于该标段的土方填筑施工。

思考与练习

一、填空题

1. 塑限 w_p(%)：_____称为塑限。液限 w_L(%)：_____称为液限。判断土的可塑性强弱的指标采用塑性指数 I_p，公式 $I_p = $ _____，黏性土的界限含水率测定方法_____同时测定液限和塑限。

2. 我国常用的粒度分析方法：对于粒径大于 0.074mm 的粗粒土，采用_____直接测定；对于粒径小于 0.074mm 的细粒土，主要用_____测定；土的粒度是指土颗粒的大小，以粒径表示，通常以_____为单位。

3. 塑性图是在颗粒级配和塑性的基础上，以_____为纵坐标，以_____为横坐标的直角坐标图。

二、综合题

1. 某黏性土土样的天然含水率为 32.4%，液限 49.5%，塑限 27.3%，求此黏性土样的塑性指数、液性指数，并确定该土样的名称和稠度状态。

2. 土的分类依据是什么？如何进行分类？

任务五　土的路用性能检测

1. 能简述土的压实特性,理解压实机理;
2. 能简述路基土的强度和评价指标;
3. 能完成土的击实试验,并确定最佳含水率和最大干密度;
4. 能完成室内承载比试验,并确定路基土强度。

4 学时。

××高速公路复线第 8 合同段,起止桩号为 YK353 +640(ZK353 +630)(龙沙互通起点) ~ K356 +700,路线长度 3.06km。该项目为双向 6 车道,设计速度 100km/h。该合同段主要为海积平原区,特殊性岩土为软土,岩性为淤泥、淤泥质黏土、淤泥质黏土夹粉砂。现处于路基施工前期备料阶段。该合同段建设中需要从取土场取土进行路基路床部位的土方填筑,现需要评价该土是否能用于路床施工,并确定路基施工质量的控制指标。

一、土的压实性和评价指标

1. 路基填土压实的必要性

在公路工程建设中,经常遇到填土或软弱地基,为了改善这些土的工程性质,通常采用压实(或夯实的方法)使土变得密实,称为土的击实性。采用人工或机械对土施以夯压能量(如夯、碾、振动等),使土在短时间内颗粒重新排列变密,获得最佳结构,以改善和提高土的力学性能。

填土与天然土层即原状土不同,填土经过挖掘、搬运之后,其原状结构已被破坏,含水率也已变化,堆填时必然在土团之间留下许多大空隙,未经压实的填土强度低,压缩性大而且不均匀,遇水也易发生塌陷、崩解等现象。所以,公路工程路基填土必须按一定的技术标准压实,使之具有足够的密实度和强度,以确保行车安全、快速和舒适。

2. 土的压实机理分析

图 1-20 所示是根据黏性土的击实数据绘出的击实曲线。由图可知,随着含水率的增

加,土的干密度逐渐增大,表明压实效果逐步提高,当含水率超过某一限量时,干密度则随着含水率增大而减小,即压密效果下降。这说明土的压实效果随着含水率变化而变化,并在击实曲线上出现一个峰值,相应于这个峰值的含水率是最佳含水率 w_0。

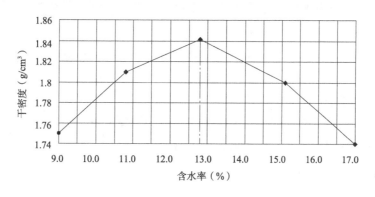

图 1-20 击实曲线

土中所含黏土矿物越多、颗粒越细时,最佳含水率越大。另外,最佳含水率还与击实功的大小有关。除了含水率、击实功对土的压实影响以外,土粒级配对压密效果也有显著影响,均匀颗粒的土不易压密。因此,在公路工程建设中,要选择符合级配要求的土作为路堤填料。

3. 土的标准干密度确定方法

室内标准击实试验就是用标准击实试验方法,在一定夯击功能下测定各种细粒土等筑路材料的含水率和干密度的关系,从而确定土的最佳含水率与相应的最大干密度,借以了解土的压实性能,作为工地压实控制的依据。

室内标准击实试验的基本方法是:对于同一种土,配置成不同含水率的试样(通常不少于 5 个),试样分层装入标准击实仪的击实筒内,在相同的击实功作用下击实试样,分别测定每种含水率试样对应的干密度,绘制含水率—干密度关系曲线,在含水率—干密度关系曲线上确定其最佳含水率和最大干密度。操作过程详见《公路土工试验规程》(JTG E40—2007)中 T 0131 试验。

室内标准击实试验根据击实锤质量、落高和击实筒内径大小等,分为轻型击实和重型击实两种,击实试验的方法种类见表 1-11。

击实试验方法种类　　　　　　　　表 1-11

试验方法	类别	锤底直径(cm)	锤质量(kg)	落高(cm)	试筒尺寸 内径(cm)	试筒尺寸 高度(cm)	试样尺寸 高度(cm)	试样尺寸 体积(cm³)	层数	每层击数	击实功(kg/cm³)	最大粒径(mm)
轻型	Ⅰ-1	5	2.5	30	10	12.7	12.7	997	3	27	598.2	20
轻型	Ⅰ-2	5	2.5	30	15.2	17	12	2177	3	59	598.2	40
重型	Ⅱ-1	5	4.5	45	10	12.7	12.7	997	5	27	2687.0	20
重型	Ⅱ-2	5	4.5	45	15.2	17	12	2177	3	98	2677.2	40

4. 路基土密实程度评价指标

为了评价土质筑路材料的压实质量，通常采用压实度作为压实质量的评价指标。压实度是指土质筑路材料压实后的干密度与标准最大干密度的百分比，用 K 表示，按下式计算：

$$K = \frac{\rho_d}{\rho_0} \times 100 \quad (1\text{-}11)$$

式中：K——压实度(%)；

ρ_d——施工现场筑路材料压实后实测的干密度(g/cm^3)；

ρ_0——室内标准击实试验测得的最大干密度(g/cm^3)。

二、路基土强度和评价指标

路基作为公路路面结构的基础，抵抗荷载变形能力的大小，主要取决于路基顶面在一定应力条件下的抵抗变形的能力，所以路基的承载能力都采用一定应力级位下的抗变形能力来表示。目前在公路工程中主要用加州承载比来反映土基的承载能力。

加州承载比是早年由美国加利福尼亚州公路局提出的一种评定土基及路面材料承载能力的主要指标，简称CBR。所谓CBR值是指试件抵抗局部荷载压入变形达2.5mm时的强度与标准碎石压入相同贯入量时标准碎石强度的比值。标准碎石的强度是用高质量碎石材料由试验求得，其与贯入量之间的关系见表1-12。

不同贯入量时的标准荷载强度与标准荷载　　　　表1-12

贯入量(mm)	标准荷载强度(kPa)	标准荷载(kN)	贯入量(mm)	标准荷载强度(kPa)	标准荷载(kN)
2.5	7000	13.7	10.0	16200	31.8
5.0	10500	20.3	12.5	18300	36.0
7.5	13400	26.3			

试件按路基施工时的含水率及压实度要求在试筒内制备，并在加载前在水中浸泡4d。为了测定结构对土基的附加应力，在浸水过程中及贯入试验时，在试件顶面放置荷载板。

试验时，将浸水后的试件用一个端部直径为50mm的标准贯入杆，以 1～1.25mm/min 的速度压入土中，利用一个测力计百分表和两个贯入量百分表分别测得贯入压力与贯入深度之间的关系。将试验结果在常数坐标下绘制成曲线，通过曲线确定实际贯入量为2.5mm及5.0mm时所对应的标准荷载强度 p。被测材料的CBR值由下式计算：

$$\text{CBR} = \frac{p}{p_s} \times 100 \quad (1\text{-}12)$$

式中：p——对应于某一贯入量的单位压力；

p_s——相应贯入度的标准荷载强度。

任务实施

参照《公路土工试验规程》(JTG E40—2007)要求,进行土的击实试验,检测结果见表 1-13 所示。土的击实试验获得的最大干密度为 1.70g/cm³,最佳含水率为 14.6%,作为路基施工压实度检测的标准密度,评价土的压实质量。根据击实结果检测 CBR 值为 13% > 8%,见表 1-14 所示,符合设计及规范要求,可用于路床填筑。

土工击实试验记录　　　　　　　表 1-13

工程部位/用途		K0+600			委托/任务编号			—	
样品名称		土			样品编号			—	
试验依据		JTG E40—2007			样品描述			原状土	
试验条件		—			试验日期			2016.8	
主要仪器设备及编号		自动击实仪(TG-13)、电子天平(TY-10)							
	组号	2	试验方法	Ⅱ.2	击锤质量(kg)	4.5	筒容积(cm³)	2177	每层击数 98	落距(cm)	45
干密度	试验序号	1	2	3	4	5			
	筒+湿土质量(g)	8112.7	8264.2	8423.9	8444.0	8417.3			
	筒质量(g)	4252.1	4252.1	4252.1	4252.1	4252.1			
	湿土质量(g)	3861	4012	4172	4192	4165			
	湿密度(g/cm³)	1.77	1.84	1.92	1.93	1.91			
	干密度(g/cm³)	1.59	1.64	1.69	1.64	1.60	含水率与干密度关系曲线		
含水率	盒号	11	12	13	14	15	16	17	18	19	20
	盒质量(g)	26.8	27.3	27.5	26.1	26.8	25.4	25.6	24.5	26.7	26.6
	盒+湿土质量(g)	46.4	47.8	50.4	55.4	56.2	57.8	57.5	56.8	57.1	57.9
	盒+干土质量(g)	44.4	45.8	48.1	52.1	52.7	53.9	52.6	52.0	52.2	52.9
	水质量(g)	2.00	2.00	2.30	3.30	3.50	3.90	4.90	4.80	4.90	5.00
	含水率(%)	11.4	10.8	11.2	12.7	13.5	13.7	18.1	17.5	19.2	19.0	最佳含水率(%)	14.6
	平均含水率(%)	11.1		12.0		13.6		17.8		19.1	最大干密度(g/cm³)	1.70
结论:土的击实试验获得的最大干密度为 1.70g/cm³,最佳含水率为 14.6%,作为路基施工压实度检测的标准密度,评价土的压实质量。										

承载比(CBR)试验检测记录

表 1-14

工程部位/用途	K0+600			委托/任务编号		WT-2015-04-015	
样品名称	土			样品编号		YP-2015-04-TG-039	
试验依据	JTG E40—2007			样品描述		褐色	
主要仪器设备及编号			土的承载比测定仪				
预定压实度(%)	—		最大干密度(g/cm³)		1.70	最佳含水率(%)	14.6
测力计工作曲线 $Y=bX+a$	b	10	a	10	贯入杆断面面积(cm²)		19.635

	贯入量百分表读数(0.01mm)		贯入量平均值 (mm)	测力计读数 (0.01mm)/(kN)	单位压力 (kPa)
	1	2			
加载记录	0	0	0.00	0.01	5
	3.03	3.03	0.03	10	56
	6.10	6.10	0.06	35.2	184
	10.02	10.02	0.10	55	285
	14.05	14.05	0.14	76.9	397
	18.17	18.17	0.18	102	525
	47.95	47.95	0.48	117	601
	47.95	47.95	0.48	120	616
	48.14	48.14	0.48	120	616
	48.34	48.34	0.48	120	616
	48.51	48.51	0.49	122.9	631
	48.72	48.72	0.49	122.9	631
	100.11	100.11	1.00	381	1946

CBR	相当于贯入量2.5mm时的单位压力(kPa)	909	标准压强=7000kPa	CBR2.5(%)	13.0

结论:根据击实试验的结果,进行承载比试验检测,其CBR值为13%>8%,符合设计及规范要求,该土样可用于路床填筑。

思考与练习

一、填空题

1. 为了评价土质筑路材料的压实质量,通常采用_____作为压实质量的评价指标。压实度是指土质筑路材料_____与_____的百分比,用 K 表示。

2. 路基作为公路路面结构的基础,抵抗荷载变形能力的大小,主要取决于路基顶面在一定应力条件下的_____的能力。

3. 所谓 CBR 值,是指试件抵抗局部荷载压入变形达_____时的强度与标准碎石_____时标准碎石强度的比值。

二、综合题

1. 黏性土在压实过程中,含水率与干密度有何关系?

2. 在土的标准击实试验中,重型击实与轻型击实有何区别?

3. 某湿土样 300g,已知其含水率为 20%,现需制备成含水率为 28% 的土样,需加多少水?

模块二 公路工程无机结合料材料检测

任务一 明确无机结合料稳定材料原材料技术要求

1. 能描述无机结合料稳定材料的定义及分类;
2. 能描述无机结合料稳定材料原材料技术要求。

2学时。

××高速公路××合同段,全长16.55km重交通。主线路面结构,填方路段(土质挖方及零填零挖路):18cm沥青混凝土面层+32cm水泥稳定碎石基层+20cm水泥稳定碎石底基层,现要求进行20cm水泥稳定碎石底基层配合比设计。要求水泥稳定碎石底基层7d无侧限抗压强度≥4.0MPa。按照《公路路面基层施工技术细则》(JTG/F20—2015),明确无机结合料稳定材料原材料粗集料、细集料、水泥、水及添加剂的技术要求。

本次学习任务是在进行水泥稳定碎石基层配合比设计时,首先对混合料的原材料粗集料、细集料、水及水泥等进行检测,检测后根据试验结果判定原材料是否符合用料要求。原材料判定合格后,进行矿料级配组成设计,确定满足设计级配要求的矿料用量比例。矿料用量比例确定后,进行标准击实试验,得到5种不同灰剂量混合料的最大干密度和最佳含水率。最后进行7d无侧限抗压强度试验,确定试件抗压强度是否满足要求。

无机结合料稳定材料与水泥混凝土(刚性材料)相比力学性质较差,但与土(弹塑性材料)相比又具有较高的强度,通常这类材料称为半刚性材料。一般用在高等级路面的基层或底基层。因而路的质量的好坏与稳定材料质量有直接的关系。

一、无机结合料稳定材料的概念

无机结合料稳定材料是采用一定的技术措施在粉碎的或原来松散的土中掺入适量的无机结合料（如水泥、石灰等）和水，经均匀拌和、压实和养生后得到的一种强度或耐久性符合规定要求的复合混合料，无机结合料稳定材料又称为无机结合料稳定土。无机结合料稳定土常用于公路路面的基层或底基层。

通常按照土中单个颗粒（包括碎石、砾石和砂颗粒，不包括土块和土团）的粒径大小和组成不同，将工程上用于无机结合料稳定的土分为以下3种。

1. 细粒土

土颗粒的最大粒径小于9.5mm，且其中粒径小于2.36mm的颗粒含量不少于90%。塑性指数不同的各种黏性土、粉性土、砂性土、砂和石屑等均为细粒土。

2. 中粒土

土颗粒的最大粒径小于26.5mm，且其中粒径小于19mm的颗粒含量不少于90%。砂砾石、碎石土、级配砂砾和级配碎石等均为中粒土。

3. 粗粒土

土颗粒的最大粒径小于37.5mm，且其中粒径小于31.5mm的颗粒含量不少于90%。砂砾石、碎石土、级配砂砾和级配碎石等均为粗粒土。

二、无机结合料稳定材料的分类

无机结合料稳定材料的种类很多，通常按以下3种方法进行分类。

1. 按无机结合料的种类分类

按无机结合料的种类不同，可分为石灰稳定材料、水泥稳定土类、综合稳定土类、石灰工业废渣稳定土类等。

（1）石灰稳定土类。以石灰（消石灰粉或磨细生石灰粉）稳定各类土而得到的混合料，包括石灰碎石土、石灰土等。

（2）水泥稳定材料。以水泥为结合料，通过加水与被稳定材料共同拌和形成的混合料，包括水泥稳定级配碎石、水泥稳定级配砾石、水泥稳定石屑、水泥稳定土、水泥稳定砂等。

（3）综合稳定材料。以两种或两种以上材料为结合料，通过加水与被稳定材料共同拌和形成的混合料，包括水泥石灰稳定材料、水泥粉煤灰稳定材料、石灰粉煤灰稳定材料。其中，水泥用量占石灰水泥总用量30%以上的称为水泥综合稳定土；水泥用量占石灰水泥总用量30%以下的称为石灰综合稳定土。

（4）工业废渣稳定材料。以石灰或水泥为结合料，以煤渣、钢渣、矿渣等工业废渣为主要被稳定材料，通过加水拌和形成的混合料。其中按稳定土是否含活性材料，又可分为石灰粉煤灰稳定土类和石灰其他废渣稳定土类。石灰粉煤灰稳定土类是指用石灰粉煤灰稳定工业废渣或某种土的混合物而得到的混合料；石灰其他废渣稳定土类是指用石灰废渣稳定某种土或工业废渣与某种土的混合物而得到的混合料。

2.按土的粒径大小和组成分类

按土的粒径大小和组成不同,可分为无机结合料稳定土和无机结合料稳定粒料。

(1)无机结合料稳定土。用无机结合料稳定细粒土而得到的混合料,如石灰土、水泥土、石灰粉煤灰土(简称二灰土)等。

(2)无机结合料稳定粒料。用无机结合料稳定中粒土或粗粒土等而得到的混合料。其中按粒料种类不同可分为:

①无机结合料稳定砂砾,是指用无机结合料稳定中粒土或粗粒土,原材料为天然砂砾或级配砂砾(砂砾中无土)所得到的混合料。常用的有石灰砂砾土、石灰土砂砾、水泥砂砾、石灰粉煤灰砂砾(简称二灰砂砾)与石灰煤渣砂砾等。

②无机结合料稳定碎石,是指用无机结合料稳定中粒土或粗粒土,原材料为天然碎石土或级配碎石(包括未筛分碎石)所得到的混合料。常用的有石灰碎石土、石灰土碎石、水泥碎石、石灰粉煤灰碎石(二灰碎石)与石灰煤渣碎石等。

3.按集料在混合料中的分布状态分类

按集料在混合料中的分布状态不同,可分为均匀密实型、悬浮密实型、骨架密实型和骨架空隙型4种结构类型。

(1)均匀密实型。是指无机结合料稳定细粒土,如石灰土、水泥土、二灰土等。

(2)悬浮密实型。是指混合料中细料的压实体积大于粗集料形成的空隙体积,即粗集料在压实混合料中处于"悬浮"状态。

(3)骨架密实型。是指混合料中细料的压实体积"临界"于粗集料形成的空隙体积,即粗集料在压实混合料中有一定"骨架作用"状态。

(4)骨架空隙型。是指混合料中细料的压实体积小于粗集料形成的空隙体积,压实混合料中形成"骨架"的粗集料之间有一定的空隙。

三、无机结合料稳定材料原材料技术要求

1.一般规定

(1)在原材料试验评定中,应随机选取具有足够数量的样本进行材料试验。

说明:足够数量是指满足现行《公路工程集料试验规程》(JTG E4—2005)或相关设计文件中所规定的试验样本数量。

(2)再生材料可用于低于原路结构层位或原路等级的公路建设,其技术指标应满足《公路路面基层施工技术细则》(JTG/T F20—2015)的相关要求。

(3)工业废弃物作为筑路材料使用前,应进行环境评价,并满足国家相关规定。

2.水泥及添加剂

(1)强度等级为32.5或42.5,且满足《公路路面基层施工技术细则》(JTG/T F20—2015)要求的普通硅酸盐水泥等均可使用。

(2)所用水泥初凝时间应大于3h,终凝时间应大于6h且小于10h。

(3)在水泥稳定材料中掺加缓凝剂或早强剂时,应对混合料进行试验验证。缓凝剂和早强剂的技术要求应符合现行《公路水泥混凝土路面施工技术细则》(JTG/T F30—2014)的规定。

3.石灰

(1)石灰技术要求应符合表2-1和表2-2的规定。

生石灰技术要求　　　　　　　　　　　表2-1

指标	钙质生石灰			镁质生石灰			试验方法
	一类	二类	三类	一类	二类	三类	
有效氧化钙和氧化镁含量(%)	≥85	≥80	≥70	≥80	≥75	≥65	T 0813
未消化残渣含量(%)	≤7	≤11	≤17	≤10	≤14	≤20	T 0815
钙镁石灰的分类界限,氧化镁含量(%)	≤5			>5			T 0812

消石灰技术要求　　　　　　　　　　　表2-2

指标		钙质生石灰			镁质生石灰			试验方法
		Ⅰ	Ⅱ	Ⅲ	Ⅰ	Ⅱ	Ⅲ	
有效氧化钙和氧化镁含量(%)		≥65	≥60	≥55	≥60	≥55	≥50	T 0813
含水率(%)		≤4	≤4	≤4	≤4	≤4	≤4	T 0801
细度	0.60mm 方孔筛的筛余(%)	0	≤1	≤1	0	≤1	≤1	T 0814
	0.15mm 方孔筛的筛余(%)	≤13	≤20	—	≤13	≤20	—	T 0814
钙镁石灰的分类界限,氧化镁含量(%)		≤4			>4			T 0812

(2)高速公路和一级公路用石灰应不低于Ⅱ级技术要求,二级公路用石灰应不低于Ⅲ级技术要求,二级以下公路宜不低于Ⅲ级技术要求。

(3)高速公路和一级公路的基层,宜采用磨细消石灰。

(4)二级以下公路使用等外石灰时,有效氧化钙含量应在20%以上,且混合料强度应满足要求。

4.粉煤灰等工业废渣

(1)干排或湿排的硅铝粉煤灰和高钙粉煤灰等均可用作基层或底基层的结合料。粉煤灰技术要求应符合表2-3的规定。

粉煤灰技术要求　　　　　　　　　　　表2-3

检测项目	技术要求	试验方法
SiO_2、Al_2O_3 和 Fe_2O_3 总含量(%)	>70	T 0816
烧失量(%)	≤20	T 0817
比表面积(cm^2/g)	>2500	T 0820
0.3mm 筛孔通过率(%)	≥90	T 0818
0.075mm 筛孔通过率(%)	≥70	T 0818
湿粉煤灰含水率(%)	≤35	T 0801

(2)各等级公路的底基层、二级及二级以下公路的基层使用的粉煤灰,通过率指标不满足表2-3要求时,应进行混合料强度试验,达到细则相关要求的强度指标时,方可使用。

(3)煤矸石、煤渣、高炉矿渣、钢渣及其他冶金矿渣等工业废渣,可用于修筑基层或底基层,使用前应崩解稳定,宜通过不同龄期条件下的强度和模量试验以及温度收缩和干湿收缩试验等评价混合料性能。

(4)水泥稳定煤矸石不宜用于高速公路和一级公路。

(5)工业废渣类作为集料使用时,公称最大粒径应不大于31.5mm,颗粒组成宜有一定级配,且不宜含杂质。

5. 水

(1)符合现行《生活饮用水卫生标准》(GB 5749—2006)的饮用水可直接作为基层、底基层材料拌和与养生用水。

(2)拌和使用的非饮用水应进行水质检验,技术要求应符合表2-4。

非饮用水技术要求　　　　　　　　　　表2-4

项次	项　目	技术要求	试验方法
1	pH 值	≥4.5	
2	Cl⁻含量(mg/L)	≤3500	
3	含量(mg/L)	≤2700	
4	碱含量(mg/L)	≤1500	JGJ 63
5	可溶物含量(mg/L)	≤10000	
6	不溶物含量(mg/L)	≤5000	
7	其他杂质	不应有漂浮的油脂和泡沫及明显的颜色和异味	

(3)养生用水可不检验不溶物含量,其他指标应符合表2-4的规定。

6. 粗集料

(1)用作被稳定材料的粗集料宜采用各种硬质岩石或者砾石加工成的碎石,也可以采用天然砾石。粗集料应符合表2-5中Ⅰ类中规定,用作级配碎石的粗集料应符合表2-5中Ⅱ类中的规定。

粗集料技术要求　　　　　　　　　　表2-5

指标	层位	高速公路和一级公路				二级及二级以下公路		试验方法
		极重、特重交通		重、中、轻交通				
		Ⅰ类	Ⅱ类	Ⅰ类	Ⅱ类	Ⅰ类	Ⅱ类	
压碎值(%)	基层	≤22ª	≤22	≤26	≤26	≤35	≤30	T 0316
	底基层	≤30	≤26	≤30	≤26	≤40	≤35	
针片状颗粒含量(%)	基层	≤18	≤18	≤22	≤18	—	≤20	T 0312
	底基层	—	≤20	—	≤20	—	≤20	
0.075mm以下粉尘含量(%)	基层	≤1.2	≤1.2	≤2	≤2	—	—	T 0310
	底基层							
软石含量(%)	基层	≤3	≤3	≤5	≤5	—	—	T 0320
	底基层	—		—		—	—	

注:ª对花岗岩石料,压碎值可放宽至25%。

说明:一般来说,花岗岩的压碎值比较大,玄武岩类、石灰岩类的压碎值比较小。如采用石灰岩类压碎值指标要求花岗岩,在一些地区将难以找到合适的建筑材料,不利于广泛就地取材;相反,如采用花岗岩类的压碎值指标要求石灰岩,则放宽了对原材料的技术要求,不利于工程的质量控制。因此,对高速公路和一级公路极重、特重交通荷载等级下的用于被稳定材料的粗集料压碎值提出两个标准。

(2)基层、底基层的粗集料规格要求宜符合表2-6的规定。

粗 集 料 规 格 要 求　　　　　　表2-6

规格名称	工程粒径(mm)	通过下列筛孔(mm)的质量百分率(%)									公称粒径(mm)
		53	37.5	31.5	26.5	19.0	13.2	9.5	4.75	2.36	
G1	20~40	100	90~100	—	—	0~10	0~5	—	—	—	19~37.5
G2	20~30	—	100	90~100	—	0~10	0~5	—	—	—	19~31.5
G3	20~25	—	—	100	90~100	0~10	0~5	—	—	—	19~26.5
G4	15~25	—	—	100	90~100	0~10	0~5	—	—	—	13.2~26.5
G5	15~20	—	—	—	100	90~100	0~10	0~5	—	—	13.2~19
G6	10~30	—	100	90~100	—	—	—	0~10	0~5	—	9.5~31.5
G7	10~25	—	—	100	90~100	—	—	0~10	0~5	—	9.5~26.5
G8	10~20	—	—	—	100	90~100	—	0~10	0~5	—	9.5~19
G9	10~15	—	—	—	—	100	90~100	0~10	0~5	—	9.5~13.2
G10	5~15	—	—	—	—	100	90~100	40~70	0~5	—	4.75~13.2
G11	5~10	—	—	—	—	—	100	90~100	0~10	0~5	4.75~9.5

(3)高速公路和一级公路极重、特重交通荷载等级基层的4.75mm以上粗集料,应采用单一粒径的规格料。

(4)作为高速公路、一级公路底基层和二级及二级以下公路基层、底基层被稳定材料的天然砾石材料,宜满足表2-5的要求,并应级配稳定、塑性指数不大于9。

(5)应选择适当的碎石加工工艺,用于破碎的原石粒径应为破碎后碎石公称最大粒径的3倍以上。高速公路基层用碎石,应采用反击破碎的加工工艺。

(6)碎石加工中,根据筛网放置的倾斜角度和工程经验,应选择合理的筛孔尺寸。粒径尺寸与筛孔尺寸对应关系宜符合表2-7的规定。根据破碎方式和石质的不同,可适当调整筛孔尺寸,调整范围宜为1~2mm。

粒径尺寸与筛孔尺寸对应表　　　　　　表2-7

粒径尺寸(mm)	4.75	9.5	13.2	16	19	26.5	31.5	37.5
筛孔尺寸(mm)	5.5	11	15	18	22	31	36	43

(7)用作级配碎石或砾石的粗集料,应采用具有一定级配的硬质石料,且不应含有黏土块、有机物等。

(8)级配碎石或砾石用作基层时,高速公路和一级公路公称最大粒径应不大于26.5mm,二级及二级以下公路公称最大粒径应不大于31.5mm;用作底基层时,公称最大粒径不大于37.5mm。

7.细集料

(1)细集料应洁净、干燥、无风化、无杂质,并有适当的颗粒级配。

(2)高速公路和一级公路用细集料技术要求应符合表2-8的规定。

细集料技术要求 表2-8

项目	水泥稳定[a]	石灰稳定	石灰、粉煤灰综合稳定	水泥粉灰综合稳定	试验方法
颗粒分析	满足级配要求				T 0302/T 0303/T 0327
塑性指数[b]	≤17	适宜范围15~20	适宜范围12~20		T 0118
有机质含量(%)	<2	≤10	≤10	<2	T 0313/T 0151
硫酸盐含量(%)	≤0.25	≤0.8	—	≤0.25	T 0341

注：[a] 水泥稳定包括水泥石灰综合稳定；
[b] 应测定0.075mm以下材料的塑性指数。

(3)细集料规格要求应符合表2-9的规定。

细集料规格要求 表2-9

规格名称	公称粒径(mm)	通过下列筛孔(mm)的质量百分率(%)							公称粒径(mm)
		9.5	4.75	2.36	1.18	0.6	0.3	0.15	0.075	
XG1	3~5	100	90~100	0~15	0~5	—	—	—	—	2.36~4.75
XG2	0~3	—	100	90~100	—	—	—	—	—	0~2.36
XG3	0~5	100	90~100	—	—	—	—	—	—	0~4.75

(4)对0~3mm和0~5mm的细集料，应分别严格控制大于2.36mm和4.75mm的颗粒含量。对3~5mm的细集料，应严格控制小于2.36mm的颗粒含量。

(5)高速公路和一级公路，细集料中小于0.075mm的颗粒含量应不大于15%；二级及二级以下公路，细集料中小于0.075mm的颗粒含量应不大于20%。

说明：控制细集料0.075mm的通过率主要是为了控制生产混合料中0.075mm以下的颗粒含量。

(6)级配碎石或砾石中的细集料可使用细筛余料，或专门轧制的细碎石集料。

(7)天然砾石或粗砂作为细集料时，其颗粒尺寸应满足工程需要，且级配稳定，超尺寸颗粒含量超过细则或实际工程的规定时应筛除。

8.材料分档与掺配

(1)材料分档应符合表2-10的规定。

材料分档要求 表2-10

层位	高速公路和一级公路		二级及二级以下公路
	极重、特重交通	重、中、轻交通	
基层	≥5	≥4	≥3或4[a]
底基层	≥4	≥3或≥4[a]	≥3

注：[a] 对于工程可选择不少于3档备料，对极重、特重交通荷载等级且强度要求较高时，为了保证级配的稳定，宜选择不少于4档备料。

(2)公称最大粒径为19mm、26.5mm和31.5mm的无机结合料稳定碎石或砾石的备料规格，宜符合表2-11的规定。

模块二　公路工程无机结合料材料检测

不同粒径混合料的备料规格　　　　表 2-11

公称最大粒径(mm)	类　　型	一档	二档	三档	四档	五档	六档
19	三档备料	XG3	G11	G8	—	—	—
	四档备料Ⅰ	XG2	XG1	G11	G8	—	—
	四档备料Ⅱ	XG3	G11	G9	G5	—	—
	四档备料Ⅲ[a]	XG3(1)	XG3(2)	G11	G8	—	—
	五档备料Ⅰ	XG2	XG1	G11	G9	G5	—
	五档备料Ⅱ[a]	XG3(1)	XG3(2)	G11	G9	G5	—
26.5	四档备料	XG3	G11	G8	G3	—	—
	五档备料Ⅰ	XG3	G11	G9	G5	G3	—
	五档备料Ⅱ	XG2	XG1	G11	G8	G3	—
	五档备料Ⅲ[a]	XG3(1)	XG3(2)	G11	G8	G3	—
	六档备料Ⅰ	XG2	XG1	G11	G9	G5	G3
	六档备料Ⅱ[a]	XG3(1)	XG3(2)	G11	G9	G5	G3
31.5	四档备料	XG3	G11	G8	G2	—	—
	五档备料Ⅰ	XG3	G11	G9	G5	G2	—
	五档备料Ⅱ	XG3	G11	G9	G4	G2	—
	五档备料Ⅲ[a]	XG3(1)	XG3(2)	G11	G8	G2	—
	六档备料Ⅰ	XG2	XG1	G11	G9	G5	G2
	六档备料Ⅱ[a]	XG3(1)	XG3(2)	G11	G9	G5	G2

注：[a] 表中 XG3(1) 和 XG3(2) 为两种不同级配规律的 0～5mm 的细集料。

（3）用于二级及二级以上的公路基层和底基层的级配碎石或砾石,应由不少于 4 种规格的材料掺配而成。

（4）天然材料用于高速公路和一级公路的基层时,应筛分成表 2-6 中规定的规格,并按表 2-11 中的备料规格进行掺配。天然材料的规格不满足设计级配的要求时,可掺配一定比例的碎石或轧碎砾石。

（5）级配碎石或砾石类材料中,宜掺加石屑、粗粒等材料。

（6）级配碎石或砾石细集料的塑性指数应不大于 12。不满足要求时,可加石灰、无塑性的砂或石屑掺配处理。

任务实施

本次学习任务是参照细则,明确 20cm 水泥稳定碎石底基层原材料粗集料、细集料、水泥、水及添加剂的技术要求,其指标如下。

1. 粗集料采用碎石

（1）用于高速公路底基层时,公称最大粒径不大于 31.5mm。

（2）粗集料采用 G3、G8 和 G11 三种规格,三种规格级配要求宜符合规定,见表 2-12。

粗集料规格要求　　　　　　　表2-12

规格名称	工程粒径(mm)	通过下列筛孔(mm)的质量百分率(%)								公称粒径(mm)
		53	37.5	31.5	26.5	19.0	13.2	9.5	4.75	2.36	
G3	20~25	—	100	90~100	0~10	0~5	—	—	—	19~26.5
G8	10~20	—	—	—	100	90~100	—	0~10	0~5	—	9.5~19
G11	5~10	—	—	—	—	—	100	90~100	0~10	0~5	4.75~9.5

(3)重交通高速公路底基层级配碎石粗

集料符合Ⅱ类规定,压碎值和针片状颗粒含量要求见表2-13。

粗集料压碎值和针片状颗粒含量要求　　　　表2-13

指　　标	技术要求建议值
压碎值(%)	≤26
针片状颗粒含量(%)	≤20

2.细集料

(1)细集料采用规格XG3,级配要求见表2-14。

细集料级配要求　　　　　　表2-14

规格名称	公称粒径(mm)	通过下列筛孔(mm)的质量百分率(%)								公称粒径(mm)
		9.5	4.75	2.36	1.18	0.6	0.3	0.15	0.075	
XG3	0~5	100	90~100	—	—	—	—	—	—	0~4.75

(2)细集料其他技术指标要求,见表2-15。

细集料其他要求　　　　　　表2-15

项　　目	水泥稳定[a]	试验方法
颗粒分析	满足级配要求	T 0302/T 0303/T 0327
塑性指数[b]	≤17	T 0118
有机质含量(%)	<2	T 0313/T 0151
硫酸盐含量(%)	≤0.25	T 0341

注:[a]水泥稳定包括水泥石灰综合稳定;

[b]应测定0.075mm以下材料的塑性指数。

3.水泥

(1)强度等级为42.5,且满足《通用硅酸盐水泥》(GB 175—2007)要求。

(2)水泥初凝时间应大于3h,水泥终凝时间应大于6h且小于10h。

4.水

符合现行《生活饮用水卫生标准》(GB 5749—2006)的饮用水。

思考与练习

一、填空题

1.无机结合料稳定材料是采用一定的技术措施,在粉碎的或原来松散的＿＿＿＿＿＿＿＿中掺入适量的_____和_____,经均匀拌和、压实和养生后得到的一种_____或_____符合规定要求的复合混合料。

2.在进行水泥稳定碎石基层配合比设计时,首先对混合料的原材料_____、_____、_____及_____等进行检测,判定集料是否符合用料要求。判定依据是_____。

3.水泥稳定碎石基层中,粗集料要求检测的项目包括_____、_____、_____和_____。

二、综合题

根据本次学习任务的描述,画出路面结构图。

任务二　粗集料技术性能检测

学习目标

1.能描述粗集料的物理性质、力学性质;
2.能完成粗集料筛分试验、压碎值测定、针片状颗粒含量测定;
3.能完成试验结果的计算与结果分析。

建议学时

6学时。

任务描述

××高速公路××合同段,全长3.655km,现要求进行20cm水泥稳定碎石底基层配合比设计。

本次学习任务:在明确水泥稳定碎石基层混合料中粗集料技术要求的基础上,参照《公路工程集料试验规程》(JTG E42—2005)完成粗集料相关检测项目的检测,将试验检测结果参照细则判定水泥稳定碎石底基层混合料中粗集料是否满足用料要求。

理论知识

粗集料包括人工轧制的碎石和天然风化而成的砾石。在道路、桥梁工程中,粗集料主要是水泥混凝土和沥青混合料中的骨架材料。因此,粗集料的品质好坏相当重要。如粗集料的密度大,强度也大,针、片状颗粒含量少,级配优良,那么其品质就好。而粗集料品质好坏主要由其物理性质与力学性质决定。

通常将石料和集料统称为砂石材料。在混合料中起到骨架和填充作用的粒料,称为集料。集料包括碎石、砾石、机制砂、石屑、砂等。集料可分为细集料与粗集料两种。

在沥青混合料中,细集料是指粒径小于 2.36mm 的天然砂、人工砂及石屑;在水泥混凝土中,细集料是指粒径小于 4.75mm 的天然砂、人工砂。

在沥青混合料中,粗集料是指粒径大于 2.36mm 的碎石、破碎砾石、筛选砾石和矿渣等;在水泥混凝土中,粗集料是指粒径大于 4.75mm 的碎石、砾石和破碎砾石。

一、粗集料物理性质

1. 密度

粗集料的密度,由于材料状态及测定条件的不同,便衍生出如下几种密度。

(1)毛体积密度。单位体积(含材料的实体矿物成分及闭口孔隙、开口孔隙等颗粒表面轮廓线所包围的毛体积)物质颗粒的干质量。

(2)毛体积相对密度。毛体积密度与同温度水的密度之比值。

(3)表观密度。单位体积(含材料的实体矿物成分及闭口孔隙体积)物质颗粒的干质量。

(4)表观相对密度。表观密度与同温度水的密度之比值。

(5)表干密度。单位体积(含材料的实体矿物成分及其闭口孔隙、开口孔隙等颗粒表面轮廓线所包围的全部毛体积)物质颗粒的饱和面干质量。

(6)表干相对密度。表干密度与同温度水的密度之比值。

测量粗集料密度的方法有网篮法、容量瓶法。

2. 堆积密度

粗集料的松方密度包括堆积状态、振实状态、捣实状态下的松方密度。

(1)堆积密度。单位体积(含材料的实体矿物成分及闭口、开口孔隙体积及颗粒间空隙体积)物质颗粒的质量。

(2)振实密度、捣实密度。指在规定条件(两者试验条件不同)下,粗集料以紧密装填状态装入容器中,包括空隙、孔隙在内的单位体积的质量。

3. 空隙率

空隙率是指集料颗粒之间的空隙体积占集料总体积的百分率。

粗集料的空隙率与其级配和颗粒形状有关。粗集料的空隙率一般在 35% ~ 45% 之间。

粗集料的空隙率按下式计算:

$$n = \left(1 - \frac{\rho}{\rho_a}\right) \times 100 \qquad (2-1)$$

式中:n——粗集料的空隙率(%);

ρ——粗集料的堆积密度或紧装密度(g/cm³);

ρ_a——粗集料的表观密度(g/cm³)。

4. 含水率

含水率是指粗集料中所含水分的质量占干燥质量的百分率。

在水泥混凝土配合比设计时,试验室配合比是以干燥材料为基准的,而实际施工现场堆放的材料都有一定的含水率,且经常变化,因此应定时测定其含水率,其测定方法有烘干法和酒精燃烧法,以烘干法为准。

5. 级配

粗集料中各组成颗粒的分级和搭配称为级配。各种不同粒径的集料,按照一定的比例搭配起来,以达到较高的密实度和较大摩擦力,粗集料的级配分为:

(1)连续级配。采用标准套筛对某一混合料进行筛析试验,所得级配曲线平顺圆滑,具有连续性。这种由大到小、逐级粒级均占有一定比例的级配为连续级配。

(2)间断级配。指在矿质混合料中剔除其一个分级或几个分级而形成一种不连续级配。一个良好的级配,要求空隙率小,总表面积也不大。前者的目的使集料本身最为紧密;后者的目的是使水泥用量最为节约,如图2-1所示。

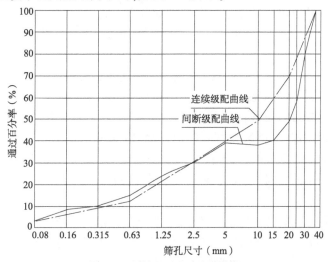

图2-1 连续级配和间断级配曲线

6. 含泥量

粗集料的含泥量指卵石、碎石中粒径小于0.075mm的颗粒含量。粗集料的含泥量试验方法同细集料,只在取样数量上有所区别,即将来样用四分法缩分至表2-16所规定的量(注意防止细粉丢失并防止所含黏土块被压碎),置于温度为105±5℃的烘箱内烘干至恒重,冷却至室温后分成两份备用。

含泥量试验所需要的试样最小质量 表2-16

公称最大粒径(mm)	4.75	9.5	16	19	26.5	31.5	37.5	63	75
每一份试样的最小质量(kg)	1.5	2	2	6	6	10	10	20	20

7. 针、片状颗粒含量

针、片状颗粒是指粗集料中细长的针状颗粒与扁平的片状颗粒。当颗粒形状的诸方向中的最小厚度(或直径)与最大长度(或宽度)的尺寸之比小于规定比例时,属于针、片状颗粒。

针、片状颗粒的存在会增加粗集料的空隙率,降低密实性,影响新拌混凝土的工作性,降低硬化后的水泥混凝土强度和耐久性,同时针、片状颗粒的存在会影响沥青路面的质量。因此,在粗集料中应限制其含量。其测定方法有:

(1)规准仪法。适用于测定水泥混凝土用的4.75mm以上的粗集料的针、片状颗粒含量。

(2)游标卡尺法。适用于测定粗集料的针、片状颗粒含量。

8. 坚固性

坚固性是指在气候、环境变化或其他物理因素作用下,粗集料抵抗碎裂的能力。其测定方法为硫酸钠溶液法。

二、粗集料力学性质

粗集料力学性质主要是指压碎值和磨耗性,其次是新近发展起来的抗滑表层用集料的三项试验,即磨光值、道瑞磨耗值和冲击值。

1. 压碎值

粗集料压碎值是指粗集料在连续增加的荷载下,抵抗压碎的能力。它作为相对衡量石料强度的一个指标,用以评价水泥混凝土、路面基层、底基层及沥青面层的粗集料品质。

2. 磨耗性

磨耗性是指石料抵抗摩擦、撞击的性能。其测定方法有洛杉矶法(又称搁板式)和狄法尔法(又称双筒式)两种方法。

石料的磨耗性是石料力学性质的另一个重要指标,也是评定石料等级的依据之一。我国现行试验规程规定,石料磨耗试验以洛杉矶式(搁板式)磨耗试验法为标准方法,只有在不具备该磨耗试验条件时,方允许采用狄法尔法(双筒式)磨耗试验法代替。

一般磨耗损失小的集料,集料坚硬,耐磨,耐久性好。

3. 磨光值

现代高速交通的行车条件对路面的抗滑性提出更高的要求,在车辆轮胎作用下,不仅要求具有较高的抗磨耗性,而且要求具有较高的抗磨光性。集料的抗磨光性采用石料磨光值。

集料的磨光值是关系到一种集料能否用于沥青路面抗滑磨耗层的重要决定性指标,集料磨光值越高,表示抗滑性越好。因此,抗滑面层应选用磨光值较高的集料,如玄武岩石、安山岩、砂岩、花岗岩等。

不同道路等级对抗滑表层集料的磨光值、道瑞磨耗值和冲击值的技术要求见现行交通行业标准《公路沥青路面施工技术规范》(JTG F40—2004)。

4. 集料冲击值(LSV)

集料抵抗多次连续重复冲击荷载作用的性能,可采用"集料冲击值"表示。

一、粗集料与集料混合料的筛分试验

1. 目的与适用范围

(1)测定粗集料(如碎石、砾石、矿渣等)的颗粒组成。对水泥混凝土用粗集料可采用干筛法筛分,对沥青混合料及基层粗集料必须采用水洗法试验。

(2)本方法也适用于同时含有粗集料、细集料、矿粉的集料混合料筛分试验,如未筛碎石、级配碎石、天然砂砾、级配砂砾、无机结合料稳定基层材料、沥青拌和楼的冷料混合料、热料仓材料、沥青混合料经溶剂抽提后的矿料等。

2. 准备工作

(1)仪具与材料。

①试验筛:根据需要选用规定的标准筛。

②摇筛机。

③天平或台秤:感量不大于试样质量的0.1%。

④其他:盘子、铲子、毛刷等。

(2)试验准备。

按规定将来料用分料器或四分法缩分至表2-17要求的试样所需量,风干后备用。根据需要可按要求的集料最大粒径的筛孔尺寸过筛,除去超粒径部分颗粒后,再进行筛分。

筛分用的试样质量 表2-17

公称最大粒径(mm)	75	63	37.5	31.5	26.5	19	16	9.5	4.75
试样质量不小于(kg)	10	8	5	4	2.5	2	1	1	0.5

3. 技术要求与注意事项

(1)技术要求。

粗集料的粒径规格应符合细则要求,符合表2-13。

(2)注意事项。

①沥青路面集料的筛分试验无论对粗集料、细集料的原材料筛分进行目标配合比设计,或者在沥青厂从拌和机二次筛分后热料仓取样筛分进行生产配合比设计时,都要求分别采用水洗法,以准确确定0.075mm通过率。

②干筛分仅适用于水泥混凝土用集料。

4. 操作步骤

(1)水泥混凝土用粗集料干筛法。

①取试样一份置 $105 \pm 5 0$℃烘箱中烘干至恒重,称取干燥集料试样的总质量 m_0,准确至0.1%。

②用搪瓷盘作筛分容器,按筛孔大小排列顺序逐个将集料过筛。人工筛分时,需使集料在筛面上同时有水平方向及上下方向不停顿的运动,使小于筛孔的集料通过筛孔,直至1min内通过筛孔的质量小于筛上残余量的0.1%为止;当采用摇筛机筛分时,应在摇筛机筛分后再逐个由人工补筛。将筛出通过的颗粒并入下一号筛,和下一号筛中的试样一起过筛,顺序进行,直至各号筛全部筛完为止。应确认1min内通过筛孔的质量确实小于筛上残余量的0.1%。

注意:由于0.075mm筛干筛几乎不能把粘在粗集料表面的小于0.075mm部分的石粉筛过去,而且对水泥混凝土用粗集料而言,0.075mm通过率的意义不大,所以也可以不筛,且把通过0.15mm筛的筛下部分全部作为0.075mm的分计筛余,将粗集料的0.075mm通过率假设为0。

③如果某个筛上的集料过多,影响筛分作业时,可以分两次筛分。当筛余颗粒的粒径大于19mm时,筛分过程中允许用手指轻轻拨动颗粒,但不得逐颗塞过筛孔。

④称取每个筛上的筛余量,准确至总质量的0.1%。各筛分计筛余量及筛底存量的总和与筛分前试样的干燥总质量 m_0 相比,相差不得超过的0.5%。

(2)沥青混合料及基层用粗集料水洗法。

①取一份试样,将试样置 105±5℃烘箱中烘干至恒重,称取干燥集料试样的总质量 m_3,准确至 0.1%。

注意:恒重是指相邻两次称量间隔时间大于 3h(通常不少于 6h)的情况下,前后两次称量之差小于该项试验所要求称量精密度。

②将试样置一洁净容器中,加入足够数量的洁净水,将集料全部淹没,但不得使用任何涤剂、分散剂或表面活性剂。

③用搅棒充分搅动集料,使集料表面洗涤干净,使细粉悬浮在水中,但不得破碎集料或有集料从水中溅出。

④根据集料粒径大小选择组成一组套筛,其底部为 0.075mm 标准筛,上部为 2.36mm 或 4.75mm 筛。仔细将容器中混有细粉的悬浮液倒出,经过套筛流入另一容器中,尽量不将粗集料倒出,以免损坏标准筛筛面。

注意:无需将容器中的全部集料都倒出,只倒出悬浮液。且不可直接倒至 0.075mm 筛上,以免集料掉出损坏筛面。

⑤重复以上②~④步骤,直至倒出的水洁净为止,必要时可采用水流缓慢冲洗。

⑥将套筛每个筛子上的集料及容器中的集料全部回收在一个搪瓷盘中,容器上不得有黏附的集料颗粒。

⑦在确保细粉不散失的前提下,小心滤去搪瓷盘中的积水,将搪瓷盘连同集料一起置 105±5℃烘箱中烘干至恒重,称取干燥集料试样的总质量 m_4,准确至 0.1%。以 m_3 与 m_4 之差作为 0.075mm 的筛下部分。

⑧将回收的干燥集料按干筛方法筛分出 0.075mm 筛以上各筛的筛余量,此时 0.075mm 筛部分应为 0,如果尚能筛出,则应将其并入水洗得到的 0.075mm 的筛下部分,且表示水洗得不干净。

5. 结果整理

(1)干筛法筛分结果的计算。

①按式(2-2)计算各筛分计筛余量及筛底存量的总和与筛分前试样的干燥总质量之差,作为筛分时的损耗,并计算损耗率,若损耗率大于 0.3%,应重新进行试验。

$$m_5 = m_0 - (\sum m_i + m_底) \tag{2-2}$$

式中:m_5——由于筛分造成的损耗(g);

m_0——用于干筛的干燥集料总质量(g);

m_i——各号筛上的分计筛余(g);

i——依次为 0.075mm、0.15mm…至集料最大粒径的排序;

$m_底$——筛底(0.075mm 以下部分)集料总质量(g)。

②干筛分计筛余百分率。

干筛后各号筛上的分计筛余百分率按式(2-3)计算,精确至 0.1%。

$$p_i = \frac{m_i}{m_0 - m_5} \times 100 \tag{2-3}$$

式中:p_i——各号筛上的分计筛余百分率(%);

m_5——由于筛分造成的损耗(g);

m_0——用于干筛的干燥集料总质量(g);

m_i——各号筛上的分计筛余(g);

i——依次为0.075mm、0.15mm…至集料最大粒径的排序。

③干筛累计筛余百分率。

各号筛的累计筛余百分率为该号筛以上各号筛余百分率之和,精确至0.1%。

④干筛各号筛的质量通过百分率。

各号筛的质量通过百分率等于100减去该号筛累计筛余百分率,精确至0.1%。

⑤由筛底存量除以扣除损耗后的干燥集料总质量计算0.075mm筛的通过率。

(2)水筛法筛分结果的计算。

①按式(2-4)及式(2-5)计算粗集料中0.075mm筛下部分质量和含量,精确至0.1%。当两次试验结果差值超过1%时,试验应重新进行。

$$m_{0.075} = m_3 - m_4 \tag{2-4}$$

$$p_{0.075} = \frac{m_{0.075}}{m_3} = \frac{m_3 - m_4}{m_3} \times 100 \tag{2-5}$$

式中:$p_{0.075}$——粗集料中小于0.075mm的含量(通过率)(%);

$m_{0.075}$——粗集料中水洗得到的小于0.075mm部分的质量(g);

m_3——用于水洗的干燥粗集料总质量(g);

m_4——水洗后的干燥粗集料总质量(g)。

②按式(2-6)计算各筛分计筛余量及筛底存量的总和与筛分前试样的干燥总质量之差,为筛分时的损耗,并计算损耗率,若损耗率大于0.3%,应重新进行试验。

$$m_5 = m_3 - (\sum m_i + m_{0.075}) \tag{2-6}$$

式中:m_5——由于筛分造成的损耗(g);

m_3——用于水筛筛分的干燥集料总质量(g);

m_i——各号筛上的分计筛余(g);

i——依次为0.075mm、0.15mm…至集料最大粒径的排序;

$m_{0.075}$——水洗后得到的0.075mm以下部分质量(g)。

③计算其他各筛的分计筛余百分率、累计筛余百分率、质量通过百分率,计算方法与干筛法相同。当干筛时筛分有损耗时,应按干筛法的方法从总质量中扣除损耗部分。

④试验结果以两次试验的平均值表示。

6.精密度或允许差

(1)干筛法。各筛分计筛余量及筛底存量的总和与筛分前试样的干燥总质量相比,相差不得超过0.5%。

(2)水筛法。试验结果以两次试验的平均值表示,精确至0.1%。当两次试验结果的差值超过1%时,试验应重新进行。

7.报告

(1)筛分结果以各筛孔的质量通过百分率表示。

(2)对用于沥青混合料、基层材料配合比设计用的集料,宜绘制集料筛分曲线,其横坐标为筛孔尺寸的0.45次方,纵坐标为普通坐标。

（3）同一种集料至少取两个试样平行试验两次，取平均值作为每号筛上筛余量的试验结果，报告集料级配组成通过百分率及级配曲线，表2-18。

粗集料筛分试验记录（水筛法）　　　　　表2-18

样品编号	GLJS2016-10-04				试样状态描述				洁净、干燥	
干燥试样总质量(g)	第1组				第2组				平均	
	4263.6				4598.1					
水洗后试样质量(g)	4248.8				4592.7					
0.075mm通过率(%)	0.3				0.1				0.2	规定通过率(%)
筛孔尺寸(mm)	筛上质量 m_i (g)	分计筛余(%)	累计筛余(%)	通过百分率(%)	筛上质量 m_i (g)	分计筛余(%)	累计筛余(%)	通过百分率(%)	通过百分率(%)	
	(1)	(2)	(3)	(4)	(1)	(2)	(3)	(4)		
26.5	0	0	0	100	0	0	0	100	100	100
19	600.4	14.1	14.1	85.9	537.9	11.7	88.3	11.7	87.1	87.1
16	1936.3	45.4	59.5	40.5	1854.2	40.3	48.0	52.0	44.2	44.2
13.2	1393.8	32.7	92.2	7.8	1810.7	39.4	90.4	8.6	8.2	8.2
9.5	315.9	7.4	99.6	0.4	387.6	8.4	98.8	1.2	0.8	0.8
4.75	0.0	0.0	99.6	0.4	0.0	0.0	98.8	1.2	0.8	0.8
2.36	0.0	0.0	99.6	0.4	0.0	0.0	98.8	1.2	0.8	0.8
干筛后总质量$\sum m_i$(g)	4246.4				4590.7					
损耗 m_5(g)	2.4				2.0					
损耗率(%)	0.06				0.04					
扣除损耗后总量(g)	4261.2				4596.1					
结论	该档集料损耗率小于0.3%，符合规范要求，可用于级配设计									
备注	1.试验按照_____进行;2.主要仪器设备及编号:_____									

试验：　　　　　　　校核：　　　　　　　试验日期：　　年　月　日

二、粗集料压碎值试验

1. 目的与适用范围

集料压碎值用于衡量石料在逐渐增加的荷载下抵抗压碎的能力，是衡量石料力学性质的指标，用以评价其在工程中的适用性。

2. 准备工作

（1）试验仪器。

①石料压碎值试验仪：由内径150mm、两端开口的钢制圆形试筒、压柱和底板组成。试筒内壁、压柱的地面及底版的上表面等与石料接触的表面都应进行热处理，使表面硬化，达到维氏硬度65并保持光滑状态。

②金属棒：直径10mm，长450～600mm，一端加工成半球形。

③天平：称量2～3kg，感重不大于1g。

④方孔筛:筛孔尺寸 13.2mm、9.5mm、2.36mm 筛各一个。
⑤压力机:500kN,应能在 10min 内达到 400kN。
⑥金属筒:圆柱形,内径为 112.0mm,高 179.4mm,容积 1767cm^3。

(2)试样准备。

①用 13.2mm 和 9.5mm 标准筛过筛,取 9.5~13.2mm 的试样 3 组各 3000g,供试验用。如过于潮湿需加热烘干时,烘箱温度不应超过 100℃,烘干的时间不超过 4h。试验前,石料应冷却至室温。

②每次试验的石料数量,应满足按下述方法夯击后石料在试筒内的深度为 100mm。

在金属筒中确定石料数量的方法:将石料分 3 次装入试筒中,每次数量大致相同;每次将试样表面整平,用金属棒的半球面从石料表面上均匀捣实 25 次。最后用金属棒作为直刮刀将表面仔细整平。称量量筒中试样质量 m_0。以相同质量的试样进行压碎值的平行试验。

3. 技术要求与注意事项

(1)技术要求。

根据本次学习任务,重交通高速公路水泥稳定级配碎石底基层用粗集料要求压碎值≤26%。

(2)注意事项。

①我国沥青路面表面层多用公称最大粒径 13.2mm 的粗集料,所以采用 9.5~13.2mm 单一粒径集料是合理的。

②粗集料的压碎值指标利用相关关系式 $y = 0.816x - 5$ 换算得到,y 指压碎指标值,x 值压碎值。

4. 操作步骤

(1)将试样筒安放在底版上。

(2)将要求质量的试样分 3 次(每次数量大体相同)倒入试筒均匀装入试模中,每次均将试样表面整平,用金属棒的半球面端从石料表面上均匀捣实 25 次。最后用金属棒作为直刮刀将表面仔细整平。

(3)将装有试样的试模放到压力机上,同时加压头放入试筒内石料表面上,注意使压头摆平,勿楔挤试模侧壁。

(4)开动压力机,均匀的施加荷载,在 10min 左右的时间内达到总荷载 400kN,稳压 5s,然后卸荷。

(5)将试模从压力机上取下,取出试样。

(6)用 2.36mm 筛筛分经压碎的全部试样,可分几次筛分,均需筛到在 1min 内没有明显筛出物为止。

(7)称取通过 2.36mm 筛孔的全部细集料质量 m_1,准确至 1g。

5. 结果整理

按式(2-7)计算石料的压碎值,精确至 0.1%。

$$Q_\mathrm{a} = \frac{m_1}{m_0} \times 100 \tag{2-7}$$

式中:Q_a——石料的压碎值(%);

m_0——试验前试样的质量;

m_1——试验后通过 2.36mm 筛孔的细料质量(g)。

6.报告

报告以 3 个试样平行试验的算术平均值作为压碎值的测定值,见表 2-19。

粗集料压碎值试验记录　　　　表 2-19

样品编号		GLJS2016—10—04	样品规格	9.5～13.2mm	
试样状态描述		洁净、干燥	试样用途	水泥稳定碎石底基层	
试验次数		①	②	③	
试验前试样质量 m_0(g)		2788	2788	2788	
试验后通过2.36mm筛孔试样质量 m_1(g)		655	643	664	
压碎值 Q_a(%)	单值	23.4	23.1	23.8	
	平均值	23.4			
结论		该碎石压碎值为 23.4%,小于设计值 26%,符合设计及规范要求			
备注		1.试验按照_____进行; 2.主要仪器设备及编号:_____			

试验：　　　　校核：　　　　试验日期：　　年　月　日

三、粗集料针片状颗粒含量试验(游标卡尺法)(T 0312—2005)

1.目的与适用范围

(1)本方法适用于测定粗集料的针状及片状的颗粒含量,以百分率计。

(2)本方法测定的针片状颗粒,是指用游标卡尺测定的粗集料颗粒的最大长度(或宽度)方向与最大厚度(或直径)方向的尺寸之比大于 3 倍的颗粒,有特殊要求采用其他比例时,应在试验报告中注明。

(3)本方法测定的粗集料中针片状颗粒的含量,可用于评价集料的形状和抗压碎能力,以评定生产厂的生产水平及该材料在工程中的适用性。

2.仪具与材料

(1)标准筛:方孔筛 4.75mm。

(2)游标卡尺:精度为 0.1mm。

(3)天平:感量不大于 1g。

3.技术要求与注意事项

(1)技术要求。

根据本次学习任务,重交通高速公路水泥稳定级配碎石底基层用粗集料要求针片状颗粒含量≤20%。

(2)注意事项。

①选用游标卡尺法测定沥青混合料中针片状颗粒含量。

②水泥混凝土对集料的要求没有沥青混合料严格,水泥混凝土集料的针片状颗粒只在拌和与成型过程中有影响,混凝土结硬以后影响就小了;沥青混合料在施工及使用的全过程中都用重要影响,所以此指标显得重要很多。因此沥青混合料集料的要求要严格得多。

4.操作步骤

(1)按《公路工程集料试验规程》(JTG E42—2005)T 0301方法采集粗集料试样。

(2)按分料器法或四分法选取1kg左右的试样。对每一种规格的粗集料,应按照不同的公称粒径,分别取样检验。

(3)用4.75mm标准筛将试样过筛,取筛上部分供试验使用,称取试样的总质量,准确至1g,试样数量应不小于800g,并不少于100颗。

(4)将试样平摊于桌面上,首先用目测挑出接近立方体的颗粒,剩下可能属于针状(细长)或片状(扁平)的颗粒。

(5)将预测量的颗粒放在桌面上成一稳定的状态,图中颗粒平面方向的最大长度为L,侧面厚度的最大尺寸为t,颗粒最大宽度为$\omega(t<\omega<L)$,用卡尺逐颗测量石料的L及t,将$L/t \geq 3$的颗粒(即最大长度方向与最大厚度方向的尺寸之比大于3的颗粒)分别挑出作为针片状颗粒。称取针片状颗粒的质量,准确至1g。

注意:稳定状态是指平放的状态,不是直立状态,侧面厚度的最大尺寸t为颗粒顶部至平台的厚度,是在最薄的一个面上测量的,但并非颗粒中最薄部位的厚度。

5.计算

按式(2-8)计算针片状颗粒含量:

$$Q_e = \frac{m_1}{m_0} \times 100 \tag{2-8}$$

式中:Q_e——针片状颗粒含量(%);

m_0——试验用的总质量(g);

m_1——针片状颗粒的质量(g)。

6.报告

(1)试验要平行测定两次,计算两次结果的平均值。如果两次结果之差小于平均值的20%,取平均值为试验值,如大于或等于20%,应追加测定一次,取3次结果的平均值为测定值。

(2)试验报告应报告集料的种类、产地、岩石名称、用途,见表2-20。

粗集料针片状颗粒含量试验记录　　　　　表2-20

样品编号		GLJS2016-10-04	样品名称		碎石
试样状态描述		洁净、无杂质	试样用途		水泥稳定碎石底基层
沥青路面用粗集料针片状颗粒含量试验(游标卡尺法)					
试验次数		①		②	③
试样总质量(g)		2253		2426	2574
针片状颗粒总质量(g)		182		207	191
针片状颗粒含量(%)	单值	8.1		8.5	7.4
	平均值	8.0			
结论		该碎石针片状为8.0%,小于20%,符合设计及规范要求			
备注		1.试验按照_____进行; 2.主要仪器设备及编号:_____			

试验:　　　　　校核:　　　　　试验日期:　　年　月　日

一、填空题

1. 针、片状颗粒测定方法主要有：

   (1)_____法。适用于测定水泥混凝土用的 4.75mm 以上的粗集料的针、片状颗粒含量。

   (2)_____法。适用于测定沥青混合料用的粗集料的针、片状颗粒含量。

2. 粗集料的空隙率与其_____和_____有关。

3. 含水率指粗集料中所含水分的质量占_____的百分率。

4. 石料的磨耗性是石料力学性质的另一个重要指标，也是评定石料等级的依据之一。我国现行试验规程规定，石料磨耗试验以_____为标准方法。

5. 针、片状颗粒的存在会增加粗集料的_____，降低_____，影响新拌混凝土的_____，降低硬化后的水泥混凝土强度和耐久性。

二、综合题

根据《公路工程集料试验规程》(JTG E42—2005)测定某批连续级配粗集料的压碎值。某检测人员的操作全过程如下：①试样在气干状态下进行试验，用 9.5mm 及 16.0mm 筛子进行筛分，采用 9.5~16.0mm 的颗粒进行试验，称取每份 3.0kg(m_0)的试样共 3 份；②置加载圆筒于底盘上，取试样一份 m_0，将试样分两层装入筒内。每装完一层，用一根直径为 20mm 的金属捣棒击实试样表面，每层击实 25 次；③整平筒内试样表面，装好压头，并使加压头保持平正，放到试验机上，在 5min 内均匀加荷到 400kN，稳定 5s。随后卸荷取出测定筒，倒出筒中试样，用孔径为 4.75mm 的筛筛除被压碎的细粒，称通过 4.75mm 筛的颗粒的重量 m_0；④压碎值计算按 $Q_a = m_1/m_0$ 进行，精确至 1%；⑤以 3 次试验结果的算术平均值作为压碎值的测定值。请指出该检测人员在工作中的不准确之处。

任务三　细集料技术性能检测

1. 能描述细集料的物理性质、级配与粗度；
2. 能依据现行试验规程完成细集料筛分试验；
3. 能依据现行试验规程完成试验结果的计算与结果分析。

4 学时。

任务描述

××高速公路××合同段,全长 3.655km,现要求进行 20cm 水泥稳定碎石底基层配合比设计。

本次学习任务是在明确水泥稳定碎石基层混合料中细集料技术要求的基础上,参照《公路工程集料试验规程》(JIG E42—2005)完成细集料相关检测项目的检测,将试验检测结果参照细则判定水泥稳定碎石底基层混合料中细集料是否满足用料要求。

 理论知识

细集料包括砂和人工砂。砂按来源分为两类:一类为天然砂,它是岩石在自然条件下风化形成。因产源不同可分为河砂、山砂、海砂。河砂颗粒表面圆滑,比较洁净,质地较好,产源广;山砂颗粒表面粗糙有棱角,含泥量和含有机质多;海砂虽然具有河砂的特点,但因为在海中所以常有贝壳碎片和盐分等有害杂质。一般工程上多使用河砂。在缺乏河砂地区,可采用山砂或海砂,但在使用时必须按规定做技术检验;另一类为人工砂,它是将岩石轧碎而成的颗粒,表面多棱角,较洁净,因为是由人工轧制而成,所以造价较高。

细集料在建筑工程混合料中起到填充的作用,是缺一不可的材料,用作道路与桥梁工程细集料应具备一定的技术性质。因此细集料的物理性质、颗粒级配与粗度及测定是本模块的中心任务。

一、细集料物理性质

集料的内部结构主要是由矿质实体、闭口孔隙(不与外界相通的)、开口孔隙(与外界相通的)和空隙(颗粒之间的)等 4 部分组成,如图 2-2 所示。细集料在公路工程中的主要物理性质有:表观密度、堆积密度、紧装密度、空隙率、含水率、细集料中有害杂质含量等。

1.表观密度

表观密度是指单位体积(含材料的实体矿物成分及闭口孔隙体积)物质颗粒的干质量。由图 2-2 可知:

$$\rho_a = \frac{m}{V_s + V_c} \quad (2-9)$$

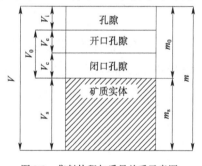

图 2-2 集料体积与质量关系示意图

式中:ρ_a——细集料的表观密度(g/cm³);
V_s——细集料实体体积(cm³);
V_c——细集料闭口孔隙体积(cm³);
m——干燥细集料的质量(g)。

细集料表观密度的大小,主要取决于细集料的种类和风化程度。风化严重的细集料表观密度小,强度低,稳定性差,表观密度是衡量细集料品质的主要技术指标之一。细集料的表观密度应大于 2500kg/m³。

2. 堆积密度和紧装密度

堆积密度是指单位体积(含材料的实体矿物成分及其闭口孔隙、开口孔隙体积及颗粒间空隙体积)物质颗粒的质量。有干堆积密度及湿堆积密度之分。由图 2-2 可知：

$$\rho = \frac{m}{V} \tag{2-10}$$

式中：ρ——细集料的堆积密度(g/cm^3)；
m——细集料的质量(g)；
V——细集料的堆积体积(cm^3)。

细集料的堆积密度一般为 1350~1650kg/m³。堆积密度大小与颗粒组成及含水率有关。紧装密度与堆积密度是同一类物理概念，只是试验方法不同。细集料的紧装密度一般为 1600~1700kg/m³。

3. 空隙率

空隙率是指集料颗粒之间的空隙体积占集料总体积的百分率。细集料的空隙率与其级配和颗粒形状有关。细集料的空隙率一般在 35%~45% 之间，特细细集料可达 50% 左右。

细集料的空隙率可按下式计算：

$$n = \left(1 - \frac{\rho}{\rho_a}\right) \times 100 \tag{2-11}$$

式中：n——细集料的空隙率(%)；
ρ——细集料的堆积密度或紧装密度(g/cm^3)；
ρ_a——细集料的表观密度(g/cm^3)。

4. 含水率

含水率是指细集料中所含水的质量占干细集料质量的百分率。

施工现场上自然堆放的细集料，其含水率是经常变化的。当细集料的含水率变化时，其体积与质量也随之变化。细集料从干到湿有 4 种含水状态，如图 2-3 所示。

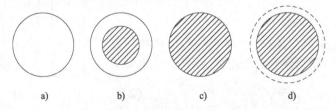

图 2-3 细集料不同含水率的状态

(1)完全干燥状态(烘干状态)。它在 105±5℃ 温度下烘干，如图 2-3a)所示。

(2)气干状态(风干状态)。在自然条件下使它吸收一些水分，然后又在空气中任其风干一些时间，此时外面一层已经干燥，但内部还是湿的，如图 2-3b)所示。

(3)饱和面干状态(表干状态)。细集料的内部吸水饱和而表面仍是干燥的，如图 2-3c)所示。

(4)湿润状态(潮湿状态),细集料内部吸水饱和后,表面附有吸水状态,如图2-3d)所示。

由于细集料的含水率大小对细集料的外观体积影响较大,因此,在施工现场按体积计算细集料的用量时,是以饱和面干时的体积为标准。因此,在计算细集料的用量时,应了解细集料的含水率。细集料的含水率测定方法有烘干法、碳化钙气压法和酒精燃烧法,其中以烘干法为准。

5.有害杂质含量

细集料中常含有害杂质,主要有泥土、泥块、云母、轻物质、硫酸盐和硫化物以及有机质等。

(1)含泥量和泥块含量。

含泥量是指细集料中粒径小于0.075mm的尘屑、淤泥和黏土的含量。泥块含量是指原粒径大于1.18mm,经水浸洗、手捏后小于0.6mm的颗粒含量。

这些颗粒在集料表面形成包裹层,妨碍集料与水泥的黏附,或者以松散的颗粒存在,增加集料的表面积,增大需水量,特别是黏土颗粒,体积不稳定,干燥时收缩,潮湿时膨胀,对混凝土有很大的破坏作用,影响混凝土的强度和耐久性。

(2)云母含量。

有些细集料中含有云母,云母呈薄片状,表面光滑且极易沿节理裂开,因此,它与水泥的黏附性较差。

二、细集料颗粒级配与粗度

1.细集料颗粒级配

细集料的颗粒级配是指细集料中大小颗粒的相互搭配情况,如图2-4所示。图2-4a)所示为采用相同粒径的细集料,其空隙最大;图2-4b)所示为采用两种不同粒径的细集料相互搭配,中粒径填充大粒径空隙,其细集料的空隙减小;图2-4c)所示为采用两种以上粒径的细集料相互搭配,小粒径填充中粒径空隙,中粒径填充大粒径空隙,细集料的空隙就会更小。如果细集料的大小颗粒搭配得恰当,就会使细集料的空隙不断地被填充,空隙率达到最小,可得到密实的混凝土骨架,同时节省水泥浆。

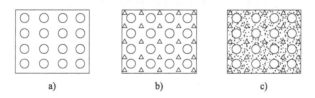

图2-4 细集料颗粒级配示意图
a)单粒径砂;b)两种粒径砂;c)多种粒径砂

细集料的颗粒级配可通过细集料筛分试验确定。筛分试验是将预先通过9.50mm筛的干细集料,称取500g置于一套标准筛上,分别求出试样存留在各筛上的质量,然后按下述方法计算其级配有关参数,即分计筛余百分率、累计筛余百分率和通过百分率。

(1)分计筛余百分率。各号筛上的筛余量除以试样总量的百分率,按下式计算:

$$a_i = \frac{m_i}{m} \times 100 \tag{2-12}$$

式中:a_i——某号筛的分计筛余百分率(%)。

m_i——存留在某号筛上的质量(g)。

m——试样的总质量(g)。

(2)累计筛余百分率。该号筛上分计筛余百分率与大于该号筛的各号筛上的分计筛余百分率总和,按下式计算:

$$A_i = a_1 + a_2 + \cdots + a_n \tag{2-13}$$

式中: A_i——累计筛余百分率(%);

a_1、a_2、$\cdots$、a_n——各筛分计筛余百分率(%)。

(3)通过百分率。通过某筛的质量占试样总质量的百分率,即100与累计筛余百分率之差,按下式计算:

$$P_i = 100 - A_i \tag{2-14}$$

式中:P_i——通过百分率(%);

A_i——累计筛余百分率(%)。

分计筛余百分率、累计筛余百分率及通过百分率三者的关系列于表2-21。

分计筛余、累计筛余、通过量三者关系 表2-21

筛孔尺寸(mm)	分计筛余(%)	累计筛余(%)	通过量(%)
4.75	a_1	$A_1 = a_1$	$P_1 = 100 - A_1$
2.36	a_2	$A_2 = a_1 + a_2$	$P_2 = 100 - A_2$
1.18	a_3	$A_3 = a_1 + a_2 + a_3$	$P_3 = 100 - A_3$
0.6	a_4	$A_4 = a_1 + a_2 + a_3 + a_4$	$P_4 = 100 - A_4$
0.3	a_5	$A_5 = a_1 + a_2 + a_3 + a_4 + a_5$	$P_5 = 100 - A_5$
0.15	a_6	$A_6 = a_1 + a_2 + a_3 + a_4 + a_5 + a_6$	$P_6 = 100 - A_6$

用累计筛余百分率绘制级配曲线表示细集料的颗粒级配情况。

2.粗度

粗度是指不同粒径的砂搭配后总体的粗细程度,它是评价砂粗细程度的一种指标,通常用细度模数指标来表示。

根据累计筛余百分率计算细度模数。细集料的细度模数按下式计算:

$$M_x = \frac{(A_{0.15} + A_{0.3} + A_{0.6} + A_{1.18} + A_{2.36}) - 5A_{4.75}}{100 - A_{4.75}} \tag{2-15}$$

式中: M_x——细度模数;

$A_{0.15}$、$A_{0.3}$、$\cdots$、$A_{4.75}$——为0.15mm、0.3mm、$\cdots$、4.75mm各筛的累计筛余百分率(%)。

根据现行规范《公路工程桥涵施工技术规范》(JTG/T F50—2011)的规定,砂按其细度模数分为三大类,见表2-22。

砂 分 类　　　　　　　　　表2-22

分 类	粗 砂	中 砂	细 砂
细度模数 M_x	3.7~3.1	3.0~2.3	2.2~1.6

细度模数越大,表示砂越粗。细度模数虽能表示细集料的粗细程度,但不能完全反映出细集料的颗粒级配情况,因为相同细度模数的细集料可有不同的颗粒级配。因此,要全面表征细集料的颗粒性质,必须同时使用细度模数和级配两个指标。

细集料筛分试验(T 0327—2005)

1. 目的与适用范围

测定细集料(天然砂、人工砂、石屑)的颗粒级配及粗细程度。对水泥混凝土用细集料可采用干筛法如果需要也可采用水洗法筛分;对沥青混合料及基层用细集料必须用水洗法筛分。

注意:当细集料中含有粗集料时,可参照此方法用水洗法筛分,但需特别注意保护标准筛筛面不遭损坏。

2. 准备工作

(1)仪具与材料

①标准筛。

②天平:称量1000g,感量不大于0.5g。

③摇筛机。

④烘箱:能控温在105±5℃。

⑤其他:浅盘和硬、软毛刷等。

(2)试验准备

根据样品中最大粒径的大小,选用适宜的标准筛,通常为9.5mm筛(水泥混凝土用天然砂)或4.75mm筛(沥青路面及基层用天然砂、石屑、机制砂等)筛除其中的超粒径材料。然后将样品在潮湿状态下充分拌匀,用分料器法或四分法缩分至每份不少于550g的试样两份,在105±5℃的烘箱中烘干至恒重,冷却至室温后备用。

3. 试验步骤

(1)干筛法。

①准确称取烘干试样约500 g,准确至0.5g,置于套筛的最上面一只,即4.75mm筛上,将套筛装入摇筛机,摇筛约10min,然后取出套筛,再按筛孔大小顺序,从最大的筛号开始,在清洁的浅盘上逐个进行手筛,直到每分钟的筛出量不超过筛上剩余量的0.1%时为止,将筛出通过的颗粒并入下一号筛,和下一号筛中的试样一起过筛,以此顺序进行至各号筛全部筛完为止。

注意:试样如为特细砂时,试样质量可减少到100 g。如试样含泥量超过5%,不宜采用干筛法。当无摇筛机时,可直接用手筛。

②称量各筛筛余试样的质量,精确至0.5g。所有各筛的分计筛余量和底盘中剩余量的总量与筛分前的试样总量,相差不得超过后者的1%。

(2)水洗法。

①准确称取烘干试样约500g,准确至0.5g。

②将试样置一洁净容器中,加入足够数量的洁净水,将集料全部淹没。

③用搅棒充分搅动集料,将集料表面洗涤干净,使细粉悬浮在水中,但不得有集料从水中溅出。

④用1.18mm筛及0.075mm筛组成套筛。仔细将容器中混有细粉的悬浮液徐徐倒出,经过套筛流入另一容器中,但不得将集料倒出。

注意:不可直接倒至0.075mm筛上,以免集料掉出损坏筛面。

⑤重复以上②~④步骤,直至倒出的水洁净且小于0.075mm的颗粒全部倒出。

⑥将容器中的集料倒入搪瓷盘中,用少量水冲洗,使容器上黏附的集料颗粒全部进入搪瓷盘中。将筛子反扣过来,用少量的水将筛上的集料冲入搪瓷盘中。操作过程中不得有集料散失。

⑦将搪瓷盘连同集料一起置105±5℃烘箱中烘干至恒重,称取干燥集料试样的总质量,准确至0.1%。与之差即为通过0.075mm筛部分。

⑧将全部要求筛孔组成套筛(但不需0.075mm筛),将已经洗去小于0.075mm部分的干燥集料置于套筛上(通常为4.75mm筛),将套筛装入摇筛机,摇筛约10min,然后取出套筛,再按筛孔大小顺序,从最大的筛号开始,在清洁的浅盘上逐个进行手筛,直至每分钟的筛出量不超过筛上剩余量的0.1%时为止,将筛出通过的颗粒并入下一号筛,和下一号筛中的试样一起过筛,这样顺序进行,直至各号筛全部筛完为止。

注意:如为含有粗集料的集料混合料,套筛筛孔应根据需要选择。

⑨称量各筛筛余试样的质量,精确至0.5g。所有各筛的分计筛余量和底盘中剩余量的总质量与筛分前后试样总量m_2的差值不得超过后者的1%。

4. 计算

(1)计算分计筛余百分率。各号筛的分计筛余百分率为各号筛上的筛余量除以试样总量的百分率,精确至0.1%。对沥青路面细集料而言,0.15mm筛下部分即为0.075mm的分计筛余,由水洗法步骤⑦测得的与之差即为小于0.075mm的筛底部分。

(2)计算累计筛余百分率。各号筛累计筛余百分率为该号筛及大于该号筛的各号筛的分计筛余百分率之和,精确至0.1%。

(3)计算质量通过百分率。各号筛的质量通过百分率等于100减去该号筛的累计筛余百分率,精确至0.1%。

(4)根据各筛的累计筛余百分率或通过百分率,绘制级配曲线。根据现行操作规程的规定,砂按其细度模数分为:

$$Mx = \frac{(A_{0.15} + A_{0.3} + A_{0.6} + A_{1.18} + A_{2.36}) - 5A_{4.75}}{100 - A_{4.75}} \tag{2-16}$$

式中: M_x——砂的细度模数;

$A_{0.15}$、$A_{0.3}$、⋯、$A_{4.75}$——分别为0.15mm、0.3mm、⋯、4.75mm各筛上的累计筛余百分率(%)。

(5)应进行两次平行试验,以试验结果的算术平均值作为测定值。如两次试验所得的细度模数之差大于0.2,应重新进行试验,见表2-23。

细集料筛分试验记录 表2-23

样品编号	GLJS2016-10-04				样品名称				细集料	
试样状态描述	洁净、干燥、无杂质				试样用途				水泥稳定碎石底基层用细集料	
干燥试样总质量(g)	第1组				第2组				平均	
	500.1				500.3					
水洗后试样质量(g)	445.2				454.9					规定通过率(%)
0.075mm通过率(%)	11.0				9.1				10.0	
筛孔尺寸(mm)	筛上质量m_i(g)	分计筛余(%)	累计筛余(%)	通过百分率(%)	筛上质量m_i(g)	分计筛余(%)	累计筛余(%)	通过百分率(%)	通过百分率(%)	
	(1)	(2)	(3)	(4)	(1)	(2)	(3)	(4)		
4.75	0.0	0.0	0.0	0.0	1.2	0.2	0.2	0.2	0.1	0.1
2.36	98.0	19.6	19.6	80.4	128.4	25.7	25.9	74.1	77.3	77.3
1.18	131.9	26.4	46.0	54.0	111.5	22.2	48.1	51.9	53.0	53.0
0.6	76.6	15.3	61.3	38.7	75.0	15.0	63.1	36.9	37.8	38.3
0.3	74.5	14.9	76.2	23.8	56.6	11.3	74.4	25.6	24.7	24.7
0.15	22.9	4.6	80.8	19.2	46.7	9.3	83.7	16.3	17.8	17.8
0.075	41.2	8.2	89.0	11.0	35.4	7.1	90.8	9.2	10.1	10.1
底	0.1				0.1					
细度模数	2.84				2.95				平均值	2.90
结论	该细集料的损耗率为0,小于1%,符合规范要求,可用于级配设计									
备注	1.试验按照_____进行; 2.主要仪器设备及编号:_____									

试验: 校核: 试验日期: 年 月 日

思考与练习

一、填空题

1.针、片状颗粒测定方法有:

(1)_____法。适用于测定水泥混凝土用的4.75mm以上的粗集料的针、片状颗粒含量。

(2)_____法。适用于测定沥青混合料用的粗集料的针、片状颗粒含量。

2.要全面表征细集料的颗粒性质,必须同时使用_____和_____两个指标。

3. 我国现行标准《建筑用砂》(GB/T 14684—2011)规定:细度模数在3.1～3.7时为_____砂;细度模数在2.3～3.0时为_____砂;细度模数在1.6～2.2时为_____砂。

二、综合题

关于细集料的表观密度与表观相对密度试验的问题如下:

(本题为多选题,有两个或两个以上答案,错选、少选均不得分)

(1) 关于建筑用砂的表观密度试验,对于样品数量与样品处理,正确的说法是( )。

    A. 取砂样缩分至约650g,烘干,冷却,分为大致相等的两份备用

    B. 试样应在105℃的干燥烘箱中烘干至恒重,并在干燥器中冷却至室温

    C. 一次试验应称取300g的烘干试样,精确至1g

    D. 应一次准备好平行试验所需的试样数量

(2) 建筑用砂表观密度试验的要点为( )。

    A. 将称取的试样装入容量瓶,注入自来水至接近500mL刻度处。用手摇转容量瓶,使砂样充分摇动,排除气泡

    B. 塞紧瓶塞,静置48h左右,然后用滴管小心加水至容量瓶500mL刻度线

    C. 塞紧瓶塞,擦干瓶外水分,称出瓶、砂与水的总质量

    D. 倒出瓶中的水和试样,洗净容量瓶,再向瓶中注水至500mL刻度处,塞紧瓶塞,擦干瓶外水分,称出瓶与水的质量

(3) 砂的表观密度试验结果见表2-24,请找出试验结果表达错误之处( )。

砂的表观密度   表2-24

试验次数	砂的质量 (g)	砂+瓶+水总质量 (g)	瓶+水质量 (g)	水温修正系数 (水温22℃)	砂的表观密度 (kg/m^3)	
					单个值	平均值
1	300.0	860.6	674.2	0.005	2640	2650
2	300.0	864.3	677.1	0.005	2655	

结论:依据《建筑用砂》(GB/T 14684—2011),该砂的表观密度满足规定要求

    A. 质量称量,数据记录的精确度

    B. 第2次试验中,计算砂的表观密度单个值的精确度与两次试验平均值的计算值

    C. 第1次试验中,计算砂的表观密度单个值的精确度

    D. 结论

任务四   无机结合料稳定材料性能检测

学习目标

1. 能描述水泥剂量、最佳灰剂量的概念;
2. 能描述水泥稳定材料技术性质与技术标准;

3. 能描述标准曲线的绘制方法；
4. 能完成无机结合料稳定材料取样、击实试验、试件制作及无侧限抗压强度试验；
5. 能完成水泥或石灰稳定材料中水泥或石灰剂量测定方法（EDTA 滴定法）；
6. 能依据现行试验规程，完成试验结果的计算与结果分析。

6 学时。

××高速公路××合同段，全长 3.655km，现要求进行 20cm 水泥稳定碎石底基层配合比设计。

本次学习任务是在判定水泥稳定碎石底基层混合料中原材料满足用料要求后，进行矿料级配组成设计，确定满足设计级配要求的矿料用量比例。矿料用量比例确定后，进行标准击实试验，得到 5 种不同灰剂量混合料的最大干密度和最佳含水率。最后进行 7d 无侧限抗压强度试验和 EDTA 试验，确定试件抗压强度和灰剂量是否满足要求。

一、石灰稳定材料

以石灰为结合料，通过加水与被稳定材料共同拌和而成的混合料，包括石灰碎石土、石灰土等。

石灰稳定材料不但具有较高的抗压强度，而且也具有一定的抗弯强度，且强度随龄期增长逐渐增加。因此，石灰稳定土一般可以用于各级公路路面的底基层以及二级和二级以下公路路面的基层，但石灰土因其水稳性较差，不得用于二级公路的基层和二级以下公路高级路面的基层，在冰冻地区的潮湿路段以及其他地区的过分潮湿路段也不宜采用石灰土做基层。

1. 石灰稳定材料的压实性

石灰稳定材料的强度、水稳定性、抗冻性及缩裂现象均与密实度有关。一般稳定材料的密实度每增加 1%，强度约增加 4% 左右，同时其水稳性和抗冻性也会提高，缩裂现象也会减少，由此可见提高稳定材料的密实度非常重要。

目前，按现行《公路工程无机结合料稳定材料试验规程》（JTG E51—2009）的规定，采用重型击实试验确定石灰稳定材料的最佳含水率和最大干密度，以规定工地实际压实机械碾压时的合适含水率和应达到的最大干密度。同时，确定制备石灰稳定土强度试验和耐久性试验的试件应该用的含水率和干密度，以及制备承载比试验试件的材料含水率。《公路沥青路面设计规范》（JTG D50—2006）规定石灰稳定类材料的压实度见表 2-25。

2. 石灰稳定材料的强度

现行《公路沥青路面设计规范》(JTG D50—2006)规定,石灰稳定土的强度采用 7d 龄期的无侧限抗压强度指标来表征,同时采用它进行材料组成设计,选定最适宜于石灰稳定的材料(包括土),确定施工中所用的石灰的最佳剂量,为工地施工提供质量评定标准。石灰稳定土 7d 无侧限抗压强度代表值应符合表 2-25 的规定。

石灰稳定类材料压实度及 7d 无侧限抗压强度　　　　表 2-25

层 位	类 别	重、中交通		轻 交 通	
		压实度(%)	抗压强度(MPa)	压实度(%)	抗压强度(MPa)
基层	集料	—	—	≥97	≥0.8①
	细粒土	—	—	≥95③	
底基层	集料	≥97	≥0.8	≥96	≥0.7②
	细粒土	≥95		≥95	

注:①在低塑性土(塑性指数小于10)地区,石灰稳定砂砾土和碎石土的 7d 抗压强度应大于 0.5MPa;
　②低限用于塑性指数小于 10 的土,高限用于塑性指数大于 10 的土;
　③三、四级公路,压实机具有困难时压实度可降低 1%。

无机结合料稳定土的无侧限抗压强度试件规定如下:按最佳含水率和工地预期达到的压实度计算出干密度及材料用量,制备直径与高之比等于 1:1 的圆柱试件,在规定条件下保湿养生 6d,浸水 1d,进行无侧限抗压强度试验。做平行试验的试件数量应符合表 2-26 中的规定。在整个养生期间试验规程规定温度和湿度,温度应保持在 20±2℃,湿度≥95%,水分变化不超过 1g。

最少的试件数量　　　　表 2-26

稳定土类型	下列偏差系数时的试件数量		
	小于 10%	10% ~ 15%	15% ~ 20%
细粒土	6	9	—
中粒土	6	9	13
粗粒土	—	9	13

二、综合稳定类材料

以两种或两种以上材料的结合料,通过加水与被稳定材料共同拌和形成的混合料,包括水泥石灰稳定材料、水泥粉煤灰稳定材料、石灰粉煤灰稳定材料等。

石灰粉煤灰稳定材料 7d 龄期的无侧限抗压强度代表值应符合表 2-27 的要求。

石灰粉煤灰稳定类材料 7d 无侧限抗压强度　　　　表 2-27

结构层	公路等级	极重、特重交通	重交通	中、轻交通
基层	高速公路和一级公路	≥1.1	≥1.0	≥0.9
	二级及二级以下公路	≥0.9	≥0.8	≥0.7
底基层	高速公路和一级公路	≥0.8	≥0.7	≥0.6
	二级及二级以下公路	≥0.7	≥0.6	≥0.5

三、水泥稳定类材料

以水泥为结合料,通过加水与被稳定材料共同拌和形成的混合料,包括水泥稳定级配碎石、水泥稳定级配砾石、水泥稳定石屑、水泥稳定土、水泥稳定砂等。

水泥稳定材料的 7d 龄期无侧限抗压强度标准应符合表 2-28 的规定。

水泥稳定材料 7d 龄期无侧限抗压强度标准(单位:MPa)　　表 2-28

结构层	公路等级	极重、特重交通	重交通	中、轻交通
基层	高速公路和一级公路	5.0~7.0	4.0~6.0	3.0~5.0
	二级及二级以下公路	4.0~6.0	3.0~5.0	2.0~4.0
底基层	高速公路和一级公路	3.0~5.0	2.5~4.5	2.0~4.0
	二级及二级以下公路	2.5~4.5	2.0~4.0	1.0~3.0

注:①公路等级高或交通荷载等级或结构安全性要求高时,推荐取上限强度标准;
②表中强度标准指的是 7d 龄期无侧限抗压强度的代表值。

水泥稳定类基层有较好的力学性能、整体性、水稳性和抗冻性,用于各级公路的基层和底基层。但水泥稳定细粒土(砂性土、粉性土或黏性土)不得用作二级和二级以上公路高级路面的基层。水泥稳定粗粒土(碎、砾石)用于高等级公路基层,尤其适用于寒冷潮湿地区。

四、无机结合料稳定材料

无机结合料稳定材料的基层压实度规定,见表 2-29、表 2-30。

基层材料压实度标准　　表 2-29

公路等级		水泥稳定材料	石灰粉煤灰稳定材料	水泥粉煤灰稳定材料	石灰稳定材料
高速公路和一级公路		≥98	≥98	≥98	—
二级及二级以下公路	稳定中、粗粒材料	≥97	≥97	≥97	≥97
	稳定细粒材料	≥95	≥95	≥95	≥95

底基层材料压实度标准　　表 2-30

公路等级		水泥稳定材料	石灰粉煤灰稳定材料	水泥粉煤灰稳定材料	石灰稳定材料
高速公路和一级公路	稳定中、粗粒材料	≥97	≥97	≥97	≥97
	稳定细粒材料	≥95	≥95	≥95	≥95
二级及二级以下公路	稳定中、粗粒材料	≥95	≥95	≥95	≥95
	稳定细粒材料	≥93	≥93	≥93	≥93

任务实施

一、无机结合料稳定材料击实试验方法(T 0804—1994)

1.适用范围

(1)本方法适用于在规定的试筒内,对水泥稳定材料(在水泥水化前)、石灰稳定材料及石灰(或水泥)粉煤灰稳定材料进行击实试验,以绘制稳定材料的含水率—干密度关系曲线,从而确定其最佳含水率和最大干密度。

(2)试验集料的公称最大粒径宜控制在37.5mm以内(方孔筛)。

(3)试验方法类别。本试验方法分为三类,各类击实方法的主要参数见表2-31。

试 验 方 法 类 别　　　　　　　　　　　表2-31

类别	锤的质量(kg)	锤击面直径(cm)	落高(cm)	试筒尺寸			锤击层数	每层锤击次数	平均单位击实功(J)	容许最大公称粒径(mm)
				内径(cm)	高(cm)	容积(cm³)				
甲	4.5	5.0	45	10.0	12.7	997	5	27	2.687	19.0
乙	4.5	5.0	45	15.2	12.0	2177	5	59	2.687	19.0
丙	4.5	5.0	45	15.2	12.0	2177	3	98	2.677	37.5

2.主要仪器设备

(1)击实筒。小型,内径100mm、高127mm的金属圆筒,套环高50mm,底座;大型,内径152mm、高170mm的金属圆筒,套环高50mm,直径151mm和高50mm的筒内垫块,底座。

(2)多功能自控电动击实仪。击锤的底面直径50mm,总质量4.5kg。击锤在导管内的总行程为450mm。可设置击实次数,并保证击锤自由垂直落下,落高应为450mm,锤迹均匀分布于试样面。

(3)脱模器。

3.试验准备

(1)将具有代表性的风干试料(必要时,也可以在50℃烘箱内烘干)用木槌捣碎或用木碾碾碎。土团均应破碎到能通过4.75mm的筛孔。但应注意不使粒料的单个颗粒破碎或不使其破碎程度超过施工中拌和机械的破碎率。

(2)如试料是细粒土,将已破碎的具有代表性的土过4.75mm筛备用(用甲法或乙法做试验)。

(3)如试料中含有粒径大于4.75mm的颗粒,则先将试料过19mm筛;如存留在19mm筛上的颗粒的含量不超过10%,则过26.5mm筛,留作备用(用甲法或乙法做试验)。

(4)如试料中粒径大于19mm的颗粒含量超过10%,则将试料过37.5mm筛;如果存留在37.5mm筛上的颗粒的含量不超过10%,则过53mm的筛备用(用丙法试验)。

(5)每次筛分后,均应记录超尺寸颗粒的百分率P。

(6)在预定做击实试验的前一天,取有代表性的试料测定其风干含水率。对于细粒土,试样应不少于100g;对于中粒土,试样应不少于1000g;对于粗粒土的各种集料,试样应不少于2000g。

(7)在试验前用游标卡尺准确测量试模的内径、高和垫块的厚度,以计算试筒的容积。

4. 技术要求与注意事项

（1）技术要求。

根据本次学习任务，确定混合料的最佳含水率和最大干密度。至少应做3个不同水泥剂量混合料的击实试验，即最小剂量、中间剂量和最大剂量。其他两个剂量混合料的最佳含水率和最大干密度用内插法确定。

（2）注意事项。

①预定含水率的确定。对于细粒土，可参照其塑限估计素土的最佳含水率。一般其最佳含水率较塑限约小3%~10%，对于砂类土较塑限值约小3%，对于黏质土较塑限值约小6%~10%。天然砂砾土、级配集料等的最佳含水率与集料中细土的含量和塑性指数有关，一般在5%~12%范围内。对于细土少的、塑限指数为0的未筛分碎石，其最佳含水率接近5%。对于细土偏多的、塑限指数较大的砂砾土，其最佳含水率在10%左右。水泥稳定材料的最佳含水率与素土接近，石灰、粉煤灰稳定材料的最佳含水率可能较素土大1%~3%。

②应注意击实试验的时间。水泥遇水就要开始水化作用。从加水拌和到进行击实试验间隔的时间越长，水泥的水化作用和结硬程度越大。它会影响水泥混合料所能达到的密实度，间隔时间越长，影响越大。根据施工经验，石灰土（特别是稳定黏土类土）击实最大干密度在7d以内数值是逐渐减小的，因此加有水泥的试样拌和后应在1h内完成击实试验。

③对于含有砾石或碎石颗粒的中粒土特别是粗粒土，难于刮平。在整平过程中，空洞或凹陷的体积尽可能与表面突出的大颗粒体积相等。

5. 试验步骤

以甲法为例，其他方法参阅相关规程。

（1）在试验前应将试验所需要的各种仪器设备准备齐全，测量设备应满足精度要求；调试击实仪器，检查其运转是否正常。

（2）将已筛分的试样用四分法逐次分小，至最后取出约10~15 kg试料。再用四分法将已取出的试料分成5~6份，每份试料的干质量为2.0kg（对于细粒土）或2.5kg（对于各种中粒土）。

（3）预定5~6个不同含水率，依次相差0.5%~1.5%，且其中至少有两个大于和两个小于最佳含水率。

注意：对于中、粗粒土，在最佳含水率附近取0.5%，其余取1%。对于细粒土，取1%，但对于黏土，特别是重黏土，可能需要取2%。

（4）按预定含水率制备试样。将1份试料平铺于金属盘内，将事先计算得的该份试料中应加的水量均匀地喷洒在试料上，用小铲将试料充分拌和到均匀状态（如为石灰稳定材料、石灰粉煤灰综合稳定材料、水泥粉煤灰综合稳定材料和水泥、石灰综合稳定材料，可将石灰、粉煤灰和试料一起拌匀），然后装入密闭容器或塑料口袋内浸润备用。

浸润时间要求：黏质土12~24h，粉质土6~8h，砂类土、砂砾土、红土砂砾、级配砂砾等可以缩短到4h左右，含土很少的未筛分碎石、砂砾和砂可缩短到2h。浸润时间一般不超过24h。

(5)将所需要的稳定剂水泥加到浸润后的试样中,并用小铲、泥刀或其他工具充分拌和到均匀状态。水泥应在土样击实前逐个加入。加有水泥的试样拌和后,应在1h内完成下述击实试验。拌和后超过1h的试样,应予作废(石灰稳定材料和石灰粉煤灰稳定材料除外)。

(6)试筒套环与击实底板应紧密联结。将击实筒放在坚实地面上,用四分法取制备好的试样400~500g(其量应使击实后的试样等于或略高于筒高的1/5)倒入筒内,整平其表面并稍加压紧,然后将其安装到多功能自控电动击实仪上,设定所需锤击次数,进行第1层试样的击实。第1层击实完后,检查该层高度是否合适,以便调整以后几层的试样用量。用刮土刀或螺丝刀将已击实层的表面"拉毛",然后重复上述做法,进行其余4层试样的击实。最后一层试样击实后,试样超出筒顶的高度不得大于6mm,超出高度过大的试件应该作废。

(7)用刮土刀沿套环内壁削挖(使试样与套环脱离)后,扭动并取下套环。齐筒顶细心刮平试样,并拆除底板。如试样底面略突出筒外或有孔洞,则应细心刮平或修补。最后用工字形刮平尺齐筒顶和筒底将试样刮平。擦净试筒的外壁,称其质量 m_1。

(8)用脱模器推出筒内试样。从试样内部从上至下取两个有代表性的样品(可将脱出试件用锤打碎后,用四分法采取),测定其含水率,计算至0.1%。两个试样的含水率的差值不得大于1%。所取样品的数量见表2-32(如只取一个样品测定含水率,则样品的质量应为表列数值的2倍)。擦净试筒,称其质量 m_2。

无侧限稳定材料含水率的样品质量 表2-32

公称最大粒径(mm)	样品质量(g)
2.36	约50
19	约300
37.5	约1000

烘箱的温度应事先调整到110℃左右,以使放入的试样能立即在105~110℃的温度下烘干。

(9)按本方法(3)~(7)的步骤进行其余含水率下稳定材料的击实和测定工作。凡已用过的试样,一律不再重复使用。

6. 计算

计算稳定材料的湿密度、干密度,并绘制含水率—干密度曲线。

7. 结果整理

(1)应做两次平行试验,取两次试验的平均值作为最大干密度和最佳含水率。两次重复性试验最大干密度的差不应超过 $0.05g/cm^3$(稳定细粒土)和 $0.08g/cm^3$(稳定中粒土和粗粒土),最佳含水率的差不应超过0.5%(最佳含水率小于10%)和1.0%(最佳含水率大于10%)。超过上述规定值,应重做试验,直到满足精度要求为止。

(2)混合料密度计算应保留小数点后3位有效数字,含水率应保留小数点后1位有效数字。

8. 报告

试验的记录格式见表2-33。

稳定材料击实试验记录表 表2-33

工程名称：××高速公路　　　　　　结合料含水率：_____（%）
试样编号：_____　　　　试验方法：击实成型法
混合料名称：水泥稳定碎石底基层　　试 验 者：_____
结合料剂量(%)：　　3.0　　　　　　校 核 者：_____
集料含水率(%)：_____　　试验日期：_____

	试验序号	1	2	3	4	5
干密度	加水量(g)	3	4	5	6	7
	筒+湿试样质量(g)	21578	21645	21637	21673	21618
	筒质量(g)	15297	15297	15297	15297	15297
	湿试样质量(g)	6281	6348	6340	6376	6321
	湿密度(g/cm³)	2.324	2.365	2.393	2.407	2.403
	干密度(g/cm³)	2.259	2.272	2.273	2.264	2.249

	盒号	1	2	3	4	5	6	7	8	9	10
含水率	盒+湿试样质量(g)	2608.1	2746.9	2699.6	2700.8	2719	2631.6	2539.1	2543.5	2688.9	2546.4
	盒+干试样质量(g)	2547.8	2682.4	2615.3	2610	2604.8	2524.4	2415.6	2423.1	2547.0	2415.2
	盒质量(g)	462.5	489	451.2	476.3	481.2	473.6	484	482.4	481.5	466.6
	水质量(g)	60.3	64.5	84.3	90.8	114.2	107.2	123.5	120.4	141.9	131.2
	干试样质量(g)	2085.3	2193.4	2164.1	2133.7	2123.6	2050.8	1931.6	1940.7	2065.5	1948.6
	含水率(%)	2.9	2.9	3.9	4.3	5.4	5.2	6.4	6.2	6.9	6.7
	平均含水率(%)	2.9		4.1		5.3		6.3		6.8	
	最佳含水率=5.0%					最大干密度=2.275g/m³					

结论：该水泥剂量3.0%的水泥稳定碎石底基层材料的最大干密度为2.275g/m³，最佳含水率为5.0%，可用于控制压实质量。

二、水泥或石灰稳定材料中水泥或石灰剂量测定方法（T 0809—2009）（EDTA滴定法）

1.适用范围

（1）本试验方法适用于在工地快速测定水泥和石灰稳定土中水泥和石灰的剂量，并可用以检查现场拌和和摊铺的均匀性。

（2）本方法适用于在水泥终凝前的水泥含量测定，现场土样的石灰剂量应在路拌后尽快测试，否则需要用相邻龄期的EDTA二钠标准溶液消耗量的标准曲线确定。

（3）本方法也可以用来测定水泥和石灰综合稳定材料中结合料的剂量。

2.仪器设备

（1）滴定管(酸式)：50mL，1支。

(2)大肚移液管:10mL、50mL,10支。
(3)锥形瓶(即三角瓶):200mL,10个。
(4)烧杯:2000mL(或1000mL),1只;300mL,10只。
(5)容量瓶:1000mL,1个。
(6)搪瓷杯:容量大于1200mL,10只。
(7)不锈钢棒(或粗玻璃棒):10根。
(8)量筒:100mL和5mL,各1只;50mL,2只。
(9)棕色广口瓶:60mL,1只(装钙红指示剂)。
(10)电子天平:量程不小于1500g,感量0.01g。
(11)秒表:1只。
(12)洗耳球:1个。
(13)精密试纸:pH12~14。
(14)聚乙烯桶:20L(装蒸馏水和氯化铵及EDTA二钠)。

3．试剂

(1)0.1moL乙二胺四乙酸二钠(EDTA二钠)标准溶液(简称EDTA二钠标准溶液)。准确称取EDTA二钠(分析纯)37.23g,用40~50℃的无二氧化碳蒸馏水溶解,待全部溶解并冷却至室温后,定容至1000mL。

(2)10%氯化铵溶液。将500g氯化铵(分析纯或化学纯)放在10L的聚乙烯桶内,加蒸馏水4500mL,充分振荡,使氯化铵完全溶解。也可以分批在1000mL的烧杯内配制,然后倒入塑料桶内摇匀。

(3)1.8%氢氧化钠(内含三乙醇胺)溶液。用电子天平称18g氢氧化钠(NaOH)(分析纯),放入洁净干燥的1000mL烧杯中,加1000mL蒸馏水使其全部溶解,待溶液冷却至室温后,加入2mL三乙醇胺(分析纯),搅拌均匀后储于塑料桶中。

(4)钙红指示剂。将0.2g钙试剂羧酸钠与20g预先在105℃烘箱中烘1h的硫酸钾混合。一起放入研钵中,研成极细粉末,储于棕色广口瓶中,以防吸潮。

4．准备标准曲线

(1)取样:取工地用石灰和土,风干后用烘干法测其含水率(如水泥,假定其含水率为0)。

(2)混合料组成的计算公式:

干料质量 = 湿料质量 ÷ (1 + 含水率)

干混合料质量 = 湿混合料质量 ÷ (1 + 最佳含水率)

干土质量 = 干混合料质量 ÷ (1 + 石灰或水泥剂量)

干石灰(或水泥)质量 = 干混合料质量 − 干土质量

湿土质量 = 干土质量 × (1 + 土的风干含水率)

湿石灰质量 = 干石灰质量 × (1 + 石灰的风干含水率)

石灰土中应加入的水 = 湿混合料质量 − 湿土质量 − 湿石灰质量

(3)准备5种试样,每种两个样品(以水泥稳定材料为例),如为水泥稳定中、粗粒土,每个样品取1000g左右(如为细粒土,则可称取300g左右)准备试验。为了减少中、粗粒土的离散,宜按设计级配单份参配的方式备料。

5 种混合料的水泥剂量应为:水泥剂量为 0,最佳水泥剂量左右、最佳水泥集料 ±2% 和,每种剂量取 2 个(为湿质量)试样,共 10 个试样,并分别放在 10 个大口聚乙烯桶(如为稳定细粒土,可用搪瓷杯或 1000mL 具塞三角瓶;如为粗粒土,可用 5L 的大口聚乙烯桶)内。土的含水率应等于工地预期达到的最佳含水率,土中所加的水应与工地所用的水相同。

注意:在此,准备标准曲线的水泥剂量可为 0、2%、4%、6%、8%。如水泥剂量较高或较低,应保证工地实际所用水泥或石灰的剂量位于标准曲线所用剂量的中间。

(4)取一个盛有试样的盛样皿,在盛样器内加入 2 倍试样质量(湿料质量)体积的 10% 氯化铵溶液(如湿料质量为 300g,则氯化铵溶液为 600mL;如湿料质量为 1000g,则氯化铵溶液为 2000mL)。料为 300g,则搅拌 3min(每分钟搅 110~120 次);料为 1000g,则搅拌 5min。如用 1000mL 具塞三角瓶,则手握三角瓶(瓶口向上)用力振荡 3min(每分钟 120±5 次),以代替搅拌棒搅拌。放置沉淀,然后将上部清液转移到 300mL 烧杯内,搅匀,加盖表面皿待测。

注意:如 10min 后得到的是浑浊浮液,则应增加放置沉淀时间,直到出现无明显悬浮颗粒的悬浮液为止,并记录所需的时间。以后所有该种水泥(或石灰)稳定材料的试验,均应以同一时间为准。

(5)用移液管吸取上层(液面下 1~2cm)悬浮液 10.0mL 放入 200mL 的三角瓶内,用量管量取 1.8% 氢氧化钠(内含三乙醇胺)溶液 50mL 倒入三角瓶中,此时溶液 pH 值为 12.5~13.0(可用 pH 为 12~14 的精密试纸检验),然后加入钙红指示剂(质量约为 0.2g),摇匀,溶剂呈玫瑰红色。记录滴定管中 EDTA 二钠标准溶液的体积,然后用 EDTA 二钠标准液滴定,边滴定边摇匀,并仔细观察溶液的颜色;在溶液颜色变为紫色时,放慢滴定速度,并摇匀;直到纯蓝色为终点,记录滴定管中 EDTA 二钠标准液体积(以 mL 计,读至 0.1mL)。计算即得到 EDTA 二钠标准液的消耗量。

(6)对其他几个盛样器中的试样,用同样的方法进行试验,并记录各自的 EDTA 二钠的标准溶液的消耗量。

(7)以同一水泥或石灰剂量稳定材料 EDTA 二钠标准溶液消耗量(mL)的平均值为纵坐标,以水泥或石灰剂量(%)为横坐标制图。两者的关系应是一根顺滑的曲线,如图 2-5 所示。如素土、水泥或石灰改变,必须重做标准曲线。

5. 技术要求与注意事项

(1)每个样品搅拌的时间、速度和方式应力求相同,以增加试验的精度。

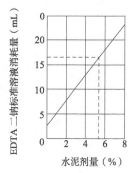

图 2-5 EDTA 标准曲线

(2)做标准曲线时,如工地实际水泥剂量较大,素集料和低剂量水泥的试样可以不做,而直接用较高的剂量做试验,但应有两种剂量大于实用剂量以及两种剂量小于实用剂量。

(3)配制的氯化铵溶液最好当天用完,不要放置过久,以免影响试验的精度。

(4)把握好滴定的临界点,切不可直接将溶液滴到纯蓝色。

(5)在不同的龄期应用不同的 EDTA 二钠标准溶液消耗量的标准曲线,保证在不同龄期都能测出实际的灰剂量。

6. 试验步骤

(1)选取有代表性的无机结合料稳定材料,对稳定中、粗粒土取试样3000g,对稳定细粒土取试样约1000g。

(2)对水泥或石灰稳定细粒土,称300g放在搪瓷杯中,用搅拌棒将结块搅散,加10%氯化铵溶液600mL;对水泥或石灰稳定中、粗粒土,可直接称取1000g左右,放入10%氯化铵溶液2000mL,然后如前述步骤进行试验。

(3)利用所绘制的标准曲线,根据EDTA二钠标准溶液消耗量,确定混合料中的水泥或石灰剂量。

7. 结果整理

本试验应进行两次平行测定,取算术平均值,精确至0.1mL。允许重复性误差不得大于均值的5%,否则,重新进行试验。

8. 报告

试验报告见表2-34。

无机结合料EDTA滴定标准曲线试验检测记录　　　　表2-34

工程名称：＿＿××高速公路＿＿　　结合料含水率(%)：＿＿5.4＿＿
试样编号：＿＿＿＿＿＿＿＿＿　　试验方法：＿＿击实成型法＿＿
混合料名称：＿水泥稳定碎石底基层＿　试验者：＿＿＿＿＿＿＿＿
校核者：＿＿＿＿＿＿＿＿＿＿　　试验日期：＿＿2016.5.31＿＿

最佳含水率(%)		5.4								
试验次数		1		2		3		4		5	
结合料剂量(%)		0.0		2.0		4.0		6.0		8.0	
湿混合料质量(g)		1000	1000	1000	1000	1000	1000	1000	1000	1000	1000
结合料质量(g)		0.0	0.0	19.0	19.0	36.5	36.5	54.0	54.0	70.5	70.5
干土质量(g)		948.77	948.77	929.77	929.77	912.27	912.27	894.77	894.77	878.27	878.27
初读数		1.2	3.3	8.6	13.5	22.1	30.3	42.3	19.8	33.8	47.9
终读数		2.1	1.0	3.5	8.8	13.7	22.3	31.2	8.5	20.2	34.5
EDTA消耗量	测定值	0.9	1.0	5.1	4.7	8.4	8.0	11.1	11.3	13.6	13.4
	平均值	1.0		4.9		8.2		11.2		13.5	

结论：经检测,标准曲线方程为 $y = 0.633x - 0.914$ (y 代表EDTA消耗量,x 代表灰剂量),可用于检测水稳碎石混合料中水泥剂量。

三、无机结合料稳定材料试件制作方法(圆柱形)(T 0843—2009)

1. 适用范围

本方法适用于无机结合料稳定材料的无侧限抗压强度、间接抗拉强度、室内抗压回弹模量、动态模量、劈裂模量等试验的圆柱形试件。

2. 主要仪器设备

(1)方孔筛:孔径53mm、37.5mm、31.5mm、26.5mm、4.75mm和2.36mm的筛各1个。

(2)试模:细粒土,试模的直径×高=φ50mm×50mm;中粒土,试模的直径×高=φ100mm×100mm;粗粒土,试模的直径×高=φ150mm×150mm。

(3)电动脱模器。

(4)反力架:反力为400kN以上。

(5)液压千斤顶:200~1000kN。

(6)压力试验机:可替代千斤顶和反力架,量程不小于2000kN,行程、速度可调。

3. 试验准备

(1)试件的径高比一般为1:1,根据需要也可成型1:1.5或1:2的试件。试件的成型根据需要的压实度水平,按照体积标准,采用静力压实法制备。

(2)将具有代表性的风干试料(必要时,可以在50℃烘箱内烘干),用木槌捣碎或用木碾碾碎,但应避免破坏粒料的原粒径。按照公称最大粒径的大一级筛,将土过筛并进行分类。

(3)在预定做试验的前一天,取有代表性的试料测定其风干含水率。对于细粒土,试样应不少于100g;对于中粒土,试样应不少于1000g;对于粗粒土,试样应不少于2000g。

(4)按照(JTG E51—2009)中 T 0804—1994确定无机结合料稳定材料的最佳含水率和最大干密度。

(5)根据击实结果,称取一定质量的风干土,其质量随试件大小而变。对φ50mm×50mm的试件,1个试件约需干土180~210g;对于φ100mm×100mm的试件,1个试件约需干土1700~1900g;对于φ150mm×150mm的试件,1个试件约需干土5700~6000g。对于细粒土,一次可称取6个试件的土;对于中粒土,一次宜称取一个试件的土;对于粗粒土,一次只称取一个试件的土。

(6)将准备好的试料分别装入塑料袋中备用。

4. 技术要求与注意事项

(1)技术要求。

现已确定同一种土样、不同石灰或水泥剂量的石灰或水泥土混合料对应的最大干密度和最佳含水率,接着按规定的压实度,分别计算不同石灰剂量的试件应有的干密度;按最佳含水率和计算得的干密度制备试件;然后试件在规定温度下保湿养生6d,浸水24h后进行无侧限抗压强度试验;最后计算实验结果的平均值和偏差系数,根据强度标准,选定合适的石灰剂量,以确定满足各项技术指标要求的最佳灰剂量。

(2)注意事项。

①成型试验根据试件尺寸的大小一般需要2~3d,大致分为三个步骤:成型前一天进行试料准备,包括闷料;然后第二天上午可进行压实成型;下午再进行脱模、称量。

②试件是按一定标准密度或压实度成型的,因此需要对成型后试件的密度或压实度进行计算评价,以确保试件满足成型要求,即按照试件的实际几何尺寸计算试件的体积,然后根据试件实际质量计算出试件的密度,进而计算出试件压实度。一般要求成型后试件的压实度不超过标准压实度±10%。

③在成型过程中,一般情况下会有少量水分挤出,在计算试件干密度时可忽略。如果挤出水过多或出现试件难以压实成标准尺寸,说明原击实结果有问题,或者成型的配料计算有误,需要认真检查、复核,找出原因,重新成型。

④对于粗粒料稳定材料(特别是水泥稳定类材料),由于细集料较少,在成型过程中,内壁涂机油是必要的。同时避免表面出现裂纹,应保持试模内壁清洁度,试模口无毛刺、变形,试筒垂度、试模直径公差满足要求。在脱模过程中为了减少对试件的损伤,延长脱模时间是必要的。

5. 试验步骤

(1)调试成型所需要的各种设备,检查是否运行正常;将成型用的模具擦拭干净,并涂抹机油。成型中、粗粒土时,试模筒的数量应与每组试件的个数相配套。上下垫块应与试模筒相配套,上下垫块能够刚好放入试筒内上下自由移动(一般来说,上下垫块直径比试筒内径小约 0.2mm)且上下垫块完全放入试筒后,试筒内未被上下垫块占用的空间体积能满足径高比为 1:1 的设计要求。

(2)对于无机结合料稳定细粒土,至少应该制备 6 个试件;对于无机结合料稳定中粒土和粗粒土,至少应该分别制备 9 个和 13 个试件。

(3)根据击实结果和无机结合料的配合比,按规定公式计算每份料的加水量、无机结合料的质量。

(4)将称好的土放在长方盘(约 400mm × 600mm × 70mm)内。向土中加水拌料、闷料。石灰稳定材料、水泥和石灰综合稳定材料、石灰粉煤灰综合稳定材料、水泥粉煤灰综合稳定材料,可将石灰或粉煤灰和土一起拌和,将拌和均匀后的试料放在密闭容器或塑料袋(封口)内浸润备用。

对于细粒土(特别是黏性土),浸润时的含水率应比最佳含水率小 3%;对于中粒土和粗粒土,可按最佳含水率加水;对于水泥稳定类材料,加水量应比最佳含水率小 1% ~2%。

浸润时间要求与击实试验相同。

(5)在试件成型前 1h 内,加入预定数量的水泥并拌和均匀。在拌和过程中,应将预留的水(对于细粒土为 3%,对于水泥稳定类为 1% ~2%)加入土中,使混合料达到最佳含水率。拌和均匀的加有水泥的混合料应在 1h 内按下述方法制成试件,超过 1h 的混合料应该作废。其他结合料稳定材料,混合料虽不受此限,但也应尽快制成试件。

(6)用反力架和液压千斤顶,或采用压力试验机制件。将试模配套的下垫块放入试模的下部,但外露 2cm 左右。将称量的规定数量 m_2 的稳定材料混合料分 2~3 次灌入试模中,每次灌入后用夯棒轻轻均匀插实。如制取 φ50mm × 50mm 的小试件,则可以将混合料一次倒入试模中,然后将与试模配套的上垫块放入试模内,也应使其外露 2cm 左右(即上、下垫块露出试模外的部分应该相等)。

(7)将整个试模(连同上、下垫块)放到反力架内的千斤顶上(千斤顶下应放一扁球座)或压力机上,以 1mm/min 的加载速率加压,直到上下压柱都压入试模为止。维持压力 2min。

(8)解除压力后,取下试模,并放到脱模器上将试件顶出。用水泥稳定有黏结性的材料(如黏质土)时,制件后可以立即脱模;用水泥稳定无黏结性细粒土时,最好过 2~4h 再脱模;对于中、粗粒土的无机结合料稳定材料,也最好过 2~6h 脱模。

(9)在脱模器上取试件时,应用双手抱住试件侧面的中下部,然后沿水平方向轻轻旋转,待感觉到试件移动后,再将试件轻轻捧起,放置到试验台上。切勿直接将试件向上捧起。

(10)称试件的质量 m_2,小试件精确至0.01g,中试件精确至0.01g,大试件精确至0.1g。然后用游标卡尺测量试件高度 h,精确至0.1mm。检查试件的高度和质量,不满足成型标准的试件作为废件。

(11)试件称量后应立即放在塑料袋中封闭,并用潮湿的毛巾覆盖,移放至养生室。

6.计算

单个试件的标准质量为：

$$m_0 = V \times \rho_{max} \times (1 + w_{opt}) \times \gamma \quad (2\text{-}17)$$

考虑到试件成型过程中的质量损耗,实际操作过程中每个试件的质量可增加0~2%,即

$$m_0' = m_0 \times (1 + \delta) \quad (2\text{-}18)$$

每个试件的干料(包括干土和无机结合料)总质量为：

$$m_1 = \frac{m_0'}{1 + w_{opt}} \quad (2\text{-}19)$$

每个试件中的无机结合料质量为：

外掺法 $\qquad m_2 = m_1 \times \dfrac{\alpha}{1+\alpha} \quad (2\text{-}20)$

内掺法 $\qquad m_2 = m_1 \times \alpha \quad (2\text{-}21)$

每个试件中的干土质量：

$$m_3 = m_1 - m_2 \quad (2\text{-}22)$$

每个试件中的加水量：

$$m_w = (m_2 + m_3) \times w_{opt} \quad (2\text{-}23)$$

验算：

$$m_0' = m_2 + m_3 + m_w \quad (2\text{-}24)$$

式中：V——试件体积(cm^3);

　W_{opt}——混合料最佳含水率(%);

　ρ_{max}——混合料最大干密度(g/cm^3);

　γ——混合料压实度标准(%);

m_0、m_0'——混合料质量(g);

　m_1——干混合料质量(g);

　m_2——无机结合料质量(g);

　m_3——干土质量(g);

　δ——计算混合料质量的冗余量(%);

　α——无机结合料的掺量(%);

　m_w——加水质量(g)。

7.结果整理

(1)小试件的高度误差范围应为-0.1~0.1cm,中试件的高度误差范围应为-0.1~0.15cm,大试件的高度误差范围应为-0.1~0.2cm。

(2)质量损失:小试件应不超过标准质量 5g,中试件应不超过 25g,大试件应不超过 50g。

8.记录(略)

四、无机结合料稳定材料无侧限抗压强度试验方法(T 0805—1994)

1.适用范围

本方法适用于测定无机结合料稳定材料(包括稳定细粒土、中粒土和粗粒土)试件的无侧限抗压强度。

2.主要仪器设备

(1)标准养护室。

(2)水槽:深度应大于试件高度 50mm。

(3)压力机或万能试验机(也可用路面强度试验仪和测力计):压力机应符合现行《液压式压力试验机》(GB/T 3722—1992)及《试验机通用技术要求》(GB/T 2611—2007)中的要求,其测量精度为 ±1%,同时应具有加载速率指示装置或加载速率控制装置。上下压板平整并有足够刚度,可以均匀地连续加载卸载,可以保持固定荷载。开机停机均灵活自如,能够满足试件吨位要求,且压力机加载速率可以有效控制在1mm/min。

3.试件制备和养护

(1)细粒土,试模的直径×高 = ϕ50mm×50mm;中粒土,试模的直径×高 = ϕ100mm×100mm;粗粒土,试模的直径×高 = ϕ150mm×150mm。

(2)按照规程(JTG E51—2009)中 T 0843—2009 方法成型径高比为 1∶1 的圆柱形试件。

(3)按照规程(JTG E51—2009)中 T 0845—2009 的标准养生方法进行 7d 的标准养生。

(4)将试件两顶面用刮刀刮平,必要时可用快凝水泥砂浆抹平试件顶面。

(5)为保证试验结果的可靠性和准确性,每组试件的数目要求为:小试件不少于 6 个;中试件不少于 9 个;大试件不少于 13 个。

4.试验步骤

(1)根据试验材料的类型和一般的工程经验,选择合适量程的测力计和压力机,试件破坏荷载应大于测力量程的 20% 且小于测力量程的 80%。球形支座和上下顶板涂上机油,使球形支座能够灵活转动。

(2)将已浸水一昼夜的试件从水中取出,用软布吸去试件表面的水分,并称试件的质量 m_4。

(3)用游标卡尺测量试件的高度 h,精确至 0.1mm。

(4)将试件放在路面材料强度试验仪或压力机上,并在升降台上先放一扁球座,进行抗压试验。试验过程中,应保持加载速率为 1mm/min。记录试件破坏时的最大压力 $P(N)$。

(5)从试件内部取有代表性的样品(经过打破),按照现行规程(JTG E51—2009)中 T 0801—2009 方法,测定其含水率 w。

5.计算

试件的无侧限抗压强度按下式计算:

$$R_c = \frac{P}{A} \tag{2-25}$$

式中：R_c——试件的无侧限抗压强度（MPa）；
　　　P——试件破坏时的最大压力（N）；
　　　A——试件的截面积（mm²），$A = 1/4\pi D^2$；
　　　D——试件的直径（mm）。

6. 结果整理

（1）抗压强度保留1位小数。

（2）同一组试件试验中，采用3倍均方差方法剔除异常值，小试件可以允许有1个异常值，中试件1~2个异常值，大试件2~3个异常值。异常值数量超过上述规定的试验重做。

（3）同一组试验的变异系数 C_v（%）符合下列规定，方为有效试验：小试件 $C_v \leq 6\%$；中试件 $C_v \leq 10\%$；大试件 $C_v \leq 15\%$。如不能保证试验结果的变异系数小于规定的值，则应按允许误差10%和90%概率重新计算所需的试件数量，增加试件数量并另做新试验。新试验结果与老试验结果一并重新进行统计评定，直到变异系数满足上述规定。

7. 记录

试验的记录格式见表2-35。

无侧限抗压强度试验记录　　　　　　　　　　　　　　表2-35

工程名称：××高速公路　　　　试件尺寸(cm)：150×150
路段范围：　　　　　　　　　　养生龄期(d)：7
混合料名称：水泥稳定碎石底基层　设计强度(MPa)：4.0
结合料剂量(%)：3.0　　　　　　试验者：
最大干密度(g/cm³)：2.275　　　校核者：
试件压实度(%)：96　　　　　　 试验日期　2016.6.7

试件号	1	2	3	4	5	6
试件制备方法	静压成型法					
制件日期	2016.5.31					
养生前试件质量 m_2(g)	6324.1	6288.9	6340.1	6361.6	6289.4	6298.2
浸水前试件质量 m_3(g)	6320.3	6281.9	6338.4	6354.4	6287.8	6296.3
浸水后试件质量 m_4(g)	6339.3	6294.7	6358.8	6373.0	6304.9	6324.0
养生期间的质量损失(g)	4.0	7.0	1.7	7.2	1.6	1.9
吸水量 $m_4 - m_3$(g)	19.0	12.8	20.4	18.6	17.1	27.7
养生前试件高度 h(cm)	151	149	152	153	149	150
浸水后试件高度 h(cm)	152	150	152	154	150	151
试验的最大压力 P(N)	87110	81980	74350	84020	79090	79290
无侧限抗压强度(MPa)	4.9	4.6	4.2	4.8	4.5	4.5
平均值(MPa)	4.6	变异系数	5.4	代表值(MPa)	4.2	

结论：该组试件的无侧限抗压强度平均值为4.6MPa，代表值为4.2MPa大于4.0MPa，符合要求

一、填空题

1. _____以两种或两种以上材料的结合料,通过加水与被稳定材料共同拌和形成的混合料,包括_____、_____、_____等。

2. 水泥遇水就要开始_____。从加水拌和到进行击实试验间隔的时间_____,水泥的水化作用和结硬程度越大。

3. 水泥稳定类基层有较好的_____、整体性、水稳性和抗冻性。用于_____的基层和底基层。但水泥稳定_____不得用作二级和二级以上公路高级路面的基层。

二、综合题

某工地,经测定风干土的含水率为4.5%,风干石灰的含水率为2.1%。现要配制300g含水率为17%的石灰土,灰剂量为6%(外掺法),试求需风干土、风干石灰、水各多少?

任务五　无机结合料稳定材料组成设计

1. 能描述矿质混合料的概念及常用矿质混合料的应用;
2. 能依据矿质混合料级配的相关知识,完成矿质混合料的配合比设计;
3. 能计算无机结合料稳定材料中各种材料的用量;
4. 能描述无机结合料稳定类材料组成设计步骤。

4学时。

××高速公路××合同段,全长3.655km。主线路面结构,填方路段(土质挖方及零填零挖路):18cm沥青混凝土面层+32cm水泥稳定碎石基层+20cm水泥稳定碎石底基层,现要求进行20cm水泥稳定碎石底基层配合比设计。

此次任务是首先参照《公路路面基层施工技术细则》(JTG/T F20—2015)明确无机结合料稳定材料的技术标准及现行试验规程《公路工程无机结合料稳定材料试验规程》(JTG E51—2009)。

本次学习任务是在判定水泥稳定碎石底基层混合料中原材料是否满足用料要求,矿料级配组成设计,确定满足设计级配要求的矿料用量比例。矿料用量比例确定后,进行标准击实试验,得到不同灰剂量混合料的最大干密度和最佳含水率。最后进行 7d 无侧限抗压强度试验,确定试件抗压强度是否满足要求。

一、水泥稳定碎石

在粉碎的或原来松散的土中掺入适量的水泥和水,经拌和得到的混合料在压实及养生后,其抗压强度符合规定要求时称为水泥稳定土。用水泥稳定砂性土、粉性土和黏性土得到的混合料简称水泥土。

水泥稳定土具有良好的整体性,足够的力学强度、抗水性和耐冻性,其初期强度较高,且强度随龄期增长而增长。水泥稳定土可适用于各级公路的基层和底基层,但水泥土不得用做二级和二级以上公路高级路面的基层。

二、水泥稳定碎石底基层组成设计

1. 一般规定

参照《公路路面基层施工技术细则》(JTG/T F20—2015),水泥稳定材料组成设计一般规定如下:

(1)混合料组成设计按设计要求,选择技术经济合理的混合料类型和配合比。

(2)应根据公路等级、交通荷载等级、结构形式、材料类型等因素确定材料技术要求。

(3)无机结合料稳定材料组成设计应包括原材料检验、混合料目标配合比设计、混合料生产配合比设计和施工参数确定 4 个部分。

无机结合料稳定材料组成设计流程如图 2-6 所示。

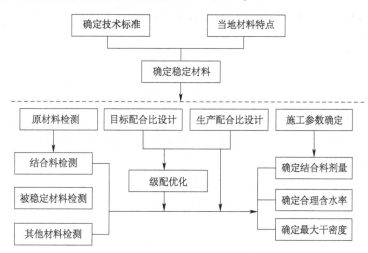

图 2-6 无机结合料材料设计流程

(4)原材料检验应包括结合料、被稳定材料及其他相关材料的试验。所有检验指标均应满足相关设计标准或技术文件的要求。

(5)目标配合比设计应包括下列技术内容:

①选择级配范围;

②确定结合料类型及掺配比例;
③验证混合料相关的设计及施工技术指标。

(6)生产配合比设计应包括下列技术内容:
①确定料仓供料比例;
②确定水泥稳定材料的容许延迟时间;
③确定结合料剂量的标定曲线;
④确定混合料的最佳含水率、最大干密度。

(7)施工参数确定应包括下列技术内容:
①确定施工中结合料的剂量;
②确定施工合理含水率及最大干密度;
③验证混合料强度技术指标。

(8)确定无机结合料稳定材料最大干密度指标时宜采用重型击实方法,也可用振动压实方法。

注意:振动压实试验方法是指现行《公路工程无机结合料稳定材料试验规程》(JTG E51—2009)中 T 0842 规定的,遵循压实功等效原则的试验方法。

(9)应根据当地材料的特点和混合料设计要求,通过配合比设计选择最优的工程级配。

(10)用于基层的无机结合料稳定材料,强度满足要求时,尚宜检验其抗冲刷和抗裂性能。

注意:强度是无机结合料稳定材料重要的技术指标,但并不意味着强度满足要求就可以用于基层。无机结合料稳定细粒材料,如水泥稳定土、水泥稳定石屑,强度可以满足技术要求,但是抗冲刷性和抗裂性不足,并不适用于基层。

(11)在施工过程中,材料品质或规格发生变化、结合料品种发生变化时,应重新进行材料组成设计。

2. 强度要求

(1)无机结合料稳定材料应满足本细则规定的强度要求。
(2)应采用7d龄期无侧限抗压强度作为无机结合料稳定材料施工控制质量的主要指标。
(3)高速公路和一级公路应验证所用材料的7d龄期无侧限抗压强度与90d或180d龄期抗弯拉强度的关系。
(4)水泥稳定材料的7d龄期无侧限抗压强度标准应符合表2-36的规定。

水泥稳定材料7d龄期无侧限抗压强度标准(单位:MPa)　　　表2-36

结构层	公路等级	极重、特重交通	重交通	中、轻交通
基层	高速公路和一级公路	5.0~7.0	4.0~6.0	3.0~5.0
基层	二级及二级以下公路	4.0~6.0	3.0~5.0	2.0~4.0
底基层	高速公路和一级公路	3.0~5.0	2.5~4.5	2.0~4.0
底基层	二级及二级以下公路	2.5~4.5	2.0~4.0	1.0~3.0

注:①公路等级高或交通荷载等级或结构安全性要求高时,推荐取上限强度标准;
②表中强度标准指的是7d龄期无侧限抗压强度的代表值。

(5)水泥稳定类材料强度要求较高时,宜采取控制原材料技术指标和优化级配设计等措施,不宜单纯通过增加水泥剂量来提高材料强度。

注意:影响无机结合料稳定材料强度的因素较多,不仅仅是水泥剂量的多少。试验表明,对相同级配、相同水泥品种和剂量,采用反击破碎的碎石和一般破碎的碎石,两种混合料的强度可能会相差20%～30%。

3.强度试验及计算

(1)强度试验时,应按现场压实度标准采用静压法成型试件。

(2)强度试验试件的径高比应为1:1。无机结合料稳定细粒材料的试件直径应为100mm,无机结合料稳定中、粗粒材料的试件直径应为150mm。

(3)强度试验时,平行试验的最小试件数量应符合表2-37的规定。试验结果的变异系数大于表中规定值时,应重做试验或增加试件数量。

平行试验的最小试件数量　　　　　　表2-37

材料类型	变 异 系 数 要 求		
	<10%	10%～15%	15%～20%
细粒材料[a]	6	9	—
中粒材料[b]	6	9	13
粗粒材料[c]	—	9	13

注:[a]公称最大粒径小于16mm的材料;

　　[b]公称最大粒径不小于16mm,且小于26.5mm的材料;

　　[c]公称最大粒径不小于26.5mm的材料。

(4)根据试验结果,应按下式计算强度代表值:

$$R_d^0 = \overline{R_0} \cdot (1 - Z_a C_V) \tag{2-26}$$

式中:Z_a——标准正态分布表中随保证率(或置信度a)而变的系数;

$\overline{R}$——一组试验的强度平均值;

C_V——一组试验的强度变异系数(以小数计)。

其中,高速公路和一级公路应取保证率95%,此时$Z_a = 1.645$;其他公路应取保证率90%,此时$Z_a = 1.282$。

(5)强度数据处理时,宜按3倍标准的标准剔除异常数值,且同一组试验样本异常值剔除应不多于2个。

(6)强度代表值R_d^0应不小于强度标准值R_d。当$R_d^0 < R_d$时,应重新进行配合比试验,按下式计算:

$$R_d^0 \geq R_d \tag{2-27}$$

4.混合料推荐级配及技术要求

参照《公路路面基层施工技术细则》(JTG/T F20—2015),得到水泥稳定材料混合料的推荐级配及技术要求。

(1)采用水泥稳定时,被稳定材料的液限应不大于40%,塑性指数应不大于17。塑性指数大于17时,宜采用石灰稳定或用水泥和石灰综合稳定。

(2)采用水泥稳定,被稳定材料中含有一定量的碎石或砾石,且小于0.6mm的颗粒含

量在30%以下时,塑性指数可大于17,且土的均匀系数应大于5。其级配可采用表2-38中推荐的级配范围,并符合下列规定:

①用于高速公路和一级公路的底基层时,被稳定材料的公称最大粒径应不大于31.5mm,级配宜符合表2-38中C-A-1或C-A-2的规定,被稳定材料中不宜含有黏性土或粉性土。

②用于二级公路的基层时,级配宜符合表2-38中C-A-1的规定,被稳定材料中不宜含有黏性土或粉性土。

③用于二级以下公路的基层时,级配宜符合表2-38中C-A-3的规定,被稳定材料的公称最大粒径应不大于37.5mm。

④用于二级及二级以下公路的底基层时,级配宜符合表2-39中C-A-4的规定,被稳定材料的公称最大粒径应不大于37.5mm。

水泥稳定材料的推荐级配范围(%) 表2-38

筛孔尺寸(mm)	高速公路和一级公路底基层或二级公路的基层 C-A-1	高速公路和一级公路底基层 C-A-2	二级以下公路基层 C-A-3	二级及二级以下公路底基层 C-A-4
53	—	—	100	100
37.5	100	100	90~100	—
31.5	90~100	—	—	—
26.5	—	—	66~100	—
19	67~90	—	54~100	—
9.5	45~68	—	39~100	—
4.75	29~50	50~100	28~84	50~100
2.36	18~38	—	20~70	—
1.18	—	—	14~57	—
0.6	8~22	17~100	8~47	17~100
0.075	0~7	0~30	0~30	0~50

注:表中水泥稳定材料不包括水泥稳定级配碎石或砾石。

水泥稳定级配碎石或砾石的推荐级配范围(%) 表2-39

筛孔尺寸(mm)	高速公路和一级公路			二级及二级以下公路		
	C-B-1	C-B-2	C-B-3	C-C-1	C-C-2	C-C-3
37.5	—	—	—	100	—	—
31.5	—	—	100	100~90	100	—
26.5	100	—	—	94~81	100~90	100
19	86~82	100	68~86	83~67	87~73	100~90
16	79~73	93~88	—	78~61	82~65	92~79
13.2	72~65	86~76	—	73~54	75~58	83~67
9.5	62~53	72~59	38~58	64~45	66~47	71~52

续上表

筛孔尺寸 (mm)	高速公路和一级公路			二级及二级以下公路		
	C-B-1	C-B-2	C-B-3	C-C-1	C-C-2	C-C-3
4.75	45~35	45~35	22~32	50~30	50~30	50~30
2.36	31~22	31~22	16~28	36~19	36~19	36~19
1.18	22~13	22~13	—	26~12	26~12	26~12
0.6	15~8	15~8	8~15	19~8	19~8	19~8
0.3	10~5	10~5	—	14~5	14~5	14~5
0.15	7~3	7~3	—	10~3	10~3	10~3
0.075	5~2	5~2	0~3	7~2	7~2	7~2

(3)采用水泥稳定,被稳定材料为粒径较均匀的砂时,宜在砂中添加适量塑性指数小于10的黏性土、石灰土或粉煤灰,加入比列应通过击实试验确定。添加粉煤灰的比例宜为20%~40%。

(4)水泥稳定级配碎石或砾石的级配可采用表2-39中推荐的级配范围,并宜符合下列规定:

①用于高速公路和一级公路时,级配宜符合表2-39中C-B-1、中C-B-2的规定。混合料密实时也可采用C-B-3级配。C-B-1级配宜用于基层和底基层,C-B-2级配宜用于基层。

②用于二级及二级以下公路时,级配宜符合表2-40中C-C-1、C-C-2、C-C-3的规定。C-C-1级配宜用于基层和底基层,C-C-2和C-C-3级配宜用于基层,C-B-3级配宜用于极重、特重交通荷载等级下的基础。

③被稳定材料的液限宜不大于28%。

④用于高速公路和一级公路时,被稳定材料的塑性指数宜不大于5;用于二级及二级以下公路时,宜不大于7。

(5)矿质混合料的组成设计。

矿质混合料组成设计的目的,是选配一个具有足够密实度并且有较高内摩阻力的矿质混合料。天然或人工轧制集料的级配一般很难完全符合某一合适级配范围的要求,因此,必须采用几种集料按照一定比例进行搭配,这就需要对矿质混合料进行配合比组成设计,即确定矿质混合料各集料的比例。

矿质混合料组成设计的方法很多,但一般采用试算法和矩形修正图解法(修正平衡面积法)。随着计算机的普及以及工程技术人员计算机应用水平的提高,目前矿质混合料配合比设计普遍采用试算法。

试算法的基本原理是:设有几种矿质材料,欲配置某一种一定级配要求的矿质混合料。在确定各组成集料在矿质混合料的比例时,先假定矿质混合料中某级粒径的颗粒由某一种对该级粒径占优势的集料来提供,而其他各种集料不含这种粒径的颗粒。如此根据各个主要粒径的颗粒去试算各种集料在矿质混合料中的大致比例。如果比例不合适,则稍加调整,逐步进行,最终达到符合矿质混合料级配要求的各种集料的配合比例。

(6)水泥稳定碎石底基层材料配合比试算法的主要步骤如下:

①对各种集料进行筛分,计算分计筛余百分率、累计百分率及通过百分率。
②按技术规范要求(或理论级配)要求确定矿质混合料的级配范围。
③制作级配计算表,将各种集料筛分结果及混合料要求级配范围录入电子表格,计算级配要求中值。
④编写并录入集料合成级配计算公式。
⑤确定各个集料所占比例。
⑥校核合成级配是否满足级配要求。

5. 无机结合料稳定材料目标配合比设计技术要求

(1)应根据当地材料的特点,通过原材料性能的试验评定,选择适宜的结合料类型,确定混合料配合比设计的技术标准。

(2)应根据试验确定的最佳含水率、最大干密度及压实度要求成型标准试件,验证不同结合料剂量条件下混合料的技术性能,确定满足设计要求的最佳剂量。

(3)对水泥稳定级配碎石材料,应根据当地材料特点和技术要求,优化设计混合料级配,确定目标级配曲线和合理的变化范围。

(4)在目标级配曲线优化选择过程中,应选择不少于4条级配曲线,试验级配曲线可按《公路路面基层施工技术细则》(JTG/T F20—2015)推荐的级配范围和以往工程经验。

(5)在配合比设计试验中,应将各档石料筛分成单一粒径的规格逐档配料,并按相关的试验规程操作,保证每组试验的样本量。

(6)选定目标级配曲线后,应对各档材料进行筛分,确定其平均筛分曲线及相应的变异系数,并按2倍标准差计算出各档材料筛分级配的波动范围。

(7)按下列步骤合成目标级配曲线并进行性能验证:

①按确定的目标级配,根据各档材料的平均筛分曲线,确定其使用比例,得到混合料的合成级配。

②根据合成级配进行混合料重型击实试验和7d龄期无侧限抗压强度试验,验证混合料性能。

任务实施

参照细则要求,水泥稳定碎石底基层目标配合比设计主要技术要求应根据当地材料的特点,通过原材料性能的试验评定,选择适宜的结合料类型,确定混合料配合比设计的技术标准。

一、原材料的主要技术要求

1. 粗集料

(1)用于高速公路和一级公路的底基层时,公称最大粒径不大于31.5mm。
(2)粗集料采用G3、G8和G11三种规格,三种规格要求见表2-40。
(3)用作级配碎石的粗集料应符合Ⅱ类碎石规定,压碎值和针片状颗粒含量要求见表2-41。

粗集料规格要求 表2-40

规格名称	工程粒径(mm)	通过下列筛孔(mm)的质量百分率(%)								公称粒径(mm)
		53	37.5	31.5	26.5	19.0	13.2	9.5	4.75	2.36	
G3	20~25	—	—	100	90~100	0~10	0~5	—	—	—	19~26.5
G8	10~20	—	—	—	100	90~100	—	0~10	0~5	—	9.5~19
G11	5~10	—	—	—	—	—	100	90~100	0~10	0~5	4.75~9.5

粗集料压碎值和针片状颗粒含量要求 表2-41

指 标	技术要求建议值	实 测 值
压碎值(%)	≤26	23.4
针片状颗粒含量(%)	≤20	8.0

2.细集料

(1)细集料采用规格 XG3,级配要求见表2-42。

级 配 要 求 表2-42

规格名称	公称粒径(mm)	通过下列筛孔(mm)的质量百分率(%)								公称粒径(mm)
		9.5	4.75	2.36	1.18	0.6	0.3	0.15	0.075	
XG3	0~5	100	90~100	—	—	—	—	—	—	0~4.75

(2)细集料其他技术指标要求见表2-43。

细集料其他技术要求 表2-43

项 目	水泥稳定[a]	试验方法
颗粒分析	满足级配要求	T 0302/T 0303/T 0327
有机质含量(%)	<2	T 0313/T 0151
硫酸盐含量(%)	≤0.25	T 0341

注:[a]水泥稳定包括水泥石灰综合稳定;

[b]应测定0.0075mm以下材料的塑性指数。

(3)水泥

①采用 P.O42.5 水泥。

②水泥初凝时间为5小时18分,应大于3h,终凝时间为6小时30分,大于6h且小于10h。

(4)水

符合现行《生活饮用水卫生标准》(GB 5749—2006)的饮用水。

二、混合料级配

根据《公路路面基层施工技术细则》(JTG/T F20—2015)要求,高速公路路面底基层水泥稳定碎石采用表 C-B-1 号级配范围,见表2-44。

高速公路水泥稳定碎石底基层级配范围　　　　　　　　　　表2-44

矿料名称	19～26.5mm 碎石		9.5～19mm 碎石		4.75～9.5mm 碎石		0～4.75mm 碎石		—	—	—	—
矿料比例	50%		22%		8%		20%		—	—	—	—
筛孔尺寸(mm)	31.5	26.5	19	16	13.2	9.5	4.75	2.36	1.18	0.6	0.3	0.15	0.075
合成级配	100	100	84.1	74.7	68.1	59.7	38.6	24.4	18.0	9.9	6.8	5.1	4.9
通过百分率(%)	100	100	86~82	79~73	72~65	62~53	45~35	31~22	22~13	15~8	10~5	7~3	5~2

三、击实试验

选择3个不同结合料剂量，分别确定各剂量条件下的最佳含水率和最大干密度。

根据《公路路面基层施工技术细则》（JTG/T F20—2015）中水泥稳定材料配合比试验推荐水泥试验剂量表，分别采用3.0%、4.0%、4.5%的水泥剂量，计算各档材料用量，在不同含水率下进行重型击实成型试验，以确定水泥稳定碎石混合料的最大干密度和最佳含水率，结果见表2-45。

水泥稳定碎石击实试验结果（重型）　　　　　　　　　　表2-45

水泥剂量(%)	筒质量(g)	体积(cm³)	筒+试样质量(g)	湿密度(g/cm³)	盒质量(g)	盒+试样		含水率(%)	干密度(g/cm³)	最佳含水率(%)	最大干密度(g/cm³)
						湿质量(g)	干质量(g)				
3.0	4441.8	2177	9865	2.491	345.6	4367.1	4113.9	6.7	2.334	5.1	2.356
	4441.8	2177	9605	2.372	432.1	3421.1	3344.1	2.6	2.311		
	4441.8	2177	9720	2.425	435.8	3296.8	3192.2	3.8	2.336		
	4441.8	2177	9820	2.470	324.1	2476.3	2376.5	4.9	2.356		
	4441.8	2177	9855	2.487	312.3	3571.5	3403.2	5.4	2.358		
	4441.8	2177	9860	2.489	333.2	3861.2	3634.8	6.9	2.329		
3.5	4441.8	2177	9620	2.379	212.5	3265.7	3180.8	2.9	2.312	5.4	2.365
	4441.8	2177	9730	2.429	284.5	2867.4	2775.8	3.7	2.343		
	4441.8	2177	9810	2.466	318.5	4725.7	4535.3	4.5	2.359		
	4441.8	2177	9870	2.493	307.2	5123.7	4867.3	5.6	2.361		
	4441.8	2177	9900	2.507	346.3	4237.2	4000.5	6.5	2.354		
4.0	4441.8	2177	9650	2.392	228.0	5292.4	5156.5	2.8	2.328	5.5	2.369
	4441.8	2177	9750	2.438	264.3	5338.8	5148.1	3.9	2.347		
	4441.8	2177	9860	2.489	258.6	5390.5	5144	5.0	2.369		
	4441.8	2177	9910	2.512	224.8	3181.5	3022.6	5.7	2.377		
	4441.8	2177	9910	2.512	342.8	4327.5	4084.8	6.5	2.359		

四、确定最佳含水率与最大干密度

根据试验确定的最佳含水率、最大干密度及压实度要求成型标准试件,验证不同结合料剂量条件下混合料的技术性能,确定满足设计要求的最佳剂量。

成型标准试件单个试件的标准质量,见下式:

$$m_0 = v \times \rho_{max} \times (1 + w_{opt}) \times \gamma \tag{2-28}$$

式中: v ——试件体积(cm^3);

w_{opt} ——混合料最佳含水率(%);

ρ_{max} ——混合料最大干密度(g/cm^3);

γ ——混合料压实度标准(%)。

五、水泥稳定碎石 7d 无侧限抗压强度

按照每种混合料的最佳含水率和98%压实度要求成型试件,成型压力约500kN。试件在标准养护室内养生6d后,浸水1d,测试抗压强度,结果见表2-46。

水泥稳定碎石试件 7d 无侧限抗压强度　　　　表2-46

水泥剂量(%)	含水率(%)	试件高度(cm)	质量(g)	破坏荷载(KN)	抗压强度(MPa)	强度平均值(MPa)	标准差 S (MPa)	偏差系数 C_v (%)	代表值 $\bar{R} \times (1 - ZaCv)$ (MPa)
3.0	5.1	15.2	6477	64	3.6	3.6	0.5515	15.319	2.7
		15.1	6460	53	3.0				
		15.2	6470	65	3.7				
		15.0	6480	78	4.4				
		15.1	6475	53	3.0				
		15.2	6473	70	4.0				
3.5	5.4	15.1	6466	87	4.9	4.6	0.4305	9.359	3.9
		15.0	6460	69	3.9				
		15.2	6470	87	4.9				
		15.0	6468	81	4.6				
		15.1	6464	86	4.9				
		15.0	6473	74	4.2				
4.0	5.5	15.0	6478	87	4.9	5.4	0.4634	8.581	4.6
		15.2	6490	100	5.7				
		15.1	6485	97	5.5				
		15.1	6477	106	6.0				
		15.0	6480	94	5.3				
		15.1	6482	84	4.8				
		15.2	6500	99	5.6				
		15.1	6509	107	6.1				
		15.0	6515	102	5.8				

注:高速公路取95%保证率, $C_v = 1.645$。

六、水泥稳定碎石混合料配合比建议值

根据表2-47的试验结果,经试验确定目标配合比水泥剂量采用3.7%时代表值4.2MPa,大于设计值4.0MPa,能满足强度指标要求。

水泥稳定碎石配合比汇总　　　　　　　　　表2-47

水泥剂量(%)	最佳含水率(%)	最大干密度(g/cm³)	7d抗压强度(MPa)	
			平均值	$\overline{R} \times (1-ZaC_v)$
3.7	5.4	2.365	4.8	4.2

思考与练习

一、填空题

1. 无机结合料稳定材料组成设计应包括_____、_____、_____和_____确定4个部分。

2. 采用水泥稳定,被稳定材料中含有一定量的碎石或砾石,且_____的颗粒含量在30%以下时,塑性指数_____,且土的均匀系数应_____。

3. 强度试验试件的径高比应为_____。无机结合料稳定细粒材料的试件直径应为_____,无机结合料稳定中、粗粒材料的试件直径应为_____。

二、综合题

简述无机结合料配合比设计流程。

模块三　公路工程沥青及沥青混合料材料检测

任务一　明确沥青混合料原材料技术要求

 学习目标

1. 能描述沥青混合料的分类及特点；
2. 能描述沥青混合料原材料技术要求。

 建议学时

2学时。

 任务描述

××高速公路延伸线，路线全长4.7km，气候条件为最热月平均最高气温>30℃，年极度最低气温>-9℃，年降雨量>1000mm。主线路面采用沥青混凝土路面，路面结构为：4cmAC-13C细粒式沥青混凝土+6cmAC-20C中粒式沥青混凝土+8cmAC-25C粗粒式沥青混凝土+32cm水泥稳定碎石(基层)+20cm低剂量水泥稳定碎石(底基层)，现要求进行4cmAC-13C细粒式沥青混凝土配合比设计，项目部试验员根据技术及规范要求对进场原材料进行检测，判断其指标是否满足要求。

此次任务是参照《公路沥青路面施工技术规范》(JTG F40—2004)和设计图纸要求明确沥青混合料对原材料质量技术要求。

 理论知识

沥青混合料是由矿料与沥青结合料按一定比例配合、均匀拌和而成的混合料，适用于公路路面的面层，具有一定的高温稳定性和低温抗裂性。与水泥混凝土路面相比，它不需设置施工缝和伸缩缝,路面平整且有弹性,行车比较舒适。

一、沥青混合料的特点

沥青混合料的特点主要有:

(1)沥青混合料是一种弹塑性黏性材料,具有一定的高温稳定性和低温抗裂性。不需设置施工缝和伸缩缝,路面平整且有弹性,行车比较舒适。

(2)沥青混合料路面有一定的粗糙度,雨天具有良好的抗滑性。路面又能保证一定的平整度,如高速公路路面,其平整度可达 1.0mm 以下,而且沥青混合料路面为黑色,无强烈反光,行车比较安全。

(3)施工方便,速度快,养护期短,能及时开放交通。

(4)沥青混合料路面可分期改造和再生利用。随着道路交通量的增大,可以对原有的路面拓宽和加厚。对旧有的沥青混合料,可以运用现代技术,再生利用,以节约原材料。

当然,沥青混合料也存在一些问题,如夏季高温时易软化,路面易产生车辙、波浪等现象;冬季低温时易脆裂,在车辆重复荷载作用下易产生裂缝;因老化现象会使路面表层产生松散开裂,引起路面破坏。

二、沥青混合料分类

沥青混合料是沥青混凝土混合料与沥青碎石混合料的总称。

沥青混凝土混合料是由粗、细集料及填料按最佳级配的原理配成的矿料与沥青材料按比例配合而制成的符合技术标准的沥青混合料,简称 AC。

沥青碎石混合料是由粗、细集料、不加填料或少加填料按一定级配的原理配成的矿料与沥青材料按比例配合而制成的符合技术标准的沥青混合料,简称 AM。

1. 按施工工艺分类

(1)热拌沥青混合料。沥青与矿料在热态下拌和、铺筑成型的混合料。

(2)冷拌沥青混合料。采用乳化沥青或稀释沥青与矿料在常温状态下拌和、铺筑的混合料。

2. 按矿质集料级配类型分类

(1)连续级配沥青混合料。矿料是按级配原则,从大到小各粒级均占有一定比例的级配,这种沥青混合料称为连续级配沥青混合料。

(2)间断级配沥青混合料。矿料级配组成中缺少 1 个或几个粒级(或用量很少)而形成的沥青混合料称为间断级配沥青混合料。

3. 按混合料密实度分类

(1)密级配沥青混合料。按密实级配原理设计组成的各种粒径颗粒的矿料与沥青结合料拌和而成,设计空隙率较小(对不同交通及气候情况、层位可作适当调整)的密实式沥青混凝土混合料(以 AC 表示)和密实式沥青稳定碎石混合料(以 ATB 表示)。按关键性筛孔通过率的不同又可分为细型(F 型)、粗型(C 型)密级配沥青混合料等,见表 3-1。

粗型(C 型)和细型(F 型)密级配沥青混合料关键性筛孔通过率　　表 3-1

混合料类型	公称最大粒径（mm）	用以分类的关键性筛孔（mm）	粗型密级配		细型密级配	
			名称	关键性筛孔通过率（%）	名称	关键性筛孔通过率（%）
AC-25	26.5	4.75	AC-25C	<40	AC-25F	>40
AC-20	19	4.75	AC-20C	<45	AC-20F	>45
AC-16	16	2.36	AC-16C	<38	AC-16F	>38
AC-13	13.2	2.36	AC-13C	<40	AC-13F	>40
AC-10	9.5	2.36	AC-10C	<45	AC-10F	>45

目前,采用间断级配设计组成的各种颗粒的矿料与沥青玛蹄脂拌和而成的密实式沥青混合料,称为沥青玛蹄脂碎石混合料。沥青玛蹄脂碎石混合料是由沥青混合料与少量的纤维稳定剂、细集料以及较多量的填料(矿粉)组成的沥青玛蹄脂,填充于间断级配的粗集料骨架的间隙,组成一体的沥青混合料,简称沥青玛蹄脂碎石,设计空隙率 3% ~ 4%,代号 SMA。

(2)半开级配沥青碎石混合料。由适当比例的粗集料、细集料及少量填料(或不加填料)与沥青结合料拌和而成,经马歇尔标准击实成型试件的剩余空隙率在 6 ~ 12% 的半开式沥青碎石混合料(以 AM 表示)。

(3)开级配沥青混合料。矿料级配主要由粗集料嵌挤组成,细集料及填料较少,设计空隙率 18% 的混合料,它可分为两种:一是大空隙开级配排水式沥青磨耗层,简称排水式沥青磨耗层,代号 OGFC;二是铺筑在沥青层底部的排水式沥青稳定碎石混合料,简称排水式沥青碎石基层,代号 ATPB。

4. 按矿料公称最大粒径的大小分类

(1)特粗式。公称最大粒径大于 31.5mm 沥青混合料。

(2)粗粒式。公称最大粒径为 26.5mm 或 31.5mm 沥青混合料。

(3)中粒式。公称最大粒径为 16mm 或 19mm 沥青混合料。

(4)细粒式。公称最大粒径为 9.5mm 或 13.2mm 沥青混合料。

(5)砂粒式。公称最大粒径小于 9.5mm 沥青混合料。

热拌沥青混合料(简称 HMA)是经人工组配的矿质混合料与黏稠沥青在专门设备中加热拌和而成,用保温运输工具运送至施工现场,并在热态下进行摊铺和压实的混合料,通称"热拌热铺沥青混合料",简称"热拌沥青混合料"。

公路路面工程中常用的沥青混合料是热拌沥青混合料。本模块主要介绍热拌沥青混合料(以下简称沥青混合料)的组成结构、技术性质、组成材料和设计方法。

三、沥青混合料组成结构

沥青混合料组成结构可分为以下 3 种类型。

1. 悬浮—密实结构

指矿质集料由大到小组成连续型密级配,混合料中粗集料数量较少,不能形成骨架(图 3-1a)。这种沥青混合料黏聚力较大,内摩阻角较小,因而高温稳定性差。对于双层或三层结构的沥青路面,其中至少必须有一层密级配沥青混合料。对于干燥地区的高等级公路,也可采用这种结构的沥青混合料做表层。

2. 骨架—空隙结构

指矿质集料属于连续型开级配的混合料结构。矿质集料中粗集料较多,可互相靠拢形成骨架,细集料较少,不足以填满空隙(图3-1b)。所以此结构混合料空隙率大,耐久性差,沥青与矿料的黏聚力差,热稳定性较好。当沥青路面用这种形式的沥青混合料时,沥青面层下必须做下封层。

3. 骨架—密实结构

指矿质集料属于间断型密级配的混合料结构。此结构具有较多数量的粗集料形成空间骨架,同时又有足够的细集料填满骨架的空隙(图3-1c)。这种结构密实度大。具有较高的黏聚力和内摩阻角,是沥青混合料中最理想的一种结构类型。

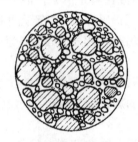 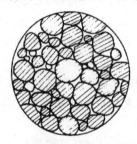 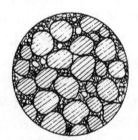

a）悬浮—密实结构　　　b）骨架—空隙结构　　　c）密实—骨架结构

图3-1　沥青混合料的典型组成结构

四、沥青混合料原材料技术要求

沥青混合料是由粗集料、细集料、填料、沥青等材料组成,它们质量好坏直接影响沥青混合料的品质。掌握沥青混合料中各组成材料技术要求与标准至关重要。沥青混合料的技术性质与组成材料的性质、组成配合的比例和混合料的制备工艺等因素有关。为保证沥青混合料的技术性质,首先应正确选择符合质量要求的组成材料。

1. 沥青

拌制沥青混合料选用沥青材料,应考虑当地的气候条件、交通性质、沥青混合料的类型和施工条件等因素。通常较热的气候区,较繁重的交通,细粒式或砂粒式的混合料则应采用稠度较高的沥青;反之,则采用稠度较低的沥青。在其他配料条件相同的情况下,较黏稠的沥青配制的混合料具有较高力学强度和稳定性,但如稠度过高,则沥青混合料的低温变形能力较差,沥青路面容易产生裂缝。反之,在其他配料条件相同的条件下,采用稠度较低的沥青,虽然配制的混合料在低温时具有较好的变形能力,但在夏季高温时往往稳定性不足而使路面产生推挤现象。

2. 矿料

沥青面层的矿料包括粗集料、细集料和填料。粗集料是指粒径在2.36mm以上的碎石;细集料是指粒径在2.36mm以下的砂粒或石屑;填料是指粒径在0.075mm以下的粉粒。

(1) 粗集料

粗集料外观要求应洁净、干燥、表面粗糙,并带棱角性(无尖锐棱角)的立方形颗粒。

具有一定的强度与抗磨耗性。

沥青层用粗集料包括碎石、破碎砾石、筛选砾石、钢渣、矿渣等,但高速公路和一级公路不得使用筛选砾石和矿渣。

①粗集料质量要求。我国现行行业标准《公路沥青路面施工技术规范》(JTG F40—2004)规定,其各项质量要求应符合表3-2、表3-3 的要求。

沥青混合料用粗集料质量技术要求   表3-2

指 标	单位	高速公路及一级公路		其他等级公路	试验方法
		表面层	其他层次		
石料压碎值,不大于	%	26	28	30	T 0316
洛杉矶磨耗损失,不大于	%	28	30	35	T 0317
表观相对密度,不小于	t/m³	2.60	2.50	2.45	T 0304
吸水率,不大于	%	2.0	3.0	3.0	T 0304
坚固性,不大于	%	12	12	—	T 0314
针片状颗粒含量(混合料),不大于	%	15	18	20	T 0312
其中粒径大于9.5mm,不大于	%	12	15	—	
其中粒径小于9.5mm,不大于	%	18	20	—	
水洗法<0.075mm,不大于	%	1	1	1	T 0310
软石含量,不大于	%	3	5	5	T 0320

注:①坚固性试验可根据需要进行;
②用于高速公路、一级公路时,多孔玄武岩的视密度可放宽至2.45t/m³,吸水率可放宽3%,但必须得到建设单位的批准,且不得用于SMA路面;
③对S14 即3~5 规格的粗集料,针片状颗粒含量可不予要求,<0.075mm 含量可放宽到3%。

②高速公路、一级公路沥青路面的表面层(或磨耗层)粗集料的磨光值,应符合表3-3的要求。

粗集料与沥青黏附性与磨光值技术要求   表3-3

雨量气候区		1(潮湿区)	2(湿润区)	3(半干区)	4(干旱区)	试 验 方 法
年降雨量(mm)		>1000	1000~500	500~250	<250	(JTG F40—2004)附录 A
粗集料磨光值PSV,不小于高速公路、一级公路表面层		42	40	38	36	T 0321
粗集料与沥青黏附性,不小于	高速公路、一级公路表面层	5	4	4	3	T 0616
	高速公路、一级公路其他层次及其他等级公路的各个层次	4	4	3	3	T 0663

③粗集料的级配。粗集料的粒径与规格应按我国现行行业标准《公路沥青路面施工技术规范》(JTG F40—2004)规定的沥青混合料用粗集料规格(表3-4)选用;如粗集料不

符合表3-4规格,但确认与其他矿料配合后级配符合各类沥青混合料矿料级配要求时,可以使用。

沥青混合料用粗集料规格　　　　　表3-4

规格名称	公称粒径(mm)	通过下列筛孔(mm)的质量百分率(%)											
		106	75	63	53	37.5	31.5	26.5	19.0	13.2	9.5	4.75	2.36	0.6
S1	40~75	100	90~	—		0~15		0~5						
S2	40~60		100	90~	—	0~15		0~5						
S3	30~60		100	90~	—		0~15	—	0~5					
S4	25~50			100	90~	—		0~15	—	0~5				
S5	20~40				100	90~	—		0~15	—	0~5			
S6	15~30					100	90~	—		0~15	—	0~5		
S7	10~30					100	90~	—			0~15	0~5		
S8	10~25						100	90~	—		0~15	0~5		
S9	10~20							100	90~	—	0~15	0~5		
S10	10~15								100	90~	0~15	0~5		
S11	5~15								100	90~	40~70	0~15	0~5	
S12	5~10									100	90~	0~15	0~5	
S13	3~10									100	90~	40~70	0~20	0~5
S14	3~5										100	90~	0~15	0~3

④沥青与粗集料的黏附性。沥青与粗集料的黏附性是路用沥青混合料重要性能之一,其直接影响沥青路面的使用质量和耐久性。沥青裹覆集料后的抗水性(即抗剥性)不仅与沥青的性质有密切关系,而且也与集料性质有关。当采用一种固定的沥青时,不同矿物成分的石料的剥落度也有所不同。从碱性、中性直至酸性石料,随着SiO_2含量的增加,剥落度也随之增加。为保证沥青混合料的强度,在选择石料时应优先考虑利用碱性石料,当地缺乏碱性石料必须采用花岗岩、石英岩等酸性石料时,宜使用针入度较小的沥青。

粗集料与沥青的黏附性应符合表3-3的要求,当使用不符合要求的粗集料时,宜采用下列抗剥离措施使沥青混合料的水稳定性检验达到要求:

a. 掺加消石灰、水泥或用饱和石灰水处理后使用。

b. 必要时可同时在沥青中掺加耐热、耐水、长期性能好的抗剥落剂。

c. 采用改性沥青。

掺加外加剂的剂量由沥青混合料的水稳定性检验确定。沥青与集料的黏附性的试验方法,我国规范《公路工程沥青及沥青混合料试验规程》(JTG E20—2011)规定采用水煮法和水浸法。

(2)细集料

沥青路面的细集料包括天然砂、机制砂及石屑。细集料应洁净、干燥、无风化、不含杂质,并有适当的颗粒级配。

我国行业标准《公路沥青路面施工技术规范》(JTG F40—2004)对细集料的技术要求见表3-5~表3-7。

沥青混合料用细集料质量要求　　　　　　　　　　　　　　　表 3-5

项　目	单位	高速公路及一级公路	其他等级公路	试验方法
表观相对密度,不小于	—	2.50	2.45	T 0328
坚固性(>0.3部分),不小于	%	12	—	T 0340
含泥量(<0.075mm颗粒含量),不大于	%	3	5	T 0333
砂当量,不小于	%	60	50	T 0334
亚甲蓝值,不大于	g/kg	25	—	T 0346
棱角性,不小于	S	30	—	T 0345

沥青混合料用天然砂规格　　　　　　　　　　　　　　　　表 3-6

筛孔尺寸 (mm)	通过各孔筛的质量百分率(%)		
	粗　砂	中　砂	细　砂
9.5	100	100	100
4.75	90~100	90~100	90~100
2.36	65~95	75~90	85~100
1.18	35~65	50~90	75~100
0.6	15~30	30~60	60~84
0.3	5~20	8~30	15~45
0.15	0~10	0~10	0~10
0.075	0~5	0~5	0~5

沥青混合料用机制砂或石屑规格　　　　　　　　　　　　　表 3-7

规格	公称粒径 (mm)	水洗法通过各筛孔的质量百分率(%)							
		9.5	4.75	2.36	1.18	0.6	0.3	0.15	0.075
S15	0~5	100	90~100	60~90	40~75	20~55	7~40	2~20	0~10
S16	0~3		100	80~100	50~80	25~60	8~45	0~25	0~15

细集料的级配应满足与粗集料和填料配制后混合级配满足矿质混合料的级配要求。当一种细集料不能满足级配要求时,可采用两种或两种以上的细集料掺和使用。

(3)填料

填料是指在沥青混合料中起填充作用的粒径小于0.075mm的矿质粉末。在沥青混合料中,填料通常是指矿粉。矿粉是采用石灰岩等碱性石料粉磨得到的,在沥青混合料中起填料作用的以碳酸钙为主要成分的矿物质粉末,其小于0.075mm的颗粒含量大于75%。另外,消石灰、水泥、粉煤灰也可作为填料使用。

矿粉在沥青混合料中起到重要作用,矿粉性质和用量对沥青混合料的抗剪强度影响很大。矿粉用量少不足以形成足够的比表面吸附沥青;矿粉用量过多又会使胶泥成团,致使路面胶泥离析,同样造成不良后果。

拌和机的粉尘可作为矿粉的一部分。但每盘用量不得超过填料总量的25%。矿粉应干燥、洁净,能自由地从矿粉仓流出,根据我国现行行业标准《公路沥青路面施工技术规范》(JTG F40—2004)的规定,其质量应符合表3-8技术要求。

沥青混合料用矿粉质量要求　　　表 3-8

项　目	单位	高速公路、一级公路	其他等级公路	试验方法
表观密度,不小于	t/m³	2.50	2.45	T 0352
含水率,不大于	%	1	1	T 0103 烘干法
粒度范围 <0.6mm <0.15mm <0.075mm	% % %	100 90~100 75~100	100 90~100 70~100	T 0351
外观		无团粒结块		
亲水系数		<1		T 0353
塑性指数		<4		T 0354
加热安定性		实测记录		T 0355

 任务实施

根据工程特性,参照现行《公路沥青路面施工技术规范》(JTG F40—2004)规定,该沥青路面上面层 4cm 厚 AC-13C 的原材料要求如下。

(1)粗集料。

外观要求粗集料应洁净、干燥、表面粗糙,并带棱角性(无尖锐棱角)的立方形颗粒。具有一定的强度与抗磨耗性。

①粗集料的质量要求。我国行业标准《公路沥青路面施工技术规范》(JTGF40—2004)规定,其各项质量要求应符合表 3-9 的要求。

沥青混合料用粗集料质量技术要求　　　表 3-9

指　标	单　位	高速公路及一级公路
		表面层
石料压碎值,不大于	%	26
洛杉矶磨耗损失,不大于	%	28
表观相对密度,不小于	t/m³	2.60
吸水率,不大于	%	2.0
坚固性,不大于	%	12
针片状颗粒含量(混合料),不大于 其中粒径大于 9.5mm,不大于 其中粒径小于 9.5mm,不大于	% % %	15 12 18
水洗法 <0.075mm,不大于	%	1
软石含量,不大于	%	3

②粗集料的级配。粗集料的粒径与规格应按我国行业标准《公路沥青路面施工技术规范》(JTG F40—2004)规定的沥青混合料用粗集料规格选用,见表 3-10。

密级配沥青混凝土混合料矿料级配范围　　　　　表 3-10

级配类型	通过下列筛孔的质量百分率(%)									
	16.0	13.2	9.5	4.75	2.36	1.18	0.6	0.3	0.15	0.075
细粒式沥青混合料（AC-13）	100	90~100	68~85	38~68	24~50	15~38	10~28	7~20	5~15	4~8

③沥青与粗集料黏附性。沥青与粗集料的黏附性是路用沥青混合料重要性能之一,其直接影响沥青路面的使用质量和耐久性,粗集料与沥青的黏附性、磨光值的技术要求见表3-11。

粗集料与沥青的黏附性、磨光值的技术要求　　　　　表 3-11

雨量气候区	1(潮湿区)
年降雨量(mm)	>1000
粗集料磨光值 PSV,不小于高速公路、一级公路表面层	42
粗集料与沥青黏附性,不小于　　高速公路、一级公路表面层	5

（2）细集料。
施工用的细集料应洁净、干燥、无风化、无杂质,并有适当的颗粒级配,技术要求见表3-12。

沥青混合料用细集料质量要求　　　　　表 3-12

项　　目	高速公路	试验方法
表观相对密度	≥2.50	T 0328
坚固性(>0.3mm 部分)(%)	≥12	T 0340
含泥量(小于 0.075mm 含量)(%)	≤3	T 0333
砂当量(%)	≥60	T 0334
亚甲蓝值(g/kg)	≤25	T 0349
棱角性(流动时间)(s)	≥30	T 0345

（3）矿粉。
沥青混合料的矿粉必须采用石灰岩或者岩浆岩中的强基性岩石等憎水性石料经磨细得到的矿粉,原石料中的泥土杂质应除净。矿粉应干燥、洁净,能自由地从矿粉仓流出,其质量要求见表3-13。

沥青混合料用矿粉质量要求　　　　　表 3-13

项　　目	单位	高速公路	试验方法
表观密度,不小于	t/m³	2.5	T 0352
含水率,不大于	%	1	T 0103 烘干法
粒度范围 <0.6mm <0.15mm <0.075mm	%	100 90~100 75~100	T 0351
外观	—	无团粒结块	
亲水系数	—	<1	
塑性指数	%	<4	
加热安定性	—	实测记录	

(4)沥青。

该项目路面工程中采用70号A级沥青,具体技术指标见表3-14。

道路石油沥青技术要求　　　　　　　　表3-14

指　标	单　位	等级	沥青标号 70号					试验方法
针入度(25℃,5s,100g)	0.1mm	A	60～80					T 0604
适用的气候分区		A	1-3	1-4	2-2	2-3	2-4	附录A
针入度指数 PI		A	－1.5～＋1.0					T 0604
软化点(R&B),不小于	℃	A	46			45		T 0606
60℃动力黏度,不小于	Pa·s	A	180			160		T 0620
10℃延度,不小于	cm	A	20	15	25	20	15	T 0605
15℃延度,不小于	cm	A	100					T 0605
蜡含量(蒸馏法),不大于	%	A	2.2					T 0615
闪点,不小于	℃	A	260					T 0611
溶解度,不小于	%	A	99.5					T 0607
密度(15℃)	g/m³	A	实测记录					T 0603
质量变化,不大于		A	±0.8					T 0610 或 T 0609
残留针入度比(25℃),不小于	%	A	61					T 0604
残留延度(10℃),不小于	cm	A	6					T 0605
残留延度(15℃),不小于	cm	A	15					T 0605

注:本表中所有参数均摘自《公路沥青路面施工技术规范》(JTG F40—2004)。

 思考与练习

一、填空题

1.沥青混合料一般由_____、_____、_____和_____组成。

2.我国沥青路面的施工标准是行业标准_____。

3.根据《公路沥青路面施工技术规范》,AC-16C中每个字母的含义是:
AC:_____　16:_____　C:_____。

4.我国行业标准《公路沥青路面施工技术规范》(JTG F40—2004)规定,采用_____来评价沥青混合料高温稳定性;对高速公路、一级公路、城市快速路、主干路用沥青混合料,还应通过_____试验检验其抗车辙能力。该两者试验一般试验温度均在_____。

5.矿粉在沥青混合料中起到重要作用,矿粉用量少_____;矿粉用量过多又会_____,致使路面胶泥_____,同样造成不良后果。

二、综合题

简述沥青混合料用粗集料的主要技术指标。

任务二　沥青技术性能检测

 学习目标

1. 能描述石油沥青的概念及分类、主要技术性质与技术指标;
2. 能描述沥青适用性气候分区原则、分区方法;
3. 能描述沥青等级概念,不同等级沥青适用范围;
4. 能描述沥青标号的划分依据及不同标号沥青适用性的一般规律;
5. 能依据现行试验规程,完成沥青密度、相对密度及三大指标测定;
6. 能依据现行试验规程,完成粗集料与沥青的黏附性试验;
7. 能依据现行试验规程,完成试验结果的计算与结果分析。

 建议学时

6学时。

 任务描述

××高速公路延伸线主线路面设计采用沥青混凝土路面,现要求进行上面层4cmAC-13C细粒式沥青混凝土配合比设计。通过本模块学习,已经明确沥青混合料对原材料质量技术要求,本次任务参照现行试验规程《公路工程沥青及沥青混合料试验规程》(JTG E20—2011),完成沥青混合料中原材料沥青(70号A级沥青)的相关试验检测指标的检测。

工地试验室试验员委托试验检测中心进行配合比设计前的沥青原材料检测,检测指标包括沥青三大指标、密度、黏附性,判断是否满足要求,能否用于配合比设计。

 理论知识

胶凝材料按化学成分不同,可分为无机胶凝材料与有机胶凝材料两大类。

沥青是一种有机胶凝材料,是由高分子碳氢化合物及其非金属(如氧、氮、硫等)的衍生物组成的混合物。沥青在常温下一般呈固体或半固体,也有少数品种的沥青呈黏性液体状态,颜色为黑褐色或褐色。可溶于二硫化碳、四氯化碳、三氯甲烷、苯等有机溶剂。

按照来源不同,沥青可分为地沥青和焦油沥青。我们最常用的石油沥青就属于地沥青,而煤沥青则属于焦油沥青。石油沥青根据常温下的稠度不同,一般可分为黏稠沥青(固体或半固体状态)和液体沥青(液体状态)。

一、石油沥青概述

从油井开采出来的石油,称为原油。炼油厂将原油分馏而提取汽油、煤油、柴油和润

滑油等石油产品后所剩残渣,再进行加工可制得各种石油沥青。石油沥青根据常温下的稠度不同分为:

(1)黏稠石油沥青。在常温下呈固体或半固体状态。通常又称为道路石油沥青。
(2)液体石油沥青。在常温下呈液体状态。

二、石油沥青化学组分

石油沥青是由多种碳氢化合物及其非金属(如氧、硫、氮等)的衍生物组成的混合物。由于石油沥青是由多种有机物组成混合物,分析其性质较困难,为了便于分析石油沥青的性质,常将沥青中性能相似,分子量相近的成分划分为"组",这一组称为"沥青化学组分",简称"组分"。

将沥青分为不同组分的化学分析方法称为组分分析法,是利用沥青在不同有机溶剂中的选择性溶解或在不同吸附剂上的选择性吸附等性质。《公路工程沥青及沥青混合料试验规程》(JTG E20—2011)中规定了三组分和四组分两种分析法。下面介绍三组分分析法。

石油沥青的三组分分析法是将石油沥青分离为油分、树脂和沥青质三个组分。这种分析方法称为溶解—吸附法,按三组分分析法所得各组分的性状见表3-15。

石油沥青三组分分析法的各组分的特性　　　　表3-15

性状 组分	外观特征	平均分子量	碳氢比C/H	物化特征
油分	淡黄色透明液体	200~700	0.5~0.7	几乎可溶于大部分有机溶剂,具有光学活性,常发现有荧光,相对密度约0.910~0.925,使沥青具有流动性
树脂	红褐色黏稠半固体	800~3000	0.7~0.8	温度敏感性高,溶点低于100%,相对密度大于1.000,给予沥青以塑性
沥青质	深褐色固体末状微粒	1000~5000	0.8~1.0	加热不熔化,分解为硬焦炭,使沥青呈黑色,给予沥青以黏结性和高温稳定性

我国富产石蜡基或中间基沥青,在油分中往往含有蜡,蜡使沥青具有温度敏感性,并且蜡的存在使沥青的胶体结构发生变化。沥青中蜡的存在,在高温时会使沥青容易发软,导致沥青路面的高温稳定性降低,出现车辙。在低温时会使沥青变得脆硬,导致路面低温抗裂性降低,出现裂缝。此外,蜡会使沥青与石料黏附性降低,在水分的作用下,会使路面石子与沥青产生剥落现象,造成路面破坏;更严重的是,含蜡沥青会使沥青路面的抗滑性降低,影响路面的行车安全性。

我国现行行业标准《公路沥青路面施工技术规范》(JTG F40—2004)规定:含蜡量(蒸馏法)A级沥青不大于2.2%,B级沥青不大于3.0%,C级沥青不大于4.5%。

三、石油沥青技术性质

用于现代沥青路面的道路石油沥青,应具有以下主要技术性质。

1.黏滞性(黏性)

黏滞性是指沥青在外力作用下胶团之间产生相互位移时抵抗变形的能力。

各种石油沥青的黏滞性变化范围很大,黏滞性的大小与组分及温度有关。当沥青质含量较高,又含适量的树脂、含少量的油分时,则黏滞性较大。在一定温度范围内,当温度升高时,黏滞性随之降低,反之则增大。

黏滞性是与沥青路面力学性质联系最密切的一种性质。黏滞性也称黏性,通常用黏度表示。在现代交通条件下,为防止路面出现车辙,对沥青黏度的选择成为首要考虑的因素。

沥青黏度的测定方法可分为两类:一类为"绝对黏度法",如采用毛细管黏度计等;另一类为"相对黏度"(或称"条件黏度")法,采用针入度法、道路标准黏度计法、赛氏黏度计法和恩氏黏度计法等试验方法确定。

黏稠石油沥青的黏滞性测定方法及指标如下。

(1)针入度。

针入度是测定道路石油沥青黏滞性的常用技术指标,采用针入度仪测定,测定方法见T 0604—2011,如图3-2、图3-3所示。

图3-2 沥青针入度试验准备　　　　　图3-3 沥青针入度试验检测

针入度是沥青试样在规定温度条件下,规定质量作用下,在规定时间内,针入度标准针自由沉入试样的深度,以 0.1mm 表示。试验条件以 $P_{T,m,t}$ 表示,其中 P 为针入度,T 为试验温度,m 为荷载,t 为贯入时间。

针入度是划分沥青技术等级的主要指标。在相同试验条件下,针入度值越大,表示沥青越软(稠度越稀)。

(2)黏度。

测定液体沥青(包括液体石油沥青和煤沥青)黏结性的常用技术指标为标准黏度,是国际上液体沥青材料条件黏度测定方法的一种,采用标准黏度计测定。

《公路工程沥青及沥青混合料试验规程》(JTG E20—2011)规定:液体状态的沥青材料,在标准黏度计中,于规定的温度条件下(20℃、25℃、30℃或60℃),通过规定的流孔直径(3mm,4mm,5mm 及 10mm),流出 50mL 体积所需的时间(s),以 $C_{T,d}$ 表示。其中 C 为黏度,T 为试验温度,d 为流孔直径。例如某沥青在 60℃ 时,自 5mm 孔径流出 50mL 沥青所需时间为 100s,表示为 $C_{60,5}=100$s。在相同温度和相同流孔条件下,流出时间越长,表示沥青黏度越大。我国液体沥青是采用黏度来划分技术等级的。

2. 塑性

塑性是指沥青在外力作用下发生变形而不破坏的能力。影响塑性大小的因素与沥青的组分及温度有关。沥青中树脂含量多,油分及沥青质含量适当,则塑性较大。当温度升高,塑性增大,沥青膜层越厚则塑性越高。反之,塑性越差。在常温下,塑性好的沥青不易产生裂缝,并可减少摩擦时的噪声。同时它对于沥青在温度降低时抵抗开裂的性能有重要影响。

《公路工程沥青及沥青混合料试验规程》(JTG E20—2011)规定:沥青的塑性用延度表示,用延度仪测定,测试方法见 T 0605—2011,如图 3-4、图 3-5 所示。

图 3-4　沥青延度试件

图 3-5　沥青延度试验

沥青延度是将沥青材料在规定温度 15℃(或 10℃)条件下,规定状态的试样(∞字形标准试样),在规定拉伸速度 5±0.25cm/min 作用下拉断时伸长的长度,以厘米表示。沥青的延度越大,塑性越好,柔性和抗断裂性能就越好。

3. 温度稳定性(感温性)

温度稳定性是指沥青的黏结性和塑性随温度升降而变化的性能。当温度升高时,沥青由固态或半固态逐渐软化成黏流状态;当温度降低时,由黏流态转变成固态至变脆。在工程上使用的沥青,要求有较好的温度稳定性。

(1)高温稳定性用软化点表示。

《公路工程沥青及沥青混合料试验规程》(JTG E20—2011)规定:沥青软化点一般采用环球法软化点仪测定,测定方法见 T 0606—2011,如图 3-6、图 3-7 所示。

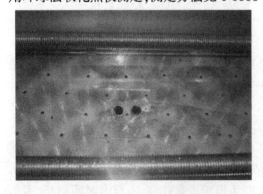

图 3-6　软化点试件养护

图 3-7 软化点试验

软化点是沥青试样在规定加热上升速度条件下,在规定质量作用下试样产生规定变形时的温度。以℃表示。即是将沥青试样装入规定尺寸的铜环内(内径18.9mm),试样上放置标准钢球(质量:3.5g),浸入水或甘油中,以规定的升温速度(5℃/min)加热,使沥青软化下垂至规定距离时的温度,以℃表示。软化点越高,表明沥青的耐热性越好,温度稳定性越好。

(2)低温抗裂性用脆点表示。

脆点是指沥青材料有黏塑性状态转变为固体状态达到条件脆裂时的温度。

《公路工程沥青及沥青混合料试验规程》(JTG E20—2011)规定:沥青脆点采用弗拉斯法测定沥青脆点,脆点试验是将沥青试样涂在金属片上,置于有冷却设备的脆点仪内,摇动脆点仪的曲柄,使涂有沥青的金属片产生弯曲,随制冷剂温度降低,沥青薄膜温度逐渐降低,当沥青在规定弯曲条件下产生断裂时的温度,即为脆点。

在工程上使用的沥青,要求有较高的软化点和较低的脆点,以避免夏季沥青材料高温变形和冬季低温开裂等现象。

4.密度

沥青密度是在规定温度条件下单位体积的质量,单位为g/cm^3。

《公路工程沥青及沥青混合料试验规程》(JTG E20—2011)规定:测定沥青密度的标准温度为25℃。也可用相对密度表示,相对密度是指15℃温度下,沥青密度与水密度之比。沥青的密度与其化学组成有密切的关系,通过沥青的密度测定,可以概略地了解沥青的化学组成。通常黏稠沥青的密度波动在$0.96 \sim 1.04 g/cm^3$范围。

5.安全性

沥青材料在使用时必须加热,当加热至一定温度时,沥青材料中挥发的油分蒸气与周围空气组成混合气体,此混合气体遇火焰则发生闪火。若继续加热,油分蒸气的饱和度增加,由于此种蒸气与空气组成的混合气体遇火焰极易燃烧,易引起火灾或导致沥青烧坏的损失,为此必须测定沥青的闪点和燃点。

闪点(闪火点)是指加热沥青挥发出可燃气体与空气组成混合气体在规定条件下与火接触,产生闪火时的沥青温度(℃)。燃点(着火点)是指沥青加热产生的混合气体与火接触能持续燃烧5s以上时的沥青温度。

6.溶解度

沥青的溶解度是指石油沥青在三氯乙烯中溶解的百分率(即有效物质含量)。那些不溶解的物质为有害物质(如沥青碳、似碳物等),会降低沥青的性能,应加以限制。

7.含水率

沥青中含有水分,施工中若挥发太慢,会影响施工速度,所以通常要求沥青中含水率不宜过多。在加热过程中,如水分过多,易产生"溢锅"现象,引起火灾,使材料受到损失。所以在熔化沥青时应加快搅拌速度,促进水分蒸发,控制加热温度。

8.其他性能指标

(1)劲度模量。

劲度模量是表示沥青的黏性和弹性联合效应的指标。大多数沥青在变形时呈现黏—弹性。当低温(高黏度)瞬时荷载作用下,以弹性形变为主;反之,高温(低黏度)长时间荷载作用下则以黏性形变为主。

(2)黏附性。

黏附性是路用沥青重要性能之一。它是指沥青材料与集料之间的黏结能力。其直接影响沥青路面的使用质量和耐久性。沥青的黏附性不仅与沥青的性质有关,而且也与集料性质有关。当采用一种固定的沥青时,不同矿物成分的岩石的剥落度也有所不同。从碱性、中性直至酸性岩石,随着SiO_2含量的增加,剥落度也随之增加。为保证沥青混合料的强度,在选择岩石时应优先考虑利用碱性岩石,当地缺乏碱性岩石必须采用酸性岩石时,可掺加各种抗剥剂以提高沥青与岩石的黏附性。对沥青与岩石的黏附性的试验方法,我国规范《公路工程沥青及沥青混合料试验规程》(JTG E20—2011)规定采用水煮法和水浸法。

(3)老化。

沥青在自然因素(如热、氧化、光和水等)的作用下,产生"不可逆"的化学变化,导致路用性能劣化,通常称之为"老化"。

沥青老化后,在物理力学性质方面,表现为针入度减小,延度降低,软化点升高,绝对黏度提高,脆点降低等。

测定道路石油沥青薄膜加热试验(JTG E20—2011 中 T 0609)后的质量损失,并根据需要,测定薄膜烘箱加热后的残留针入度、黏度、软化点、脆点及延度等的性质,以评定沥青的耐老化性能。

四、石油沥青技术标准

1. 道路石油沥青的技术标准

(1)道路石油沥青分级。道路石油沥青分为 A 级、B 级、C 级三个等级,适用范围应符合表3-16的规定。

道路石油沥青适用范围　　　　表3-16

强度等级	适 用 范 围
A级沥青	各个等级的公路,适用于任何场合和层次
B级沥青	(1)高速公路、一级公路沥青下面层及以下的层次,二级及二级以下公路的各个层次; (2)用作改性沥青、乳化沥青、改性乳化沥青、稀释沥青的基质沥青
C级沥青	三级及三级以下公路的各个层次

(2)道路石油沥青标号。道路石油沥青的三大技术指标是针入度、延度、软化点。沥青的牌号是根据针入度划分的,延度与软化点也是沥青划分牌号的主要指标,同时对沥青的闪点、含蜡量、薄膜加热试验等技术指标也提出相应的要求。道路石油沥青的技术标准见表3-17。

2. 道路用液体石油沥青的技术标准

道路用液体石油沥青适用于透层、黏层及拌制冷拌沥青混合料。按其凝结速度,分为快凝、中凝、慢凝三个等级。除黏度外,对蒸馏的馏分及残留物性质,闪点和含水率等也提出相应的要求。技术标准见表3-18。

道路石油沥青技术要求

表 3-17

指标	单位	等级	160号④	130号④	110号	90号	70号③	50号	30号④	试验方法①
针入度(25℃,5s,100g)	0.1mm		140~200	120~140	100~120	80~100	60~80	40~60	20~40	T0604
适用的气候分区⑥			注④	注④	2-1	1-2 1-3 2-2 2-3	1-3 1-4 2-2 2-3 2-4	1-4	注④	附录A⑤
针入度指数PI		A	\-1.5~+1.0							T0604
		B	\-1.8~+1.0							
软化点(R&B), 不小于	℃	A	38	40	43	45	46	49	55	T0606
		B	36	39	42	43	44	46	53	
		C	35	37	41	42	43	45	50	
60℃动力黏度②, 不小于	Pa·s	A		60	120	140 160	160 180	200	260	T0620
10℃延度②, 不小于	cm	A	50	50	40	20 30	20 25	15	10	T0605
		B	30	30	30	15 20	10 15	10	8	
15℃延度②, 不小于	cm	A、B	80	80	60	50	40	80	50	
		C						30	20	
蜡含量(蒸馏法), 不大于	%	A	2.2							T0615
		B	3.0							
		C	4.5							

续上表

指 标	单位	等级	沥 青 标 号							试验方法①
			160号④	130号④	110号	90号	70号③	50号	30号④	
闪点,不小于	℃		230			245		260		T0611
溶解度,不小于	%		99.5							T0607
密度(15℃)	g/cm³		实测记录							T0603
质量变化,不大于	%		±0.8							T0610 或 T0609
残留针入度比,不小于	%	A	48	54	55	57	61	63	65	T0609
		B	45	50	52	54	58	60	62	
		C	40	45	48	50	54	58	60	
残留延度(10℃),不小于	cm	A	12	12	10	8	6	4	—	T0604
		B	10	10	8	6	4	2	—	
残留延度(15℃),不小于	cm	C	40	35	30	20	15	10	—	T0605

TFOT(或 RTFOT)后⑤

注:①试验方法按照现行试验规程《公路工程沥青及沥青混合料试验规程》(JTG E20—2011)规定的方法执行。用于仲裁试验求取 PI 时的5个温度的针入度关系的相关系数不得小于0.997;
②经建设单位同意,表中 PI 值、60℃动力黏度、10℃延度可作为选择性的指标,也可不作为施工质量检验指标;
③70号沥青可根据需要要求供应商提供针入度范围为60～70或70～80的沥青,50号沥青可要求提供针入度范围为40～50或50～60的沥青;
④30号沥青仅适用于沥青稳定基层。130号和160号沥青除严寒冷地区可直接在中低级公路上直接应用外,通常用作乳化剂、稀释沥青、改性沥青的基质沥青;
⑤老化试验以 TFOT 为准,也可以 RTFOT 代替;
⑥公路气候分区见《公路沥青路面施工技术规范》(JTG F40—2004)附表 A。

表 3-18 道路用液体石油沥青技术要求

试验项目		单位	快凝		中凝						慢凝					试验方法
			AL(R)-1	AL(R)-2	AL(M)-1	AL(M)-2	AL(M)-3	AL(M)-4	AL(M)-5	AL(M)-6	AL(S)-1	AL(S)-2	AL(S)-3	AL(S)-4	AL(S)-5	AL(S)-6	
黏度	$C_{25,5}$	S	<20		<20						<20						
	$C_{60,5}$	S		5~15		5~15	16~25	26~40	41~100	101~200		5~15	16~25	26~40	41~100	101~200	T 0621
蒸馏体积	225℃前	%	>20	>15	<10	<7	<3	<2	0	0							
	315℃前	%	>35	>30	<35	<25	<17	<17	<8	<5							T 0632
	360℃前	%	>45	>35	<50	<35	<30	<25	<20	<15							
蒸馏后残留物	针入度(25℃)	0.1mm	60~200	60~200	100~300	100~300	100~300	100~300	100~300	100~300	<40	<35	<25	<20	<15	<5	T 0604
	延度(25℃)	cm	>60	>60	>60	>60	>60	>60	>60	>60							T 0605
	浮漂度(50℃)	s									<20	<20	<30	<40	<45	<50	T 0631
闪点(TOC法)		℃	>30	>30	>65	>65	>65	>65	>65	>65	>70	>70	>100	>100	>120	>120	T 0633
含水率,不大于		%	0.2	0.2	0.2	0.2	0.2	0.2	0.2	0.2	2.0	2.0	2.0	2.0	2.0	2.0	T 0612

沥青延度试验(T 0605—2011)

1. 目的与适用范围

(1)本方法适用于测定道路石油沥青、聚合物改性沥青、液体石油沥青蒸馏残留物和乳化沥青蒸发残留物等材料的延度。

(2)沥青延度的试验温度与拉伸速率可根据要求采用,通常采用的试验温度为25℃、15℃、10℃或5℃,拉伸速度为5±0.25cm/min。当低温采用1±0.5cm/min拉伸速度时,应在报告中注明。

2. 仪具与材料技术要求

(1)延度仪。延度仪的测量长度不宜大于150cm,仪器应有自动控温、控速系统。应满足试件浸没于水中,能保持规定的试验温度及规定的拉伸速度拉伸试件,且试验时应无明显振动。

(2)试模。黄铜制,由两个端模和两个侧模组成,试模内侧表面粗糙度$R_a 0.2\mu m$。

(3)试模底板。玻璃板或磨光的铜板、不锈钢板(表面粗糙度$R_a 0.2\mu m$)。

(4)恒温水槽。容量不少于10L,控制温度的准确度为0.1℃。水槽中应设有带孔搁架,搁架距水槽底不得少于50mm。试件浸入水中深度不小于100mm。

(5)温度计。量程0~50℃,分度值0.1℃。

(6)砂浴或其他加热炉具。

(7)甘油滑石粉隔离剂,甘油与滑石粉的质量比为2∶1。

(8)其他。如平刮刀、石棉网、酒精、食盐等。

3. 技术要求与注意事项

(1)技术要求。

根据道路石油沥青实测延度值,参照表3-17中有关道路石油沥青延度指标要求,评价此沥青是否符合70号沥青的技术标准要求。

(2)注意事项。

①延度仪的测定长度规定不宜大于150cm,其理由是延度仪大于100cm这个长度对我国所用的道路石油沥青已经足够了,而有的单位要求做到200cm的延度仪是毫无意义的。因为延度试验时是以5cm/min的速度在拉伸,拉到150cm就需要30min,而这个时候的沥青已经成发丝那么细了,如果继续拉一方面很难看见,另一方面温度也随着时间的延长而在变化,导致得出的延度值偏高。

②在试验方法的准备工作中,试件在室温中冷却不少于1.5h,然后再刮平。根据旧规范要求,当从水槽中取出来的试件上面有水时,再用很热的刮刀去刮平,会发生沥青乱溅现象。另外如果试验温度较高,拿出来不小心时容易变形。

4. 方法与步骤

(1)准备工作。

①将隔离剂拌和均匀,涂于清洁干燥的试模底板和两个侧模的内侧表面,并将试模在

试模底板上装妥。

②按本规程 T 0602 规定的方法准备试样,然后将试样仔细自试模的一端至另一端往返数次缓缓注入模中,最后略高出试模。灌模时不得使气泡混入。

③试件在室温中冷却不少于 1.5h,然后用热刮刀刮除高出试模的沥青,使沥青面与试模面齐平。沥青的刮法应自试模的中间刮向两端,且表面应刮得平滑。将试模连同底板再放入规定试验温度的水槽中保温 1.5h。

④检查延度仪延伸速度是否符合规定要求,然后移动滑板使其指针正对标尺的零点。将延度仪注水,并保温达到试验温度 ±0.1℃。

(2)试验步骤。

①将保温后的试件连同底板移入延度仪的水槽中,然后将盛有试样的试模自玻璃板或不锈钢板上取下,将试模两端的孔分别套在滑板及槽端固定板的金属柱上,并取下侧模。水面距试件表面应不小于 25mm。

②开动延度仪,并注意观察试样的延伸情况。此时应注意,在试验过程中,水温应始终保持在试验温度规定范围内,且仪器不得有振动,水面不得有晃动,当水槽采用循环水时,应暂时中断循环,停止水流。在试验中,当发现沥青细丝浮于水面或沉入槽底时,应在水中加入酒精或食盐,调整水的密度至与试样相近后,重新试验。

③试件拉断时,读取指针所指标尺上的读数,以 cm 计。在正常情况下,试件延伸时应成锥尖状,拉断时实际断面接近于零。如不能得到这种结果,则应在报告中注明。

5.试验报告

同一样品,每次平行试验不少于 3 个。如 3 个测定结果均大于 100cm,试验结果记作">100cm";特殊需要也可分别记录实测值。3 个测定结果中,当有一个以上的测定值小于 100cm 时,若最大值或最小值与平均值之差满足重复性试验要求,则取 3 个测定结果的平均值的整数作为延度试验结果,若平均值大于 100cm,记作">100cm";若最大值或最小值与平均值之差不符合重复性试验要求时,试验应重新进行。

6.允许误差

当试验结果小于 100cm 时,重复性试验的允许误差为平均值的 20%,再现性试验的允许误差平均值的 30%。

7.结果判定(表 3-19)

沥青延度试验记录   表 3-19

样品编号		GLJS20161007		沥青种类(或品牌)及标号		70 号 A 级石油沥青
试样描述:桶装、黑色						
试验温度(℃)	延伸速度(cm/min)	延　度（cm）				说　明
		单　值			平均值	
		①	②	③		
15	5	>100	>100	>100	>100	该沥青延度大于 100cm,合格
备　注	1.试验按照_____进行;2.主要仪器设备及编号:_____					
试验:		校核:		试验日期:	年　月　日	

 思考与练习

一、填空题

1. ＿＿＿＿、＿＿＿＿、＿＿＿＿是黏稠石油沥青的三大技术指标,黏稠石油沥青的牌号是根据针入度划分的。

2. 对沥青与岩石的黏附性的试验方法,我国规范《公路工程沥青及沥青混合料试验规程》(JTG E20—2011)规定采用＿＿＿＿和＿＿＿＿。

3. 道路石油沥青分为＿＿＿＿三个等级,A级适用于各个等级的公路,适用于＿＿＿＿。

4. ＿＿＿＿是测定道路石油沥青黏滞性的常用技术指标。

5. 软化点是沥青试样在规定＿＿＿＿条件下,在规定质量作用下,试样产生规定变形时的＿＿＿＿,以＿＿＿＿表示。

二、简答题

某工地试验室对其道路工程选用的沥青进行性能检测,其实测结果和实际值列于下表。

指　　标	实　测　结　果	真　实　值
针入度(0.1mm)	78	85
软化点(℃)	50	45
延度(cm)	3个平行结果分别为90、105、103	>100

综合表中数据,回答下列有关沥青性能的问题。(1)、(2)题为多选题,有两个或两个以上答案;(3)题为单选题,只有一个正确答案。

(1) 根据针入度检测结果,描述正确的选项是(　　)。

　　A. 该沥青属于90号沥青

　　B. 实测结果与真实结果相差的原因在于检测时温度偏低或检测时间偏长造成

　　C. 如以实测结果确定的标号作为沥青选择的依据,配制沥青混合料有可能引起高温稳定性不良的问题

　　D. 按照实测结果所表示的沥青黏稠度要小于实际沥青的黏稠度

(2) 根据软化点检测结果,描述正确的选项是(　　)。

　　A. 造成软化点结果与实测值的偏差在于试验过程中升温速度偏高所致

　　B. 软化点不仅表示沥青在加热时的稳定性,还与沥青的黏稠性有关

　　C. 如果软化点超出100℃,则试验时杯中应采用甘油进行加热,同时起点温度从32℃开始

　　D. 软化点高,将有利于沥青混合料的高温稳定性

(3) 根据延度检测结果,延度结果应表示为(　　)。

　　A. 99cm　　　　　　　　　　　　B. 104cm

　　C. >100cm　　　　　　　　　　　D. 均有可能

任务三 沥青混合料技术性能检测

 学习目标

1. 能描述沥青混合料的技术性质与技术标准；
2. 能依据现行试验规程完成沥青混合料试件的制作；
3. 能依据现行试验规程完成沥青混合料马歇尔试验各项指标检测；
4. 能依据现行试验规程完成试验结果的计算与分析。

 建议学时

6学时。

 任务描述

××高速公路延伸线，主线路面设计采用沥青混凝土路面，现要求进行上面层4cmAC-13C细粒式沥青混凝土配合比设计。通过本模块学习，已经明确沥青混合料对原材料质量技术要求，并已满足要求，能用于配合比设计。本次学习任务是查阅《公路沥青路面施工技术规范》(JTG F40—2004)，选定沥青混合料马歇尔试验技术标准。参照《公路工程沥青及沥青混合料试验规程》(JTG E20—2011)对沥青混合料试验指标进行检测。最后，根据试验结果判定试验指标是否满足要求。

 理论知识

沥青混合料的使用性能，主要包括高温稳定性、低温抗裂性、抗滑性、耐久性与施工和易性等。我国现行行业标准采用马歇尔稳定度试验（包括稳定度、流值、马歇尔模数）来评价沥青混合料高温稳定性；沥青混凝土混合料的密度、空隙率、饱和度、油石比或沥青用量，对沥青混合料的抗滑性、耐久性与和易性都有一定的影响。

一、沥青混合料的技术性质

1. 物理特征常数

（1）密度和相对密度。

密度是指压实沥青混合料在常温条件下单位体积的干燥质量，以 g/cm^3 表示；相对密度是指同温度条件下压实沥青混合料试件密度与水的密度的比值，为无量纲量。

在计算沥青混合料的空隙率时，要用到沥青混合料的理论最大密度，它是指假设压实沥青混合料试件全部为矿料（包括矿料自身内部的空隙）及沥青所占有，空隙率为零的理想状态下的最大密度，以 g/cm^3 表示。

沥青混合料的密度可以通过各种试验方法来测定,如表干法(T 0705—2011)、水中重法(T 0706—2011)、蜡封法(T 0707—2011)和体积法(T 0708—2011)。4 种密度测定方法的简单比较见表3-20。沥青混合料的理论最大密度有两种测定方法:真空法(T 0711—2011)和溶剂法。

试验规程中 4 种密度测定方法的简单比较　　　表3-20

方　　法	计算用试件质量	计 算 用 试 件 体 积
水中重法	试件的空气中质量	混合料体积 + 试件内部的闭口孔隙(开口孔隙几乎可忽略)
表干法	试件的空气中质量	混合料体积 + 试件内部的闭口孔隙 + 连通表面的开口孔隙
蜡封法	试件的空气中质量	混合料体积 + 试件内部的闭口孔隙 + 连通表面的开口孔隙
体积法	试件的空气中质量	混合料体积 + 试件内部的闭口孔隙 + 连通表面的开口孔隙 + 表面凹陷

(2)空隙率。

沥青混合料空隙率是指混合料内矿料及沥青以外的空隙(不包括矿料自身内部已被沥青封闭的孔隙)的体积占试件总体积的百分率,以 VV 表示。

(3)矿料间隙率。

矿料间隙率是指压实沥青混合料试件内矿料部分以外的体积占试件总体积的百分率,以 VMA 表示。

(4)有效沥青饱和度。

沥青混合料的有效沥青饱和度是指压实沥青混合料试件内沥青部分的体积占矿料骨架以外的空隙部分体积的百分率,以 VFA 表示。

沥青混合料的空隙率、矿料间隙率、有效沥青饱和度的计算详见 T 0705—2011 所列。

2. 主要技术性质

(1)高温稳定性。

沥青混合料高温稳定性是指沥青混合料在夏季高温(通常为 60℃)条件下,经车辆荷载长期重复作用后,不产生车辙和波浪等病害的性能。

我国现行行业标准《公路沥青路面施工技术规范》(JTG F40—2004)规定,采用马歇尔稳定度试验(包括稳定度、流值、马歇尔模数)来评价沥青混合料的高温稳定性;对高速公路、一级公路、城市快速路、主干路用的沥青混合料,还应通过动稳定度试验检验其抗车辙能力。

①马歇尔稳定度。马歇尔稳定度的试验方法由 B. 马歇尔(Marshall)提出,迄今已有半个多世纪,经过许多研究者的改进,目前普遍测定马歇尔稳定度(MS)、流值(FL)和马歇尔模数(T)三项指标。

a. 马歇尔稳定度。即标准尺寸试件在规定温度和加荷速度下,在马歇尔稳定度仪中最大的破坏荷载(kN)。按标准方法制备的试件,在 60℃的条件下,保温 30~40min,然后将试件放置于马歇尔稳定度仪上,以 50 ± 5mm/min 的形变速度加荷,直至试件破坏时的最大荷载(以 kN 计)即为马歇尔稳定度(简称 MS)。

b. 流值。即达到最大破坏荷重时试件的垂直变形(以 mm 计)。在测定稳定度的同时,测定试件的流动变形,当达到最大荷载的瞬间,试件所产生的垂直流动变形值(以 mm 计)即为流值(简称 FL)。在有 X-Y 记录仪的马歇尔稳定度仪上,可自动绘出荷载(P)与变形(F)的关系曲线。

c.马歇尔模数。通常用马歇尔稳定度(MS)与流值(FL)之比值表示沥青混合料的视劲度,称为马歇尔模数,见下式:

$$T = \frac{MS}{FL} \tag{3-1}$$

式中:T——马歇尔模数(kN/mm);

MS——马歇尔稳定度(kN);

FL——流值(mm)。

②车辙试验。车辙试验的方法,首先由英国道路研究所(RRL)提出,后来经过许多国家道路工作者的研究改进。目前的方法是用标准成型方法,制成300mm×300mm×50mm的沥青混合料试件,在60℃的温度条件下,以一定荷载的轮子在同一轨迹上作一定时间的反复行走,形成一定的车辙深度,然后计算试件变形1mm所需试验车轮行走次数,即为动稳定度,如图3-8、图3-9所示,计算公式如下:

$$DS = \frac{(t_1 - t_2) \times N}{d_1 - d_2} \times c_1 \times c_2 \tag{3-2}$$

式中:DS——沥青混合料动稳定度(次/mm);

d_1、d_2——相对时间 t_1 和 t_2 的变形量(mm);

N——试验轮往返碾压速度,通常为42次/min;

c_1、c_2——试验机类型系数或试样系数。

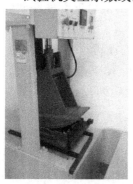
图3-8 车辙试验试件制作

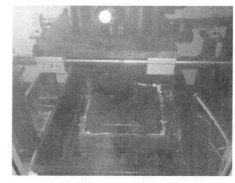
图3-9 车辙试验

③影响沥青混合料高温稳定性的因素。影响沥青混合料高温稳定性的主要因素有沥青的用量、沥青的黏度、矿料的级配、矿料的尺寸、形状等。

a.沥青混凝土的强度取决于沥青混合料的黏结力和内摩擦角。沥青用量过多,不仅降低了沥青混合料的内摩阻力,而且在夏季容易产生泛油现象,因此,严格控制沥青的用量,可以使矿料颗粒更多地以结构沥青的形式相联结,增加混合料黏聚力和内摩阻力。

b.使用温度稳定性好的沥青,是提高沥青混凝土温度稳定性和抗剪强度的最重要措施。在规定沥青标号范围内使用较稠和黏度高的沥青,可以提高沥青混凝土的抗形变能力。

c.由合理矿料级配组成的沥青混合料,可以形成骨架密实结构,这种混合料的黏聚力和内摩阻力都比较大。

d. 使用接近立方体的有尖锐棱角和粗糙表面的碎石以及增加碎石用量,可以提高沥青混凝土的抗车辙能力。

(2)低温抗裂性。

沥青混合料随着温度的降低,变形能力下降。路面由于低温收缩以及行车荷载的作用,在薄弱部位产生裂缝,影响道路的正常使用。因此,要求沥青混合料具有一定的低温抗裂性。

沥青混合料的低温裂缝是由混合料的低温脆化、低温缩裂和温度疲劳引起的。混合料的低温脆化是指其在低温条件下变形能力降低;低温缩裂通常是由于材料本身的抗拉强度不足而造成的;温度疲劳则是因温度循环而引起的疲劳破坏。因此在混合料组成设计中,应选用稠度较低、温度敏感性低、抗老化能力强的沥青。

(3)耐久性。

沥青混合料路面长期受自然因素的作用,为保证路面具有较长的使用年限,必须具备较好的耐久性。

影响沥青混合料耐久性的因素主要有以下几个方面:

①沥青的成分与含量。沥青的成分是决定沥青材料老化速度的主要原因,沥青中含有分子量小的成分老化速度就快,沥青混合料的耐久性差。沥青用量较正常的用量减少时,则沥青膜变薄,混合料的延伸能力降低,脆性增加;而且沥青用量偏少,将使混合料的空隙率增大,沥青膜暴露较多,加速了老化作用;同时增加了渗水率,加强了水对沥青的剥落作用。有研究认为,沥青用量较最佳沥青用量少0.5%的混合料能使路面使用寿命减少一半以上。

②矿料的矿物成分与级配。矿料的矿物成分决定其与沥青材料的黏结能力,矿料的酸性成分含量多,矿料与沥青材料的黏附性差,易发生剥落,影响路面的耐久性,应在矿料中增加碱性矿粉来调节矿料表面的酸性。矿料的级配是决定沥青混合料空隙率大小的主要因素,要求矿料的级配应符合规范要求。

③沥青混合料的组成结构(如残留空隙、沥青填隙率等)。沥青混合料的组成结构对耐久性影响较大。首先是沥青混合料的空隙率的影响。空隙率的大小与矿质集料的级配、沥青材料的用量以及压实程度等有关。从耐久性角度出发,希望沥青混合料空隙率尽量减小,以防止水的渗入和日光紫外线对沥青的老化作用等,但是一般沥青混合料中均应残留3%~6%的空隙,以备夏季沥青材料膨胀之需。

(4)抗滑性。

抗滑性是指车轮制动后沿路面滑移所产生的力。沥青混合料路面的抗滑性与矿质集料的微表面性质、混合料的级配组成以及沥青用量等因素有关。

我国现行行业标准《公路沥青路面施工技术规范》(JTG F40—2004)对抗滑层集料提出了磨光值指标要求。沥青用量对抗滑性的影响非常敏感,沥青用量超过最佳用量的0.5%即可使抗滑系数明显降低。

(5)施工和易性。

沥青混合料的施工和易性,是指沥青混合料在施工过程中是否容易拌和、摊铺和压实的性能。它主要取决于矿料的级配、沥青的品种及用量,以及施工环境条件等。

单纯从混合料材料性质的角度看,影响沥青混合料施工和易性的首先是混合料的级配情况。如粗细集料的颗粒大小相差过大,缺乏中间尺寸,混合料容易分层层积(粗粒集中在表面,细粒集中在底部);如细集料太少,沥青层就不容易均匀地分布在粗颗粒表面;细集料过多,则使拌和困难。此外,当沥青用量过少或矿粉用量过多时,混合料容易产生疏松,不易压实。反之,如沥青容量过多或矿粉质量不好,则容易使混合料黏结成团块,不易摊铺。

二、沥青混合料的技术标准

我国现行行业标准《公路沥青路面施工技术规范》(JTG F40—2004)对密级配沥青混凝土混合料马歇尔试验技术标准规定见表3-21。该标准分为3个等级,对马歇尔试验指标(包括稳定度、流值、空隙率、矿料间隙率、沥青饱和度等)提出不同要求。

密级配沥青混合料马歇尔试验技术标准 表3-21
(本表适用于公称最大粒径≤26.5mm的密级配沥青混合料)

试验指标		单位	高速公路、一级公路				其他等级公路	行人道路
			夏炎热(1-1、1-2、1-3、1-4区)		夏热区及夏凉区(2-1、2-2、2-3、2-4、3-2区)			
			中轻交通	重载交通	中轻交通	重载交通		
击实次数(双面)			75				50	50
试件尺寸		mm	$\phi 101.6 \times 63.5$					
空隙率 VV(%)	深约90mm 以内	%	3~5	4~6	2~4	3~5	3~6	2~4
	深约90mm 以下		3~6		2~4	3~6	3~6	—
稳定度 MS		kN	≥8				≥5	≥3
流值 FL		mm	2~4	1.5~4	2~4.5	2~4	2~4.5	2~5
矿料间隙率 VMA(%)	设计空隙率(%)	相应于以下公称最大粒径(mm)的最小VMA及VFA技术要求(%)						
		26.5	19	16	13.2	9.5	4.75	
	2	≥10	≥11	≥11.5	≥12	≥13	≥15	
	3	≥11	≥12	≥12.5	≥13	≥14	≥16	
	4	≥12	≥13	≥13.5	≥14	≥15	≥17	
	5	≥13	≥14	≥14.5	≥15	≥16	≥18	
	6	≥14	≥15	≥15.5	≥16	≥17	≥19	
沥青饱和度 VFA(%)			55~70		65~75		70~85	

注:①对空隙率大于5%的夏炎热区重载交通路段,施工时应至少提高压实度1个百分点;
②当设计的空隙率不是整数时,由内插确定要求的VMA最小值;
③对改性沥青混合料,马歇尔试验的流值可适当放宽。

任务实施

沥青混合料马歇尔稳定度试验(T 0709—2011)

1. 目的与适用范围

(1)本方法适用于马歇尔稳定度试验和浸水马歇尔稳定度试验,以进行沥青混合料的配合比设计或沥青路面施工质量检验。浸水马歇尔稳定度试验（根据需要，也可进行真空饱水马歇尔试验）供检验沥青混合料受水损害时抵抗剥落的能力时使用，通过测试其水稳定性检验配合比设计的可行性。

（2）本方法适用于按《公路工程沥青及沥青混合料试验规程》（JTG E20—2011）中 T 0702 成型的标准马歇尔试件圆柱体和大型马歇尔试件圆柱体。

2. 主要仪具与材料技术要求

沥青混合料马歇尔试验仪分为自动式和手动式。自动马歇尔试验仪应具备控制装置、记录荷载—位移曲线、自动测定荷载与试件的垂直变形、自动显示和存储或打印试验结果等功能。手动式由人工操作，试验数据通过操作者目测后读取数据。

高速公路和一级公路的沥青混合料宜采用自动马歇尔试验仪，如图3-10 所示。

（1）当集料公称最大粒径小于或等于 26.5mm 时，宜采用 $\phi101.66mm \times 63.5mm$ 的标准马歇尔试件，试验仪最大荷载不得小于 251kN，读数准确至 0.1kN，加载速率应能保持在 $50 \pm 5mm/min$。钢球直径 $16 \pm 0.05mm$，上下压头曲率半径为 $50.8 \pm 0.08mm$。

（2）当集料公称最大粒径大于 26.5mm 时，宜采用 $\phi152.4mm \times 95.3mm$ 大型马歇尔

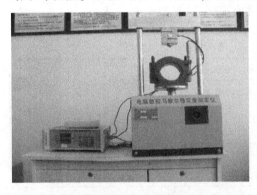

图3-10　自动马歇尔试验仪

试件，试验仪最大荷载不得小于 50kN，读数准确至 0.1kN。上下压头的曲率内径为 $\phi152.4 \pm 0.2mm$，上下压头间距 $19.05 \pm 0.1mm$。

3. 技术要求与注意事项

（1）技术要求。

根据现行《公路沥青路面施工技术规范》（JTG F40—2004），密级配沥青混合料马歇尔试验技术标准稳定度和流值如表3-21 所示，其中高速公路和一级公路的稳定度不小于 8kN。

（2）注意事项。

①马歇尔试验因使用目的不同在某些细节上规定有所不同，马歇尔试验变异性与试件的成型高度关系很大，尤其是对空隙率的影响可能较大，所以制件时严格控制试件高度，高度不符合要求者一定要剔除。

②对于集料粒径大于 26.5mm 的沥青混合料，需要采用大型马歇尔试模成型试件。

③用于（JTG E20—2011）中 T 0709 现场马歇尔指标检验的试件，在施工质量检验过程中如急需试验，允许采用电风扇吹冷 1h 或浸水冷却 3min 以上的方法脱模，但这种做法对配合比设计是不允许的。

④在工程上有时会出现马歇尔试验的荷载—变形曲线的顶部很平坦的现象，即荷载增加很小，变形却持续不断增大，改性沥青和 SMA 混合料也经常出现这种情况，致使对应于最大荷载（稳定度）处的变形（流值）很大。在这种情况下，可以最大荷载的 98% 对应的变形值作为流值，但应该在试验报告中如实说明。

4.标准马歇尔试验方法

(1)准备工作。

①按规程(JTG E20—2011)中 T 0702 标准击实法成型马歇尔试件,标准马歇尔试件尺寸应符合直径 φ101.6±0.2mm、高63.5±1.3mm 的要求。对大型马歇尔试件,尺寸应符合直径 φ152.4±0.2mm、高95.3±2.5mm 的要求。一组试件的数量不得少于4个,并符合(JTG E20—2011)中 T 0702 的规定。

②用卡尺测量试件中部的直径,用马歇尔试件高度测定器或用卡尺在十字对称的4个方向量测离试件边缘10mm 处的高度,准确至0.1mm,并以其平均值作为试件的高度。如试件高度不符合63.5±1.3mm 或95.3±2.5mm 要求,或两侧高度差大于2mm,此试件应作废。

③按(JTG E20—2011)规定的方法测定试件的密度,并计算空隙率、沥青体积百分率、沥青饱和度、矿料间隙率等体积指标。

④将恒温水槽调节至要求的试验温度,对黏稠石油沥青或烘箱养生过的乳化沥青混合料为60±1℃,对空气养生的乳化沥青或液体沥青混合料为25±1℃。

(2)试验步骤。

①将试件置于规定温度的恒温水槽中保温,保温时间对标准马歇尔试件需30~40min,对大型马歇尔试件需45~60min,试件之间应有间隔,底下应垫起,距水槽底部不小于5cm。

②将马歇尔试验仪的上下压头放入水槽或烘箱中达到同样温度。将上下压头从水槽或烘箱中取出擦拭干净内面。为使上下压头滑动自如,可在下压头的导棒上涂少量黄油。再将试件取出置于下压头上,盖上上压头,然后装在加载设备上。

③在上压头的球座上放妥钢球,并对准荷载测定装置的压头。

④当采用自动马歇尔试验仪时,将自动马歇尔试验仪的压力传感器、位移传感器与计算机或 X-Y 记录仪正确连接,调整好适宜的放大比例,压力和位移传感器调零。

⑤当采用压力环和流值计时,将流值计安装在导棒上,使导向套管轻轻地压住上压头,同时将流值计读数调零。调整压力环中百分表,对零。

⑥启动加载设备,使试件承受荷载,加载速度为50±5mm/min。计算机或 X-Y 记录仪自动记录传感器压力和试件变形曲线,并将数据自动存入计算机。

⑦当试验荷载达到最大值的瞬间,取下流值计,同时读取压力环中百分表读数及流值计的流值读数。

⑧从恒温水槽中取出试件至测出最大荷载值的时间,不得超过30s。

5.浸水马歇尔试验方法

浸水马歇尔试验方法与标准马歇尔试验方法的不同之处在于,试件在已达规定温度恒温水槽中的保温时间为48h,其余步骤均与标准马歇尔试验方法相同。

6.真空饱水马歇尔试验方法

试件先放入真空干燥器中,关闭进水胶管,开动真空泵,使干燥器的真空度达到97.3kPa(730mmHg)以上,维持15min。然后打开进水胶管,靠负压进入冷水流使试件全部浸入水中,浸水15min 后恢复常压,取出试件再放入已达规定温度的恒温水槽中保温

48h。其余均与标准马歇尔试验方法相同。

7.计算

(1)试件的稳定度及流值。

①当采用自动马歇尔试验仪时,将计算机采集的数据绘制成压力—变形曲线,或由 X-Y 记录仪自动记录的荷载—变形曲线,在切线方向延长曲线与横坐标相交于 O_1,将 O_1 作为修正原点,从 O_1 起量取相应于荷载最大值时变形作为流值(FL),以 mm 计,准确至 0.1mm。最大荷载即为稳定度(MS),以 kN 计,准确至 0.01kN。

②采用压力环和流值计测定时,根据压力环标定曲线,将压力环中百分表的读数换算为荷载值,或者由荷载测定装置读取的最大值即为试样的稳定度(MS),以 kN 计,准确至 0.01kN。由流值计及位移传感器测定装置读取的试件垂直变形,即为试件的流值(FL),以 mm 计,准确至 0.1mm。

(2)试件的马歇尔模数按下式计算:

$$T = \frac{MS}{FL} \qquad (3-3)$$

式中:T——试件的马歇尔模数(kN/mm);

MS——试件的稳定度(kN);

FL——试件的流值(mm)。

(3)试件的浸水残留稳定度按下式计算:

$$T = \frac{MS_1}{MS_0} \qquad (3-4)$$

式中:MS_0——试件的浸水残留稳定度(%);

MS_1——试件浸水48h后的稳定度(kN)。

(4)试件的真空饱水残留稳定度按下式计算:

$$T = \frac{MS_2}{MS_0'} \qquad (3-5)$$

式中:MS_0'——试件的真空饱水残留稳定度(%);

MS_2——试件真空饱水后浸水48h后的稳定度(kN)。

8.报告

(1)当一组测定值中某个测定值与平均值之差大于标准差的 k 倍时,该测定值应予舍弃,并以其余测定值的平均值作为试验结果。当试件数目 n 为 3、4、5、6 个时,k 值分别为 1.15、1.46、1.67、1.82。

(2)报告中需列出马歇尔稳定度、流值、马歇尔模数,以及试件尺寸、密度、空隙率、沥青用量、沥青体积百分率、沥青饱和度、矿料间隙率等各项物理指标。当采用自动马歇尔试验时,试验结果应附上荷载—变形曲线原件或自动打印结果。

思考与练习

一、填空题

1. 我国现行行业标准《公路沥青路面施工技术规范》(JTG F40—2004)对密级配沥青混合料马歇尔试验指标_____、_____、_____、_____、_____等提出不同要求。

2. 沥青混合料的有效沥青饱和度是指压实沥青混合料试件内_____的体积占矿料骨架以外的_____体积的百分率,以_____表示。

3. 从耐久性角度看,沥青混合料空隙率尽量减小,以防止水的渗入和日光紫外线对沥青的老化作用等,但沥青混合料中均应残留_____空隙,以备夏季沥青材料膨胀。

二、综合题

在沥青混合料各项指标中,对其性能影响最大的是哪一个指标?为什么?

任务四 热拌沥青混合料组成设计

学习目标

1. 能完成矿质混合料的组成设计;
2. 能确定沥青混合料的最佳沥青用量并检验各项指标;
3. 能完成沥青混合料目标配合比设计。

建议学时

8学时。

任务描述

××高速公路延伸线,主线路面设计采用沥青混凝土路面,现要求进行上面层4cmAC-13C细粒式沥青混凝土配合比设计。通过本模块学习,已经明确沥青混合料对原材料质量技术要求,工地试验室试验员委托试验检测中心在参照现行试验规程《公路工程沥青及沥青混合料试验规程》(JTG E20—2011)完成沥青混合料中沥青(70号A级沥青)、碎石、矿粉等各性能指标检测并在检测合格的基础上,完成高速公路上面层AC-13C沥青混合料的配合比设计。

理论知识

一、沥青混合料目标配合比设计流程

我国现行行业标准《公路沥青路面施工技术规范》(JTG F40—2004)目标配合比设计按图3-11所示的步骤进行。

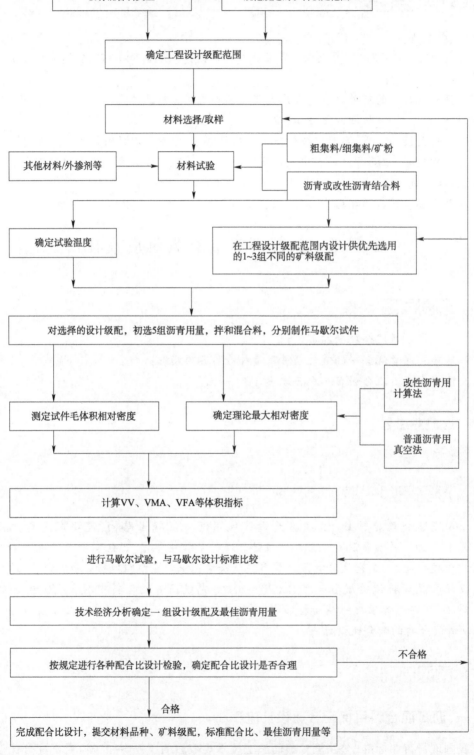

图 3-11 密级配沥青混合料目标配合比设计流程图

二、沥青混合料的配合比设计

1. 矿质混合料的组成设计

矿质混合料级配组成设计按下列步骤进行：

（1）确定沥青混合料类型、矿质混合料的级配范围。沥青路面工程的混合料设计级配范围由工程设计文件或招标文件规定，密级配沥青混合料宜根据公路等级、气候及交通条件按表 3-1 选择采用粗型（C 型）或细型（F 型）混合料，并在表 3-22 范围内确定工程设计级配范围，根据公路等级、工程性质、气候条件、交通条件、材料品种，通过对条件大体相当的工程的使用情况进行调查研究后调整确定，必要时允许超出规范级配范围。密级配沥青稳定碎石混合料可直接以表 3-22 规定的级配范围作为工程设计级配范围使用。经确定的工程设计级配范围是配合比设计的依据，不得随意变更。

密级配沥青混合料矿料级配范围　　表 3-22

级配类型		通过下列筛孔(mm)的质量百分率(%)											
		31.5	26.5	19	16	13.2	9.5	4.75	2.36	1.18	0.6	0.3	0.15	0.075
粗粒式	AC-25	100	90~100	75~90	65~83	57~76	45~65	24~52	16~42	12~33	8~24	5~17	4~13	3~7
中粒式	AC-20		100	90~100	78~92	62~80	50~72	26~56	16~44	12~33	8~24	5~17	4~13	3~7
	AC-16			100	90~100	76~92	60~80	34~62	20~48	13~36	9~26	7~18	5~14	4~8
细粒式	AC-13				100	90~100	68~85	38~68	24~50	15~38	10~28	7~20	5~15	4~8
	AC-10					100	90~100	45~75	30~58	20~44	13~32	9~23	6~16	4~8
砂粒式	AC-5						100	90~100	55~75	35~55	20~40	12~28	7~18	5~10

（2）调整工程设计级配范围，并遵循下列原则：

①对夏季温度高、高温持续时间长，重载交通多的路段，宜选用粗型密级配沥青混合料（AC-C 型），并取较高的设计空隙率。对冬季温度低且低温持续时间长的地区，或者重载交通较少的路段，宜选用细型密级配沥青混合料，并取较低的设计空隙率。称最大粒径附近的粗集料用量，减少 0.6mm 以下部分细料的用量，使中等粒径集料较多，形成 S 形级配曲线，并取中等或偏高水平的设计空隙率。

②确定各层的工程设计级配范围时应考虑不同层位的功能需要，经组合设计的沥青路面应能满足耐久、稳定、泌水、抗滑等要求。

③根据公路等级和施工设备的控制水平，确定的工程设计级配范围应比规范级配范围窄，其中 4.75mm 和 2.36mm 通过率的上下限差值宜小于 12%。

④沥青混合料配合比设计考虑施工性能，使沥青混合料易摊铺和压实，避免严重的离析。

（3）矿质混合料配合比例计算（略）。

2. 确定最佳沥青用量

沥青混合料的最佳沥青用量（简称 OAC），可以通过马歇尔试验方法确定。我国行业标准《公路沥青路面施工技术规范》（JTG F40—2004）对密级配沥青混合料马歇尔试验技术标准规定见表 3-23。该标准分三个等级，对马歇尔试验指标（包括稳定度、流值、空隙率、矿料间隙率、沥青饱和度等）提出不同要求。

密级配沥青混合料马歇尔试验技术标准　　　　　表 3-23

（本表适用于公称最大粒径≤26.5mm 的密级配沥青混合料）

试验指标		单位	高速公路、一级公路				其他等级公路	行人道路
			夏炎热区(1-1、1-2、1-3、1-4区)		夏热区及夏凉区(2-1、2-2、2-3、2-4、3-2区)			
			中轻交通	重载交通	中轻交通	重载交通		
击实次数（双面）		次	75				50	50
试件尺寸		mm	$\phi 101.6 \times 63.5$					
空隙率 VV	深约 90mm 以内	%	3~5	4~6	2~4	3~5	3~6	2~4
	深约 90mm 以下	%	3~6		2~4	3~6	3~6	
稳定度 MS		kN	≥8				≥5	≥3
流值 FL		mm	2~4	1.5~4	2~4.5	2~4	2~4.5	2~5
矿料间隙率 VMA (%)	设计空隙率 (%)	相应于以下公称最大粒径(mm)的最小 VMA 及 VFA 技术要求(%)						
		26.5	19	16	13.2	9.5	4.75	
	2	≥10	≥11	≥11.5	≥12	≥13	≥15	
	3	≥11	≥12	≥12.5	≥13	≥14	≥16	
	4	≥12	≥13	≥13.5	≥14	≥15	≥17	
	5	≥13	≥14	≥14.5	≥15	≥16	≥18	
	6	≥14	≥15	≥15.5	≥16	≥17	≥19	
沥青饱和度 VFA(%)			55~70		65~75		70~85	

注：①对空隙率大于5%的夏炎热区重载交通路段，施工时应至少提高压实度1个百分点；

②当设计的空隙率不是整数时，由内插确定要求的 VMA 最小值；

③对改性沥青混合料，马歇尔试验的流值可适当放宽。

确定沥青最佳用量 OAC 步骤如下：

(1) 成型试件。预估油石比为中值，按一定间隔（对于密级配沥青混合料通常为 0.5%），取 5 个或 5 个以上不同油石比分别成型马歇尔试件，做马歇尔试验，并测定其物理指标。

(2) 绘制沥青用量与物理力学指标关系图。以油石比或沥青用量为横坐标，以表观密度、空隙率、饱和度、稳定度和流值为纵坐标，分别将试验结果点连成圆滑的曲线，并使密度及稳定度曲线出现峰值。

(3) 确定最佳沥青用量初始值 OAC_1。

①在曲线图上求取相应于密度最大值、稳定度最大值、目标空隙率（或中值）、沥青饱和度范围中值的沥青用量 a_1、a_2、a_3、a_4，按式(3-6)求取四者的平均值作为最佳沥青用量的初始值 OAC_1。

$$OAC_1 = (a_1 + a_2 + a_3 + a_4) \div 4 \tag{3-6}$$

②如果在所选择的沥青用量范围未能涵盖沥青饱和度的要求范围，则按式(3-7)求取三者的平均值作为 OAC_1，即

$$OAC_1 = (a_1 + a_2 + a_3) \div 3 \tag{3-7}$$

③对所选择试验的沥青用量范围,密度或稳定度没有出现峰值(最大值经常在曲线的两端)时,可直接以目标空隙率所对应的沥青用量 a_3 作为 OAC_1,但 OAC_1 必须介于下面介绍的 $OAC_{min} \sim OAC_{max}$ 的范围内。否则应重新进行配合比设计。

(4)确定沥青最佳用量 OAC_2。求出各项技术指标均符合沥青混合料技术标准的沥青用量范围 $OAC_{min} \sim OAC_{max}$,按式(3-8)计算其中值作为 OAC_2,即

$$OAC_2 = (OAC_{min} + OAC_{max}) \div 2 \tag{3-8}$$

(5)根据 OAC_1 和 OAC_2 综合确定最佳沥青用量 OAC。通常情况下取 OAC_1 及 OAC_2 的中值作为计算的最佳沥青用量 OAC。检查相应于此 OAC 的各项指标是否均符合马歇尔试验技术标准。

$$OAC = (OAC_1 + OAC_2) \div 2 \tag{3-9}$$

(6)调整确定最佳沥青用量 OAC。根据实践经验和公路等级、气候条件、交通情况,调整确定最佳沥青用量 OAC。

①调查当地各项条件相接近的工程的沥青用量及使用效果,论证适宜的最佳沥青用量。检查计算得到的最佳沥青用量是否相近,如相差甚远,应查明原因,必要时重新调整级配,进行配合比设计。

②对炎热地区公路以及高速公路、一级公路的重载交通路段,山区公路的长大坡度路段,预计有可能产生较大车辙时,宜在空隙率符合要求的范围内将计算的最佳沥青用量减小 0.1% ~ 0.5%,作为设计沥青用量。此时,除空隙率外的其他指标可能会超出马歇尔试验配合比设计技术标准,如果试验段试拌试铺并通过加强碾压,空隙率仍未达到调整前的水平,且渗水系数达不到要求时,宜减小沥青用量调整幅度。

③对寒区公路、旅游公路、交通量很少的公路,最佳沥青用量可以在 OAC 的基础上增加 0.% ~ 0.3%,以适当减小设计空隙率,但不得降低压实度要求。

(7)计算沥青结合料被集料吸收的比例及有效沥青含量。

(8)检验最佳沥青用量时的粉胶比和有效沥青膜厚度。

3.配合比设计检验

对于高速公路和一级公路的密级配沥青混合料,需在配合比设计的基础上按规范要求进行各种使用性能的检验,不符合要求的沥青混合料,必须更换材料或重新进行配合比设计。

一、设计资料

1.道路等级
道路等级为高速公路。
2.路面类型
路面为沥青混凝土。
3.结构层位
路面结构层位为三层式沥青混凝土的上面层。

4. 气候条件

当地最热月平均最高气温 >30℃，年极度最低气温 > -9℃，年降雨量 >1000mm。

5. 工程设计级配范围（表3-24）

工程设计级配范围　　　　　　　　表3-24

级配类型	通过下列筛孔(mm)的质量百分率(%)								
	16.0	13.2	9.5	4.75	2.36	1.18	0.6	0.3	0.15	0.075
细粒式沥青混合料（AC-13）	100	90~100	68~85	38~68	24~50	15~38	10~28	7~20	5~15	4~8

6. 所用材料

沥青为70号A级道路石油沥青；矿质材料采用石灰石轧制碎石，矿粉采用石灰石磨细的矿粉。

二、设计内容

1. 原材料试验均符合技术指标要求

1号粗集料的毛体积相对密度为2.765，2号粗集料的毛体积相对密度为2.743，石屑的毛体积相对密度为2.721，矿粉的表观相对密度为2.787。

2. 矿质混合料配合比设计

(1) 组成材料筛分试验结果见表3-25。

筛 分 试 验 数 据　　　　　　　　表3-25

材料名称及规格	筛孔(方孔筛)尺寸(mm)									
	16	13.2	9.5	4.75	2.36	1.18	0.6	0.3	0.15	0.075
	通过百分率(%)									
1号粗集料(515mm)	100	92.6	24.3	0.4	0.3	0.3	0.3	0.3	0.3	0.2
2号粗集料(310mm)	100	100	100	44.5	4.2	0.4	0.4	0.4	0.4	0.3
石屑(0~3mm)	100	100	100	100	97.2	69.8	42.5	29.4	18.9	8.0
矿粉	100	100	100	100	100	100	100	99.8	96.6	88.3

(2) 组成材料配合比计算。用图解法计算组成材料配合比，经调整后的矿质混合料组成配合比见表3-26。

矿质混合料组成配合比　　　　　　表3-26

材料组成		(方孔筛)筛孔尺寸(mm)									
		16	13.2	9.5	4.75	2.36	1.18	0.6	0.3	0.15	0.075
		通过百分率(%)									
矿料筛分结果	1号粗集料	100	92.6	24.3	0.4	0.3	0.3	0.3	0.3	0.3	0.2
	2号粗集料	100	100	100	44.5	4.2	0.4	0.4	0.4	0.4	0.3
	石屑	100	100	100	100	97.2	69.8	42.5	29.4	18.9	8.0
	矿粉	100	100	100	100	100	100	100	99.8	96.6	88.3

续上表

材料组成		（方孔筛）筛孔尺寸（mm）								
		16	13.2	9.5	4.75	2.36	1.18	0.6	0.3	0.15	0.075
		通过百分率（%）									
各种矿料在混合料中的比例	1号粗集28%	28.0	25.9	6.8	0.1	0.1	0.1	0.1	0.1	0.1	0.1
	2号粗集36%	36.0	36.0	36.0	16.0	1.5	0.1	0.1	0.1	0.1	0.1
	石屑33%	33.0	33.0	33.0	33.0	32.1	23.0	14.0	9.7	6.2	2.6
	矿粉3%	3.0	3.0	3.0	3.0	3.0	3.0	3.0	3.0	2.9	2.6
合成级配		100	97.9	78.8	52.1	36.7	26.3	17.3	12.9	9.4	5.5
级配范围（AC-13）		100	90~100	68~85	38~68	24~50	15~38	10~28	7~20	5~15	4~8
级配中值		100	95	76.5	53	37	26.5	19	13.5	10	6

3.确定预估沥青混合料适宜的油石比 P_a

已知1号粗集料的毛体积相对密度为2.765,2号粗集料的毛体积相对密度为2.743,石屑的毛体积相对密度为2.721,矿粉的表观相对密度为2.787（矿粉以表观相对密度代替毛体积相对密度），集料的合成毛体积相对密度按下式计算：

$$\gamma_{sb} = \frac{100}{\frac{P_1}{\gamma_1} + \frac{P_2}{\gamma_2} + \cdots + \frac{P_n}{\gamma_n}} = \frac{100}{\frac{28}{2.765} + \frac{36}{2.743} + \frac{33}{2.721} + \frac{3}{2.787}} = 2.743$$

式中：P_1、P_2、$\cdots$、P_n——各种矿料成分的配合比,其和为100；

γ_1、γ_2、$\cdots$、γ_n——各种矿料按试验规程方法测定的毛体积相对密度。

预估沥青混合料适宜的油石比按下式计算：

$$P_a = \frac{P_{a1} \times \gamma_{sb1}}{\gamma_{sb}} = \frac{5.0 \times 2.765}{2.743} \approx 5.0$$

式中：p_a——预估的最佳油石比（与矿料总量的百分比）（%）；

p_{a1}——已建类似工程沥青混合料的标准油石比（%）；

γ_{sb}——集料的合成毛体积相对密度；

γ_{sb1}——已建类似工程集料的合成毛体积相对密度。

4.成型试件

以预估沥青混合料适宜的油石比为中值,采用0.5%间隔变化,确定5组油石比为4.0%、4.5%、5.0%、5.5%、6.0%,按《公路工程沥青及沥青混合料试验规程》中的相关试验规程成型试件。并在试件成型的同时,用真空法实测各组沥青混合料的最大理论相对密度γ_{ti}。

5.马歇尔试验

（1）测定并计算试件的物理指标。马歇尔成型试件冷却脱模后,用表干法测定试件的毛体积相对密度。计算各组沥青混合料试件的空隙率VV、矿料间隙率VMA、有效沥青饱和度VFA。

（2）测定力学指标。测定马歇尔稳定度及流值,各项试验结果汇总见表3-27。

马歇尔试验技术指标测定结果汇总表 表3-27

试件编号	油石比(%)	毛体积相对密度 实际	毛体积相对密度 理论	空隙率(%)	矿料间隙率(%)	饱和度(%)	稳定度(kN)	流值(0.1mm)
1	4.0	2.342	2.486	5.8	17.9	67.6	9.30	21
2	4.5	2.381	2.506	5.0	16.9	70.5	9.84	27
3	5.0	2.442	2.539	3.8	15.2	74.9	10.21	35
4	5.5	2.436	2.521	3.4	15.8	78.7	10.32	40
5	6.0	2.421	2.500	3.2	16.7	81.1	9.43	45
JTG F40—2004	—	—		3~6	—	65~75	≥8	15~40

6. 确定最佳沥青用量

以油石比为横坐标,分别以毛体积相对密度、稳定度、空隙率、流值、矿料间隙率VMA、有效饱和度VFA为纵坐标,绘制沥青用量与马歇尔稳定度试验物理力学性能指标关系图。

(1)确定最佳油石比OAC_1。从图上求得相应于密度最大值、稳定度最大值、目标空隙率(或中值)、沥青饱和度范围的中值的沥青用量,分别为:

$$a_1 = 5.1\%, a_2 = 5.3\%, a_3 = 4.7\%, a_4 = 4.4\%$$
$$OAC_1 = (a_1 + a_2 + a_3 + a_4) \div 4 = 4.9\%$$

(2)确定最佳油石比OAC_2。各项指标均符合技术标准(不包含VMA)的沥青用量范围。

$$OAC_{min} = 4.0\%, OAC_{max} = 5.0\%$$
$$OAC_2 = (OAC_{min} + OAC_{max}) \div 2 = 4.5\%$$

(3)确定最佳油石比OAC。

$$OAC = (OAC_1 + OAC_2) \div 2 = 4.70\%$$

计算得到的OAC所对应的VV=4.1%和VMA=16.1%,均满足相关要求,且位于VMA凹形曲线最小值的贫油一侧。相应于此OAC的各项指标均符合马歇尔试验技术指标。

(4)根据实践经验和公路等级、交通情况,调整确定最佳油石比OAC。

当地为夏炎热地区,且为高速公路的重载交通,预计可能产生较大车辙,宜在空隙率符合要求的范围内将计算得到的最佳沥青用量减少0.1%~0.5%。调整后的最佳油石比OAC=4.60%。

(5)计算沥青结合料被集料吸收的比例及有效沥青含量。

(6)检验最佳油石比时的粉胶比和有效沥青膜厚度。

7. 配合比设计检验

(1)高温稳定性检验。对公称最大粒径等于或小于19mm的混合料,按规定方法进行车辙试验。以油石比4.60%制备试件,60℃条件下进行车辙试验,得到动稳定度DS=1260次/mm,符合规范要求的不小于800次/mm的要求。

(2)水稳定性检验。按规定方法进行浸水马歇尔试验和冻融劈裂试验,以油石比4.60%制备试件,按规定方式试验得到残留稳定度MS_0=93%、冻融劈裂强度比TSR=

84%,符合水稳定性的要求。

(3)低温抗裂性能检验(对夏炎热地区不需要检验低温抗裂性能)。

(4)渗水系数检验。利用车辙试件进行渗水系数试验,测得渗水系数为60mL/min,符合渗水系数的要求。

(5)钢渣活性检验。对使用钢渣的沥青混合料,应按规定的试验方法检验钢渣的活性及膨胀性(此例不需要)。由以上结果得到,当油石比为4.60%时,各项指标均符合要求。

8. 结论

经检测,AC-13C沥青混合料目标配合比设计比例为:5~15mm碎石:3~10mm碎石:0~2.36mm石屑:矿粉 = 28:36:33:3,最佳油石比为4.60%。

思考与练习

一、填空题

1. 我国现行行业标准《公路沥青路面施工技术规范》(JTG F40—2004)规定,采用_____来评价沥青混合料高温稳定性;对高速公路、一级公路、城市快速路、主干路用沥青混合料,还应通过_____试验检验其抗车辙能力。该两项试验一般试验温度均在_____。

2. 沥青混合料的施工和易性,是指沥青混合料在施工过程中是否容易_____、_____和_____的性能。它主要决定于矿料的级配、沥青的品种及用量,以及施工环境条件等。

3. 确定最佳沥青用量初始值 OAC_1,在曲线图求取相应于_____、_____、_____、沥青饱和度范围的中值的沥青用量 a_1、a_2、a_3、a_4,求取四者的平均值作为最佳沥青用量的初始值 OAC_1。

二、综合题

1. 我国现行的沥青混合料配合比设计方法中,沥青最佳用量(OAC)是怎样确定的?

2. 某一级公路路面下面层用热拌沥青混合料,类型为AC-25C,厚度为70mm,使用环境为重载交通、夏炎热区,马歇尔试验结果汇总于表3-28。

试填满表3-28的空白处,并确定该沥青混合料的沥青最佳用量(OAC)。

马歇尔试验技术指标测定结果汇总　　　表3-28

试件编号	油石比(%)	毛体积相对密度		空隙率(%)	矿料间隙率(%)	饱和度(%)	稳定度(kN)	流值(0.1mm)
		实际	理论					
1	3.5	2.352	2.486				11.79	20
2	4.0	2.391	2.505				10.24	25
3	4.5	2.442	2.542				12.60	35
4	5.0	2.436	2.527				12.80	42
5	5.5	2.421	2.507				10.79	47

模块四 公路工程水泥及水泥混凝土材料检测

任务一 明确公路桥涵水泥混凝土原材料技术要求

 学习目标

1. 能理解公路桥涵水泥混凝土的定义及分类;
2. 能根据规范明确公路桥涵水泥混凝土原材料技术要求。

 建议学时

2学时。

 任务描述

××公路第2合同段,设计起讫桩号为 K6+200~K11+539.3,路线长度5.339km,按双向6车道一级公路标准建设,设计速度100km/h,设计路基宽度33.5m,主线桥梁设计荷载标准为公路-Ⅰ级。合同总造价为2.8456亿元,合同工期28个月。本次学习任务是试验员参照现行国家标准《公路桥涵施工技术规范》(JTG/T F50—2011),明确该工程钻孔灌注桩水泥混凝土用粗集料、细集料、水泥、水、外加剂及掺和料的技术要求。

 理论知识

该合同段K7+365竹口大桥,基础采用钻孔灌注桩,下部构造采用桩柱式桥墩、肋式桥台、桩接盖梁桥台,上部结构采用先简支后连续预应力混凝土小箱梁。该工程沿线场地地质主要以粉质黏土和黏土构成,场地沿线属典型的亚热带季风气候,年平均气温15.8℃,平均相对湿度76%。根据图纸要求该工程桩基施工用C30混凝土,工程施工前试验员需进行C30配合比设计。首先对混凝土用的粗集料、细集料、水泥、水及外加剂等进行检测,检测合格后才能进行配合比设计。

一、一般规定

1. 水泥混凝土的概念

水泥混凝土是由水泥、细集料、粗集料与水,必要时加入适量的外加剂或掺和料,按一定比例配合,均匀搅拌、铺筑、振捣,在一定的养护条件下,经一定时间硬化而形成的一种人造复合材料。

2. 水泥混凝土中各组成材料的作用

(1)水泥。在水泥混凝土中主要起黏结作用,并与水一起填充细集料之间的空隙。

(2)粗集料。在水泥混凝土中起骨架作用。

(3)细集料。在水泥混凝土中填充粗集料之间的空隙,起填充作用。

(4)水。使新拌混凝土混合料具有流动性,使水泥水化,并与水泥一起填充细集料之间的空隙,与水泥、细集料一起填充粗集料之间的空隙。

(5)外加剂。为改善和调节混凝土的性能,根据外加剂的类型所起作用各不相同。

(6)掺和料。改善混凝土工作性、强度、体积稳定性及耐久性、经济性。

二、水泥混凝土用原材料的技术要求

1. 水泥

(1)公路桥涵工程采用的水泥应符合现行国家标准《通用硅酸盐水泥》(GB 175—2007)的规定。水泥的品种和强度等级应通过混凝土配合比试验选定,其特性应不会对混凝土的强度、耐久性和工作性产生不利影响。

(2)水泥进场时,应附有生产厂的品质试验检验报告等合格证明文件,并应按照批次对同一生产厂、同一品种、同一等级及同一出厂日期的水泥进行强度、细度、安定性和凝结时间等性能的检验。散装水泥应以每500t为一检验批,袋装水泥应以每200t为一检验批。

(3)当对水泥质量有怀疑或水泥受潮或存放时间超过3个月时,应重新取样复验,并应按其复验结果使用。除热养护预制构件等情况外,水泥使用温度不宜超过55℃,同时考虑其对坍落度经时损失和水化热的影响。

(4)公路桥涵混凝土工程宜采用散装水泥,散装水泥在工地应采用专用水泥罐储存;采用袋装水泥时,在运输和储存过程中应防止受潮,且不得长时间露天堆放,临时露天堆放时应设支垫并覆盖。不同品种、强度等级和出厂日期的水泥应分别按批存放。

(5)各种水泥的强度等级及水泥各龄期的强度要求见表4-1。

(6)细度。测定硅酸盐水泥和普通硅酸盐水泥的细度用比表面积法,其比表面积应大于$300m^2/kg$。测定矿渣硅酸盐水泥、火山灰质硅酸盐水泥、粉煤灰硅酸盐水泥和复合硅酸盐水泥的细度用筛余表示,80μm方孔筛筛余不大于10%或45μm方孔筛筛余不大于30%。

(7)安定性。沸煮法检验。

(8)凝结时间。硅酸盐水泥初凝时间不小于45min,终凝时间不大于390min;普通硅酸盐水泥、矿渣硅酸盐水泥、火山灰质硅酸盐水泥、粉煤灰硅酸盐水泥和复合硅酸盐水泥初凝时间不小于45min，终凝时间不大于600min。

通用硅酸盐水泥不同龄期的强度　　　　　　　　　　表4-1

品　　种	等级强度	抗压强度(MPa)		抗折强度(MPa)	
		3d	28d	3d	28d
硅酸盐水泥	42.5	≥17.0	≥42.5	≥3.5	≥6.5
	42.5R	≥22.0		≥4.0	
	52.5	≥23.0	≥52.5	≥4.0	≥7.0
	52.5R	≥27.0		≥5.0	
	62.5	≥28.0	≥62.5	≥5.0	≥8.0
	62.5R	≥32.0		≥5.5	
普通硅酸盐水泥	42.5	≥17.0	≥42.5	≥3.5	≥6.5
	42.5R	≥22.0		≥4.0	
	52.5	≥23.0	≥52.5	≥4.0	≥7.0
	52.5R	≥27.0		≥5.0	
矿渣硅酸盐水泥 火山灰硅酸盐水泥 粉煤灰硅酸盐水泥 复合硅酸盐水泥	32.5	≥10.0	≥32.5	≥2.5	≥5.5
	32.5R	≥15.0		≥3.5	
	42.5	≥15.0	≥42.5	≥3.5	≥6.5
	42.5R	≥19.0		≥4.0	
	52.5	≥21.0	≥52.5	≥4.0	≥7.0
	52.5R	≥23.0		≥4.5	

2. 细集料

(1) 细集料宜采用级配良好、质地坚硬、颗粒洁净且粒径小于5mm的河砂。当河砂不易得到时，可采用符合规定的其他天然砂或人工砂。细集料不宜采用海砂，不得不采用时，应经冲洗处理。细集料的技术指标应符合表4-2的规定。

细集料技术指标　　　　　　　　　　表4-2

项　　目	技术要求		
	Ⅰ类	Ⅱ类	Ⅲ类
天然砂含泥量(按质量计,%)	≤2.0	≤3.0	≤5.0
泥块含量(按质量计,%)	≤0.5	≤1.0	≤2.0
表观密度(kg/m³)	>2500		
松散堆积密度(kg/m³)	>1350		

注：①砂按技术要求分为Ⅰ类、Ⅱ类、Ⅲ类。Ⅰ类宜用于强度等级大于C60的混凝土；Ⅱ类宜用于强度等级C30～C60的混凝土及有抗冻、抗渗或其他要求的混凝土；Ⅲ类宜用于强度等级小于C30的混凝土和砌筑砂浆；
②天然砂包括河砂、湖砂、山砂、淡化海砂，人工砂包括机制砂和混合砂；
③砂中不应混有草根、树叶、树枝、塑料、煤块、炉渣等杂质；
④当对砂的坚固性有怀疑时，应做坚固性试验；
⑤石粉含量是指粒径小于0.075mm的颗粒含量。

(2)砂的分类应符合表4-3的规定。

砂 的 分 类　　　　表4-3

砂 组	粗 砂	中 砂	细 砂
细度模数	3.1~3.7	2.3~3.0	1.6~2.2

注:细度模数主要反映全部颗粒的粗细程度,不完全反映颗粒的级配情况,混凝土配制时应同时考虑砂的细度模数和级配情况。

(3)细集料分区及级配要求。细集料的颗粒级配应处于表4-4中的任一级配区以内。

细集料的分区及级配范围　　　　表4-4

方孔筛筛孔尺寸（mm）	级 配 区		
	Ⅰ区	Ⅱ区	Ⅲ区
	累计筛余(%)		
4.75	10~0	10~0	10~0
2.36	35~5	25~0	15~0
1.18	65~35	50~10	25~0
0.06	85~71	70~41	40~16
0.03	95~80	92~70	85~55
0.015	100~90	100~90	100~90

注:①表中除4.75mm和0.06mm筛孔外,其余各筛孔的累计筛余允许超过分界线,但其超过量不得大于5%;
②人工砂中0.015mm筛孔的累计筛余:Ⅰ区可放宽到85~100,Ⅱ区可放宽到80~100,Ⅲ区可放宽到75~100;
③Ⅰ区砂宜提高砂率配低流动性混凝土,Ⅱ区砂宜优先配不同强度等级的混凝土,Ⅲ区砂宜适当降低砂率保证混凝土的强度;
④对于高性能、高强、泵送混凝土宜选用细度模数为2.6~2.9的中砂。2.36mm筛孔的累计筛余量不得大于15%,0.03mm筛孔的累计筛余量宜在85%~92%范围内。

(4)细集料宜按同产地、同规格、连续进场数量不超过400m³或600t为一验收批,小批量进场的宜以不超过200m³或300t为一验收批进行检验;当质量稳定且进料量较大时,可以1000t为一验收批。检验内容包括外观、筛分、细度模数、有机物含量、含泥量、泥块含量及人工砂的石粉含量等,检测方法根据《公路工程集料试验规程》（JTG E42—2005）进行。

3.粗集料

(1)桥涵混凝土用粗集料,应采用坚硬、洁净、级配合理、粒形良好、吸水率小的卵石或碎石,其技术指标符合表4-5的要求。应按产地、类别、加工方法和规格等不同情况,分批进行检验,机械集中生产时,每批不宜超过400m³,人工分散生产时,每批不宜超过200m³。

(2)粗集料级配要求。粗集料的颗粒级配,可采用连续级配或连续级配与单粒级配合使用。在特殊情况下,通过试验证明混凝土无离析现象时,也可采用单粒级。粗集料的级配范围应符合表4-6的要求。

粗集料技术指标 表4-5

项 目	指 标		
	I类	II类	III类
针片状颗粒含量(按质量计,%)	5	15	25
碎石压碎指标(%)	18	20	30
卵石压碎指标(%)	20	25	25
吸水率(%)	<1.0	<2.0	<2.5
含泥量(按质量计,%)	<0.5	<1.0	<1.5
泥块含量(按质量计,%)	0	<0.5	<0.7
岩石抗压强度(水饱和状态,MPa)	火成岩>80;变质岩>60;水成岩>30		
表观密度(kg/m³)	>2500		
松散堆积密度(kg/m³)	>1350		
空隙率(%)	<47		
碱集料反应	经碱集料反应试验后,试件无裂缝、酥裂、胶体外溢等现象,在规定试验龄期的膨胀率应小于0.10%		

注:①I类宜用于强度等级大于C60的混凝土;II类宜用于强度等级C30~C60的混凝土及有抗冻、抗渗或其他要求的混凝土;III类宜用于强度等级小于C30的混凝土;
②粗集料中不应混有草根、树叶、树枝、塑料、煤块、炉渣等杂质;
③岩石的抗压强度除应满足表中要求外,其抗压强度与混凝土等级之比不应小于1.5。岩石强度首先应由生产单位提供,工程中可采用压碎指标进行质量控制。

碎石或卵石颗粒级配范围 表4-6

级配情况	公称粒径(mm)	累计筛余(按质量百分率计)										
		方孔筛筛孔尺寸(mm)										
		2.36	4.75	9.5	16.0	19.0	26.5	31.5	37.5	53	63	75	90
连续级配	5~10	95~100	80~100	0~15	0	—	—	—	—	—	—	—	—
	5~16	95~100	85~100	30~60	0~10	0	—	—	—	—	—	—	—
	5~20	95~100	90~100	40~80	—	0~10	0	—	—	—	—	—	—
	5~25	95~100	90~100	—	30~70	—	0~5	0	—	—	—	—	—
	5~31.5	95~100	90~100	70~90	—	15~45	—	0~5	0	—	—	—	—
	5~40	—	95~100	70~90	—	30~65	—	—	0~5	0	—	—	—
单粒级	10~20	—	95~100	85~100	—	0~15	0	—	—	—	—	—	—
	16~31.5	—	95~100	—	85~100	—	—	0~10	0	—	—	—	—
	20~40	—	—	95~100	—	80~100	—	—	0~10	0	—	—	—
	31.5~63	—	—	—	95~100	—	—	75~100	45~75	—	0~10	0	—
	40~80	—	—	—	—	95~100	—	—	75~100	—	30~60	0~10	0

(3)粗集料最大粒径应按混凝土结构情况及施工方法选取,但最大粒径不得超过结构最小边尺寸的1/4、钢筋最小净距的3/4、混凝土保护层厚度的1.3倍;在两层或多层密布钢筋结构中,不得超过钢筋最小净距的1/2,同时最大粒径不得超过75mm。用混凝土

泵运送混凝土时的粗集料最大粒径,除应符合上述规定外,对碎石不宜超过输送管径的1/3;对于卵石不宜超过输送管径的1/2.5,同时应符合混凝土泵制造厂的规定。对于混凝土实心板,允许采用的最大粒径为1/3板厚的颗粒级配,但最大粒径不得超过37.5mm。

(4)粗集料的进场检验内容应包括外观、颗粒级配、针片状颗粒含量、压碎值指标、含泥量、泥块含量等,检测方法根据《公路工程集料试验规程》(JTG E42—2005)进行。粗集料在生产、运输与储存过程中,不得混入影响混凝土性能的有害物质。粗集料应按品种、规格分别堆放,不得混杂。在装卸及存储时,应采取措施,使集料颗粒级配均匀,保持洁净。

4. 水

(1)符合现行国家标准《生活饮用水卫生标准》(GB 5749—2006)的饮用水可直接作为混凝土的搅拌与养护用水;当采用其他水源或对水质有疑问时,应进行水质检验,并应符合表4-7的要求。

混凝土用水的品质指标　　　　　　　　　　　表4-7

项次	项　目	预应力混凝土	钢筋混凝土	素混凝土
1	pH值(mg/L)	≥5.0	≥4.5	≥4.5
2	CL^-含量	≤500	≤1000	≤3500
3	SO_4^{2-}含量	≤600	≤2000	≤2700
4	碱含量	≤1500	≤1500	≤1500
5	可溶物含量	≤2000	≤5000	≤10000
6	不可溶物含量	≤2000	≤2000	≤5000

(2)混凝土用水中不应有漂浮明显的油脂和泡沫,以及有明显的颜色和异味。

(3)严禁将未处理的海水用于结构混凝土的拌制。

5. 外加剂

(1)公路桥涵工程使用的外加剂,与水泥、矿物掺和料之间应有良好的兼容性。

(2)所采用的外加剂,应是经过具备相关资质的检测机构检验并附有检验合格证明的产品,其质量应符合现行国家标准《混凝土外加剂》(GB 8076—2008)的规定。外加剂使用前应进行复验,复验结果满足要求后方可用于工程中。外加剂的品种和掺量应根据使用要求、施工条件、混凝土原材料的变化等通过试验确定。

(3)减水剂的选用应综合考虑减水率、经时变化量、含气量、凝结时间差和收缩率比等性能。

(4)混凝土外加剂的分类。混凝土外加剂按其主要功能分为以下4类:
①改善混凝土拌和物流变性能的外加剂包括各种减水剂、引气剂和泵送剂等。
②调节混凝土凝结时间、硬化性能的外加剂包括缓凝剂、早强剂和速凝剂等。
③改善混凝土耐久性的外加剂包括引气剂、防水剂和阻锈剂等。
④改善混凝土其他性能的外加剂包括加气剂、膨胀剂、防冻剂、着色剂、防水剂等。

(5)常用的外加剂主要有以下几种:
①减水剂是保持混凝土坍落度基本不变,能减少拌和用水量的外加剂。减水剂多为表面活性剂,其对水泥的作用主要是表面活性,本身不与水泥发生化学反应。在混凝土中

对水泥颗粒起到吸附分散、湿润、润滑作用,使新拌混凝土减少用水量,从而改善混凝土中的孔结构,大孔减少,小孔增多,平均孔径减小,总孔隙率下降,有利于混凝土强度的提高并直接影响混凝土的耐久性和抗化学腐蚀能力。

②缓凝剂是延长混凝土凝结时间的外加剂。其作用是便于施工,能使混凝土拌和物的水化速度减慢,延长水化放热过程,有利于大体积混凝土温度控制。缓凝剂会对混凝土 1~3d 早期强度有所降低,但对后期强度的正常发展并无影响。

③早强剂是能提高混凝土早期强度并对后期强度无显著影响的外加剂。在混凝土中掺入早强剂,可缩短凝结时间,提高早期强度,常用于混凝土的快速低温施工,如紧急抢修工程。但掺入氯盐早强剂,会加速钢筋的锈蚀,因此掺量应加以限制。

④引气剂是能使混凝土中产生均匀分布的微气泡,并在硬化后仍能保留其气泡的外加剂。它是一种表面活性物质,是混凝土常用的外加剂之一,它能使混凝土在搅拌过程中从大气中引入大量均匀封闭的小气泡,使混凝土中含有一定量的空气。好的引气剂能显著提高混凝土的抗冻性、耐久性;同时还能改善混凝土和易性,特别是在人工集料或天然砂颗粒较粗、级配较差以及在贫水泥混凝土中使用效果更好;改善混凝土的泌水性和离析;降低混凝土渗透性,提高混凝土抗侵蚀能力。

⑤复合外加剂是具有两种及两种以上主要功能的外加剂,如缓凝减水剂同时具有缓凝和减水功能,引气减水剂同时具有引气和减水功能。

公路工程使用什么样的外加剂,应根据工程设计和施工技术要求,在工程开工之前进行认真优选,并根据原材料进行严格的适应性试验论证确定。

6. 矿物掺和料

(1)由于矿物掺和料具有一定的细度和活性,因此在混凝土中掺入矿物掺和料,能有效地改善混凝土拌和物的和易性。可大大地改善拌和物的黏聚性和保水性能,这些矿物掺和料在混凝土硬化过程中,能发挥其活性,参与水化反应,生成有利于强度的水化产物,能使得混凝土的结构更加坚固、更加密实,不但有利于混凝土强度的发展,同时也会更好地提高混凝土的耐久性。

(2)用于混凝土的矿物掺和料常有以下几类:粉煤灰、磨细粉煤灰、高钙粉煤灰;粒化高炉矿渣粉、磨细矿粉;磨细天然沸石粉、硅灰。

(3)掺和料应保证其产品品质稳定,来料均匀;掺和料应由生产单位专门加工,进行产品检验并出具产品合格证书,检测结果符合《用于水泥和混凝土中的粉煤灰》(GB/T 1596—2005)要求。拌制混凝土用粉煤灰的技术要求见表4-8。

拌制混凝土用粉煤灰技术要求　　　　表4-8

项　目	指　标		
	Ⅰ类	Ⅱ类	Ⅲ类
细度(45μm 方孔筛筛余,%)	≤12.0	≤25.0	≤45.0
比表面积(m²/kg)	≥600	≥400	≥150
烧失量(%)	≤5.0	≤8.0	≤15.0
需水量比(%)	≤95	≤105	≤115

续上表

项　目		指　标		
		Ⅰ类	Ⅱ类	Ⅲ类
含水率(%)		≤1.0		
游离氯化钙含量(%)	F粉煤灰	≤1.0		
	C粉煤灰	≤4.0		
SO_3含量(%)		≤3.0		
安定性(雷氏夹沸煮后增加距离,mm)（C类粉煤灰）		≤5.0		
均匀性		单一样品的细度不应超过前10个样品细度平均值的最大偏差		
总碱量		当粉煤灰用于活性集料混凝土,需要限制掺和料的含碱量时,由供需双方协商确定		

（4）混凝土中需要掺用粉煤灰、磨细矿渣、硅灰等掺和料时,其掺入量应在使用前通过试验确定。

（5）掺和料在运输和存储过程中,应有明显标识,严禁与水泥等其他粉状材料混淆。

任务实施

本学习任务是参照《公路桥涵施工技术规范》(JTGT/T F50—2011),明确该工程钻孔灌注桩C30水泥混凝土用粗集料、细集料、水泥、水、外加剂及掺和料的技术要求。

1.水泥

采用P.O.42.5普通硅酸盐水泥,符合表4-9要求。

水泥力学性能　　　　表4-9

品　种	等级强度	抗压强度(MPa)		抗折强度(MPa)	
		3d	28d	3d	28d
普通硅酸盐水泥	42.5	≥17.0	≥42.5	≥3.5	≥6.5

细度用比表面积法测定,其比表面积应大于300m^2/kg。安定性采用沸煮法检验。凝结时间为:普通硅酸盐水泥初凝时间不小于45min,终凝时间不大于600min。

2.细集料

细集料宜采用级配良好、质地坚硬、颗粒洁净且粒径小于5mm的河砂,Ⅱ类中砂,细度模数在2.3~3.0之间的级配Ⅱ区砂。细集料技术要求见表4-10。

细集料技术要求　　　　表4-10

项　次	指　标
天然砂含泥量(按质量计,%)	≤3.0
泥块含量(按质量计,%)	≤1.0
表观密度(kg/m^3)	>2500
松散堆积密度(kg/m^3)	>1350

3. 粗集料

粗集料应采用坚硬、洁净、级配合理、粒形良好、吸水率小的碎石,连续级配 5～31.5mm 范围,最大粒径为 31.5mm。粗集料技术要求见表 4-11。

粗集料技术要求 　　　　　表 4-11

项　目	指　标
	Ⅱ类
针片状颗粒含量(按质量计,%)	15
碎石压碎指标(%)	20
卵石压碎指标(%)	25
吸水率(%)	<2.0
含泥量(按质量计,%)	<1.0
泥块含量(按质量计,%)	<0.5
岩石抗压强度(水饱和状态,MPa)	火成岩>80;变质岩>60;水成岩>30
表观密度(kg/m^3)	>2500
松散堆积密度(kg/m^3)	>1350
空隙率(%)	<47
碱集料反应	经碱集料反应试验后,试件无裂缝、酥裂、胶体外溢等现象,在规定试验龄期的膨胀率应小于0.10%

4. 水

符合现行国家标准《生活饮用水卫生标准》(GB 5749—2006)的饮用水可直接作为混凝土的搅拌与养护用水;当采用其他水源或对水质有疑问的,应进行水质检验,技术要求见表 4-12。

混凝土用水技术要求 　　　　　表 4-12

项次	项　目	钢筋混凝土
1	pH 值(mg/L)	≥4.5
2	CL^- 含量	≤1000
3	SO_4^{2-} 含量	≤2000
4	碱含量	≤1500
5	可溶物含量	≤5000
6	不可溶物含量	≤2000

5. 外加剂

采用与水泥匹配良好的高性能缓凝剂,减水率大于 25%。

6. 掺和料

应保证其产品品质稳定,来料均匀的 Ⅱ 类粉煤灰,细度 45μm 方孔筛筛余≤25.0%,比表面积≥400m^2/kg,需水量比≤105%。

思考与练习

一、填空题

1. 水泥进场时应按照批次对_____、同一品种、_____及同一出厂日期的水泥进行检验，散装水泥应以每_____为一检验批，袋装水泥应以每_____为一检验批。

2. 当对水泥质量有怀疑或水泥受潮或存放时间超过_____时，应重新取样复验，并应按其复验结果使用。除热养护预制构件等情况外，水泥使用温度不宜超过_____，同时考虑其对坍落度经时损失和水化热的影响。

3. _____是延长混凝土凝结时间的外加剂。其作用是便于施工，能使混凝土拌和物的_____减慢，延长水化放热过程，有利于大体积混凝土_____。

二、综合题

简述高性能缓凝减水剂的优缺点。

任务二　水泥技术性能检测

1. 了解通用硅酸盐水泥品种的分类、特点及适用范围；
2. 掌握水泥常用的技术要求(性能评价指标)，并评定水泥质量是否合格；
3. 能完成水泥细度、密度、标准稠度用水量、凝结时间、安定性测定；
4. 能完成水泥力学性能测定，掌握水泥强度等级的确定方法。

6学时。

××工程第2合同段，设计速度100km/h，路基宽度33.5m，主线桥梁设计荷载标准：公路 - Ⅰ级。该合同段K7+365竹口大桥，基础采用钻孔灌注桩，现该工程桩基施工用C30混凝土，在进行配合比设计时，首先对P.O42.5普通硅酸盐水泥进行检测，采用现场散装水泥，用100t水泥罐储存，温度为25℃。工地试验室试验员根据规范要求现场取样6kg，除应查验其出厂质量报告单外，还应抽验其细度、密度、凝结时间、安定性及3d和28d的胶砂强度等是否符合要求。检测后根据试验结果判定是否符合要求。

本学习任务是参照现行国家标准《通用硅酸盐水泥》(GB 175—2007)要求进行。

一、硅酸盐水泥概述

由石灰石、黏土、铁矿粉按比例磨细混合后组成的生料,经煅烧后生成的熟料和适量的石膏及规定的混合材料制成的水硬性胶凝材料,称为通用硅酸盐水泥。按混合料的品种和掺量不同,可分为硅酸盐水泥、普通硅酸盐水泥、矿渣硅酸盐水泥、火山灰质硅酸盐水泥、粉煤灰硅酸盐水泥和复合硅酸盐水泥。我国常用的几种通用硅酸盐水泥代号见表4-13。

常用几种通用硅酸盐水泥的代号　　　　表4-13

品　种	代　号	组　　分				
		熟料+石膏	粒化高炉矿渣	火山灰质混合材料	粉煤灰	石灰石
硅酸盐水泥	P.Ⅰ	100	—	—	—	—
	P.Ⅱ	≥95	≤5	—	—	—
		≥95	—	—	—	≤5
普通硅酸盐水泥	P.O	≥80且<95	>5且≤20			—
矿渣硅酸盐水泥	P.S.A	≥50且<80	>20且≤50	—	—	—
	P.S.B	≥30且<50	>50且≤70	—	—	—
火山灰质硅酸盐水泥	P.P	≥60且<80	—	>20且≤40	—	—
粉煤灰硅酸盐水泥	P.F	≥60且<80	—	—	>20且≤40	—
复合硅酸盐水泥	P.C	≥50且<80	>20且≤50			

二、常用水泥的技术要求

现行国家标准《通用硅酸盐水泥》(GB 175—2007)中规定的水泥的技术要求有化学指标(如不溶物、烧失量、三氧化硫、氧化镁、氯离子等)、凝结时间、安定性、强度、碱含量和细度。国标中规定:凡化学指标、凝结时间、安定性和强度符合规定的属于合格品,而碱含量和细度为选择性指标。

一、水泥细度检验方法(比表面积法)(GB/T 8074—2008)

水泥的细度是指水泥颗粒总体的粗细程度。水泥颗粒越细,与水发生反应的表面积越大,因而水化反应速度较快,而且较完全,早期强度也越高。如水泥颗粒过粗则不利于水泥活性的发挥。但磨的过细,凝结硬化时用水量越大,硬化后的收缩变形越大,水泥石越易出现裂缝,水泥的品质越差。一般情况下,水泥的强度等级越高,细度越细;但不是水泥细度越细,水泥的强度等级越高。水泥细度的测试方法有以下两种。

1. 比表面积法(勃氏法)

用于测定硅酸盐水泥和普通硅酸盐水泥的细度,以每千克水泥的总表面积表示(m^2/kg)。硅酸盐水泥比表面积应大于 $300m^2/kg$。由于本任务采用的是 P.O42.5 水泥,属于普通硅酸盐水泥,检测方法应参照《水泥比表面积测定方法—勃式法》(GB/T 8074—2008)规程要求进行。

2. 80μm 筛筛析法

用于测定矿渣硅酸盐水泥、火山灰质硅酸盐水泥、粉煤灰硅酸盐水泥和复合硅酸盐水泥的细度,测定 80μm 方孔筛的筛余百分率。80μm 方孔筛筛余应不大于10%。

二、水泥标准稠度用水量、凝结时间、安定性检验方法(GB/T 1346—2011)

1. 定义

(1)标准稠度用水量。

水泥的标准稠度用水量是指水泥净浆达到标准稠度时所用水的质量占水泥质量的百分比。规范规定以标准维卡仪测定,水泥净浆在标准搅拌作用下而形成的标准净浆,制成一定形状的试样,以试杆沉入水泥净浆标准试样中并距底板 6±1mm 的稠度为"标准稠度",此时的用水量为标准稠度用水量,以水泥质量百分率计。一般情况下,水泥的强度等级越高,水泥颗粒越细,水泥标准稠度用水量越大。反之,越小。通常标准稠度用水量为 27%~30%。

水泥标准稠度用水量的测定方法有标准维卡仪法和代用法。

(2)凝结时间。

凝结时间分为初凝时间和终凝时间。从水泥全部加入水中至水泥浆体开始失去可塑性的时间为初凝时间;从水泥全部加入水中开始至水泥浆体完全失去可塑性的时间为终凝时间。

水泥混凝土的拌和、运输、浇筑、捣实等一系列工序均要在水泥初凝时间内完成,故水泥的初凝不能过早。一般要求硅酸盐水泥的初凝时间不得早于 45min;如果水泥的初凝时间不符合要求,此水泥为不合格品。混凝土成型后,为了不拖延工期,要求水泥尽快硬化、产生强度,以利于下一道工序的进行,所以终凝时间不能太长,一般要求普通硅酸盐水泥的终凝时间不得迟于 600min。终凝时间不符合要求的水泥为不合格品。

水泥的凝结时间用凝结时间测定仪测定。

初凝时间:从水泥全部加入水中开始至测定针自由沉入水泥净浆中距底板 4±1mm 时所需的时间。

终凝时间:从水泥全部加入水中开始至测定针自由沉入水泥净浆中的深度为 0.5mm 时所需的时间。

(3)体积安定性。

水泥的体积安定性是指水泥在硬化过程中体积变化的均匀性。水泥浆体在凝结、硬化过程都会产生不同程度的体积变化,比较均匀轻微的体积变化,一般不会影响水泥混凝土结构物的使用质量。如果体积变化不均匀,可能引起水泥混凝土结构物的变形,结构物产生膨胀或变形过大时会出现裂缝。这种,现象称为水泥的体积不安定性。

导致水泥体积不安定的原因主要是,由于水泥中含有过量的游离氧化钙、游离氧化镁或水泥熟料磨细时掺入过量的石膏。体积不安定的水泥为不合格品。

体积安定性的测定方法主要有以下几种。

①雷氏夹法(标准法)。用标准稠度的水泥净浆按标准方法装满雷氏夹,盖上玻璃板后放在养护箱内养护24±2h,沸煮180±5min。测定雷氏夹尖端之间距离增大值,若不超过5.0mm,则认为水泥的体积安定性合格。否则,为不合格。

②试饼法(代用法)。是用标准稠度的水泥净浆按标准方法制成试饼,养护及沸煮同雷氏夹法。沸煮后,肉眼观察无裂纹,用直尺检查无弯曲(用不变形的钢尺与试饼底部靠紧,以两者间不透光为无弯曲)的试饼为安定性合格。

2. 试验目的与适用范围

本方法规定了水泥标准稠度用水量、凝结时间和体积安定性的测试方法。

本方法适用于硅酸盐水泥、普通硅酸盐水泥、矿渣硅酸盐水泥、粉煤灰硅酸盐水泥、火山灰硅酸盐水泥、复合硅酸盐水泥、道路硅酸盐水泥及指定采用本方法的其他品种水泥。

3. 仪器设备

(1)水泥净浆搅拌机。符合《水泥净浆标准稠度与凝结时间测定仪》(JC/T 727—2005)的要求,如图4-1所示。

(2)标准维卡仪。由底座、金属杆、指针、读数尺、释放钮等组成,如图4-2所示。

图4-1 水泥净浆搅拌机

图4-2 标准维卡仪

标准稠度测定用试杆,有效长度为50±1mm,由直径为$\phi10±0.05$mm的圆柱形耐腐蚀金属制成。测定凝结时间时取下试杆,用试针代替试杆。试杆由钢制成,其有效长度初凝针为50±1mm、终凝针为30±1mm,直径为$\phi1.13±0.05$mm的圆柱体。滑动部分的总质量为300±1g。与试杆、试针连接的滑动杆表面应光滑,靠自重力能自由下落,不得有紧涩和旷动现象。

盛装水泥净浆的试模应由耐腐蚀且有足够硬度的金属制成。试模深40±0.02mm,为顶内径$\phi65±0.05$mm、底内径$\phi75±0.05$mm的截顶圆锥体。每只试模应配备一个边长或直径约100mm、厚4~5mm的平板玻璃底板或金属底板,如图4-3所示。

(3)沸煮箱。有效容积约为410mm×240mm×310mm,箅板结构应不影响试验结果,箅板与加热器之间的距离大于50mm。箱的内层由不易锈蚀的金属材料制成,能在30±

5min 内将箱内的试验用水由室温升至沸腾并保持沸腾状态 3h 以上，整个试验过程中不需补充水量。

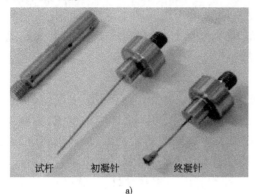

试杆　初凝针　终凝针
a)

试模
b)

图 4-3　试杆及试模

(4)雷氏夹膨胀仪。由铜质材料制成。当一根指针的根部再挂上 300g 质量的砝码时，两根指针的针尖距离增加应在 17.5±2.5mm 范围以内，即 $2x = 17.5±2.5$ mm，当去掉砝码后针尖的距离能恢复至挂码前的状态。

(5)量筒或滴定管：精度 ±0.5mL。

(6)天平：最大量程不小于 1000g，分度值不大于 1g。

(7)湿气养护箱：应能使温度控制在 20±1℃，相对湿度大于 90%。

(8)雷氏夹膨胀值测定仪：标尺最小刻度 0.5mm。

(9)秒表：分度值 1s。

4. 试样及用水

(1)水泥试样应有代表性并拌匀，通过 0.9mm 方孔筛并记录筛余物情况，但要防止过筛时混进其他水泥。

(2)试验用水必须是洁净的饮用水，如有争议时可用蒸馏水。

5. 试验室温度与相对湿度

(1)试验室的温度为 20±2℃，相对湿度不低于 50%。

(2)水泥试样、拌和用水、仪器和用具的温度，应与试验室内温度一致。

(3)湿气养护箱的温度为 20±1℃，相对湿度不低于 90%。

6. 标准稠度用水量测定(标准法)

(1)试验前准备工作。

(2)维卡仪的金属棒能够自由滑动。试模和玻璃底板用湿布擦拭，将试模放在底板上。

(3)调整至试杆接触玻璃板时指针对准零点，如图 4-4 所示。

(4)水泥净浆搅拌机运行正常。

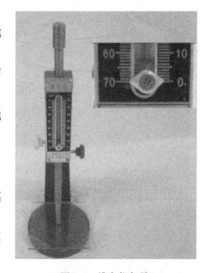

图 4-4　维卡仪归零

(5)水泥净浆拌制。

用水泥净浆搅拌机搅拌,搅拌锅和搅拌叶片先用布擦过,将拌和水倒入搅拌锅中,然后在 5~10s 内小心将称好的 500g 水泥加入水中,防止水和水泥溅出;拌和时,先将锅放在搅拌机的锅座上,升至搅拌位置,启动搅拌机,低速搅拌 120s,停 15s,同时将叶片和锅壁上的水泥浆刮入锅中间,接着高速搅拌 120s 停机。

7. 标准稠度用水量测定步骤

(1)拌和结束后,立即取适量水泥净浆一次性将其装入已置于玻璃底板上的试模中,用宽约 25mm 的直边刀轻轻拍打超出试模部分的浆体 5 次,以排除浆体中的空隙,然后在试模表面约 1/3 处,略倾斜于试模分别向外轻轻锯掉多余净浆,再从试模边沿轻抹顶部一次,使净浆表面光滑,在锯掉多余净浆和抹平的操作过程中,注意不要压实净浆。

(2)抹平后迅速将试模和底板移到维卡仪上,并将其中心定在试杆上,降低试杆直至与水泥净浆表面接触,拧紧螺钉 1~2s 后,突然放松,使试杆垂直自由地沉入水泥净浆中。试杆停止沉入或释放试杆 30s,记录试杆距底板之间的距离,升起试杆后,立即擦净。

(3)整个操作在搅拌后 1.5min 内完成。以试杆沉入净浆并距底板 6±1mm 的水泥净浆为标准稠度净浆。其拌和水量为该水泥的标准稠度用水量(P),按水质量的百分比计。标准稠度用水量测定过程如图 4-5 所示。

a)试杆与净浆表面接触

b)试杆释放后

图 4-5 标准稠度用水量的测定

8. 凝结时间测定

(1)测定前准备工作。调整凝结时间测定仪的试针接触玻璃板,使指针对准零点。

(2)试件的制备。以标准稠度用水量制成标准稠度净浆,按要求装模和刮平后,立即放入湿气养护箱中。记录水泥全部加入水中的时间作为凝结时间的起始时间。

(3)初凝时间测定。

①记录水泥全部加入水中至初凝状态的时间作为初凝时间,用 min 计。

②试件在湿气养护箱中养护至加水后 30min 时进行第一次测定。测定时,从湿气养护箱中取出试模放到试针下,降低试针与水泥净浆表面接触。拧紧螺钉 1~2s 后,突然放松,使试杆垂直自由地沉入水泥净浆中。观察试针停止沉入或释放试针 30s 时指针的读数。

③临近初凝时,每隔 5min 测定一次。当试针沉至距底板 4±1mm 时,为水泥达到初

凝状态。

④由水泥全部加入水中至初凝状态的时间为水泥的初凝时间,用 min 表示。初凝时间测定过程如图 4-6 所示。

a) 初凝针与净浆表面接触　　　　　　　　b) 初凝时间测定结果

图 4-6　初凝时间测定

(4) 终凝时间测定。

①由水泥全部加入水中至终凝状态的时间为水泥的终凝时间,用 min 计。

②为了准确观察试件沉入的状况,在终凝针上安装了一个环形附件。在完成初凝时间测定后,立即将试模连同浆体以平移的方式从玻璃板下翻转 180°,直径大端向上、小端向下放在玻璃板上,再放入湿气养护箱中继续养护。

③临近终凝时间时每隔 15min 测定一次,当试针沉入试件 0.5min 时,即环形附件开始不能在试件上留下痕迹时,为水泥达到终凝状态。

④由水泥全部加入水中至终凝状态的时间为水泥的终凝时间,用 min 表示。

终凝时间测定过程如图 4-7 所示。

a) 终凝针与净浆表面接触　　　　　　　　b) 终凝时间测定结果

图 4-7　终凝时间测定

(5) 测定时应注意的问题。

在最初测定操作时,应轻轻扶持金属柱,使其徐徐下降,以防止试针撞弯,但结果以自由下落为准;在整个测试过程中,试针沉入的位置至少要距试模内壁10mm。临近初凝时,每隔5min(或更短时间)测定一次,临近终凝时每隔15min(或更短时间)测定一次,到达初凝或终凝时应立即重复测一次,当两次结论相同时才能定为到达初凝,到达终凝状态时,需要在试体另外两个不同点测试,确认结论相同才能确定到达终凝状态。每次测定不能让试针落入原针孔,每次测试完毕须将试针擦净并将试模放回湿气养护箱内,整个测试过程要防止试模受振。

注意:可以使用能得出与标准中规定方法相同结果的凝结时间自动测定仪,有矛盾时以标准规定方法为准。

9. 安定性测定(标准法)

(1)测定前准备工作。每个试样需要两个试件,每个雷氏夹需配备两个边长或直径约80mm、厚度4~5mm的玻璃板。凡与水泥净浆接触的玻璃板和雷氏夹表面都要稍稍涂上一层油。

(2)雷氏夹试件的制备方法。将准备好的雷氏夹放在已稍擦油的玻璃板上,并立刻将制好的标准稠度净浆装满雷氏夹。装浆时一只手轻轻扶持雷氏夹,另一只手用宽度约25mm的直边刀在浆体表面轻轻插捣3次,然后抹平,盖上稍涂油的玻璃板,接着立刻将雷氏夹移至湿气养护箱内养护$24 \pm 2h$。

(3)沸煮。

①调整好沸煮箱内的水位,使能保证整个过程中都能超过试件,不需中途添补试验用水,同时保证在$30 \pm 5min$内水能沸腾。

②脱去玻璃板取下试件,测量指针尖端间的距离A,精确至0.5mm,接着将试件放入沸煮箱中的试件架上,指针朝上,然后在$30 \pm 5min$内加热至沸并恒沸$180 \pm 5min$。

(4)结果判别。沸煮结束后,即放掉箱中的热水,打开箱盖,待箱体冷却至室温,取出试件进行判别。

测量雷氏夹指针尖端间的距离C,精确至0.5mm。当两个试件煮后增加距离($C-A$)的平均值不大于5.0mm时,即认为该水泥安定性合格;当两个试件煮后增加距离($C-A$)的平均值差大于5.0mm时,应用同一样品立即重做一次试验,以复检结果为准。

安定性测定过程如图4-8所示。

(5)判定。记录前后两次读数,求出差值,即增加距离。两个试件的增加距离不大于5.0mm,该水泥安定性合格。若其增加距离大于4.0mm时,应用同一样品立即重做一遍。再如此,则该水泥安定性不合格。

10. 安定性测定(代用法)

(1)测定前准备工作。每个样品需准备两块边长约100mm的玻璃板,凡与水泥净浆接触的玻璃板都要稍稍涂上一层油。

(2)试饼的成型方法。将制好的净浆取出一部分分成两等份,使之呈球形,放在预先准备好的玻璃板上,轻轻振动玻璃板并用湿布擦净的小刀由边缘向中央抹动,做成直径70~80mm、中心厚约10mm、边缘渐薄、表面光滑的试饼,接着将试饼放入湿气养护箱内养护$24 \pm 2h$。

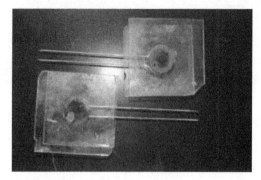 

a) 制件

b) 测量A值

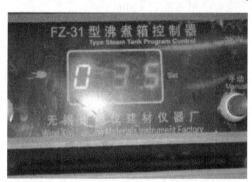 

c) 沸煮

d) 测量C值

图 4-8　安定性测定

(3)沸煮。

①调整好沸煮箱内的水位,使之在整个沸煮过程中都能没过试件,不需中途添补试验用水,同时保证水在 30±5min 内能沸腾。

②脱去玻璃板取下试件,在试饼无缺陷的情况下将试饼放在沸煮箱水中的篦板上,在 30±5min 内加热至沸并恒沸 180±5min。

(4)结果判别。沸煮结束后,即放掉箱中的热水,打开箱盖,待箱体冷却至室温,取出试件进行判别。目测试饼未发现裂缝,用钢直尺检查也没有弯曲(使钢直尺和试饼底部紧靠,以两者间不透光为不弯曲)的试饼为安定性合格;反之为不合格。当两个试饼判别结果有矛盾时,该水泥的安定性为不合格。

11.试验结果

(1)标准稠度用水量按下式计算,结果精确至 0.1%。

$$W = \frac{M_W}{M_C} \times 100 \tag{4-1}$$

式中:W——标准稠度用水量(%);

M_W——达到标准稠度时所加水的质量(mL);

M_C——水泥质量(g)。

(2)凝结时间的计算。

初凝时间:标准稠度净浆达到初凝的时间与起始时间的差,用 min 表示。

终凝时间:标准稠度净浆达到终凝的时间与起始时间的差,用 min 表示。

(3)安定性结果评定按下式确定:

$$沸煮后试样的膨胀值 = C - A \tag{4-2}$$

式中:C——煮沸后雷氏夹指针尖端的距离(mm);

A——养护 24h 雷氏夹指针尖端的距离(mm)。

平行两次试验,在允许误差范围内时取两次结果的算术平均值作为结果。

12.试验记录

对选用的水泥进行标准稠度用水量、凝结时间、安定性检测,试验结果见表 4-14。

水泥标准稠度用水量、凝结时间、安定性试验记录   表 4-14

样品名称: __普通硅酸盐水泥__   检测日期: __(试验当天日期)__
样品用途: __桥梁桩基__   试验室温、湿度: __22℃、60%__
样品来源: __出厂样__   试验者: __(试验者姓名)__
试验方法: __GB/T 1346—2011__   校核者: __(校核者姓名)__

项　目	试 验 次 数	1	2
标准稠度用水量	水泥质量(g)	500.0	500.0
	加水量(mL)	144	142.5
	试杆到底板的距离(mm)	7.2	5.8
	标准稠度用水量 W(%)	不是标准稠度	28.5

续上表

项目		试验次数	1	2
凝结时间		水泥浆类型	标准稠度的水泥净浆	
		起始时间	8:25	
	初凝时间	初凝针沉至底板 $4 \pm 1mm$ 的时间	11:15	
		初凝时间(min)	170	
	终凝时间	终凝针沉入试件 0.5mm 时的时间	12:10	
		终凝时间(min)	225	
安定性		试样编号	1	2
		水泥浆类型	标准稠度的水泥净浆	
		雷氏夹指针尖端的距离 A(mm)	25.0	25.5
		沸煮后雷氏夹指针尖端的距离 C(mm)	28.5	30.0
	$C - A$(mm)	单值	3.5	4.5
		平均值	4.0	
结论		此水泥的标准稠度用水量为 28.5%,初凝时间 >45min,终凝时间 <600min, $C - A \leq 5mm$,其初凝时间、终凝时间、安定性均合格,以此两项技术指标评定为合格品		

三、水泥胶砂强度检验方法(GB/T 17671—1999)

1. 定义

水泥的力学性质用强度等级来评价。强度是确定水泥强度等级的主要指标,是反映水泥胶结能力的主要依据。强度高的水泥,胶结能力大,制成的结构物的承载能力高。

我国标准规定用水泥胶砂强度(检验方法:ISO 法砂)来评定水泥的强度及确定强度等级。该法是用1:3 的水泥和中国 ISO 标准砂,按规定的水灰比0.5,在标准搅拌条件下,用标准的制作方法制成标准试件($40mm \times 40mm \times 160mm$),在标准养护条件下,达到规定龄期(3d、28d)时,测定其抗折和抗压强度,以 28d 的抗压强度确定水泥的强度等级。其他强度(3d 抗折、抗压强度,28d 抗折强度)不低于标准规定。否则,水泥的强度等级不符合要求。

操作过程按(GB/T 17671—1999)进行试验。火山灰质硅酸盐水泥、粉煤灰硅酸盐水泥、复合硅酸盐水泥和掺火山灰质混合材料的普通硅酸盐水泥在进行胶砂强度检验时,其用水量按0.50 水灰比和胶砂流动度不小于180mm 来确定。当流动度小于180mm 时,应以 0.01 的整倍数递增的方法将水灰比调整至胶砂流动度不小于180mm。

胶砂流动度试验按照(GB/T 2419—2005)进行,其中胶砂制备按(GB/T 17671—1999)规定进行。

2. 试验目的和适用范围

本方法规定水泥胶砂强度检验基准方法的仪器、材料、胶砂组成、试验条件、操作步骤和结果计算。

本方法适用于硅酸盐水泥、普通硅酸盐水泥、矿渣硅酸盐水泥、粉煤灰硅酸盐水泥、复合硅酸盐水泥、道路硅酸盐水泥以及石灰石硅酸盐水泥的抗折与抗压强度检验。采用其他水泥时必须研究本方法的适用性。

3. 仪器设备

(1)胶砂搅拌机。胶砂搅拌机是行星式,其搅拌叶片和搅拌锅作相反方向的转动。叶片和锅由耐磨的金属材料制成,叶片与锅底、锅壁之间的间隙为叶片与锅壁最近的距离。制造质量应符合《行星式水泥胶砂搅拌机》(JC/T 681—2005)的规定,如图4-9所示。

(2)振实台。

振实台应符合(JC/T 682—2005)的规定,如图4-10所示。由装有两个对称偏心轮的电动机产生振动,使用时固定于混凝土基座上。基座高约400mm,混凝土的体积约0.25m^3,质量约600kg。为防止外部振动影响振实效果,可在整个混凝土基座下放一层厚约5mm的天然橡胶弹性衬垫。

图4-9 水泥胶砂搅拌机

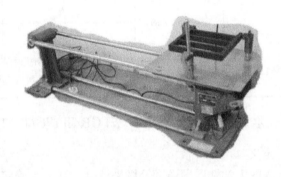

图4-10 胶砂振实台

将仪器用地脚螺钉固定在基座上,安装后设备呈水平状态,仪器底座与基座之间要铺一层砂浆以确保它们完全接触。

(3)试模及下料漏斗。

①试模为可装卸的三联模,由隔板、端板、底座等部分组成,制造质量应符合《水泥胶砂试模》(JC/T 726—2005)的规定。可同时成型三条截面为40mm×40mm×160mm的菱形试件。

图4-11 胶砂抗折试验机

②下料漏斗由漏斗和模套两部分组成。漏斗用厚为0.5mm的白铁皮制作,下料口宽度一般为4～5mm。模套高度为20mm,用金属材料制作。套模壁与模型内壁应重叠,超出内壁不应大于1mm。

(4)抗折试验机和抗折夹具。抗折试验机应符合(JC/T 724—2005)中的要求,一般采用双杆式,也可采用性能符合要求的其他试验机,如图4-11所示。加荷与支撑圆柱必须用硬质钢材制造。通过3根圆柱轴的3个竖向平面应该平行,并在试验时继续保持平行和等距离垂直试件的方向,其中一根支撑圆柱能轻微地倾斜使圆柱与试件完全接触,以便荷载沿试件宽度方向均匀分布。

(5)抗压试验机和抗压夹具。

①抗压试验机的吨位以 200~300kN 为宜。抗压试验机在较大的 4/5 量程范围内使用时,记录的荷载应有 ±1% 的精度,并具有按 2400±200N/s 速率加荷的能力,应具有一个能指示试件破坏时荷载的指示器。

压力机的活塞竖向轴应与压力机的竖向轴重合,而且活塞作用的合力要通过试件中心。压力机的下压板表面应与该机的轴线垂直并在加荷过程中一直保持不变。

②当试验机没有球座,或球座已不灵活或直径大于 120mm 时,应采用抗压夹具,由硬质钢材制成,受压面积为 40mm×40mm,并应符合(JC/T 683—2005)的规定。

4.材料

(1)水泥试样从取样到试验要保持 24h 以上时,应将其储存在基本装满和气密的容器中,这个容器不能和水泥发生反应。

(2)ISO 标准砂。各国生产的 ISO 标准砂都可以用来按本方法测定水泥强度。

(3)试验用水为饮用水。仲裁试验时用蒸馏水。

5.温度与相对湿度

(1)试件成型应保持试验室温度为 20±2℃(包括强度试验室),相对湿度大于 50%。水泥试样、ISO 砂、拌和水及试模等的温度应与室温相同。

(2)养护箱或雾室温度 20±1℃,相对湿度大于 90%,养护水的温度 20±1℃。

(3)试验室的空气温度和相对湿度在工作期间每天应至少记录一次。养护箱或雾室温度和相对湿度至少每 4h 记录一次。

6.试件成型

(1)成型前将试模擦净,四周的模板与底座的接触面上应涂黄油,紧密装配,防止漏浆,内壁均匀地刷一薄层机油。

(2)水泥与 ISO 砂的质量比为 1:3、水灰比为 0.5。

(3)每成型 3 条试件,需称量的材料及用量为:水泥 450±2g;ISO 砂 1350±5g;水 225±1mL。试模准备及原材料准备如图 4-12 所示。

a)试模准备　　　　　　　b)将试模固定在振实台上　　　　　　c)原材料准备

图 4-12　试验准备

(4)将水加入锅中,再加入水泥,把锅放在固定架上并上升至固定位置。然后立即开动机器,低速搅拌 30s 后,在第二个 30s 开始的同时均匀将砂子加入。砂子分级装入,应从最粗粒级开始,依次加入,再高速搅拌 30s,如图 4-13 所示。

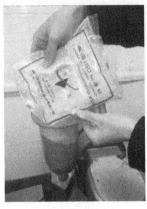  

a) 加砂于加砂漏斗中　　b) 将水泥加入加过水的搅拌锅中　　c) 加砂进行搅拌

图 4-13　水泥胶砂的搅拌

(5) 用振实台成型时，将空试模和模套固定在振实台上，用适当的勺子直接从搅拌锅中将胶砂分为两层装入试模，装第一层时，每个槽里约放 300g 砂浆，用大播料器垂直架在模套顶部，沿每个模槽来回一次将料层播平，接着振实 60 次。再装入第二层胶砂，用小播料器播平，再振实 60 次。移走模套，从振实台上取下试模，并用刮尺以 90°的角度架在试模顶的一端，沿试模长度方向以横向锯割动作慢慢向另一端移动，一次将超出试模的胶砂刮去，并用同一直尺在近乎水平的情况下将试件表面抹平，如图 4-14 所示。

a) 振实　　　　　　　　　　　　　　　b) 将试件表面抹平

图 4-14　水泥胶砂振实成型

(6) 当用代用振动台成型时，在搅拌胶砂的同时将试模及下料漏斗卡紧在振动台台面中心。将搅拌好的全部胶砂均匀地装入下料漏斗中，开动振动台振 120±5s 停车。振动完毕，取下试模，用刮平尺刮去多余胶砂并抹平试件。

(7) 在试模上作标记或加字条标明试件的编号和试件相对于振实台的位置。两个龄期以上的试件，编号时应将同一试模中的 3 条试件分在两个以上的龄期内。

(8) 试验前或更换水泥品种时，须将搅拌锅、叶片和下料漏斗等抹擦干净。

7. 养护

(1) 编号后，将试模放入养护箱养护，养护箱内算板必须水平。水平放置时刮平面应朝上。对于 24h 龄期的，应在成型试验前 20min 内脱模。对于 24h 以上龄期的，应在成型后 20~24h 内脱模。脱模时要非常小心，应防止试件损伤。硬化较慢的水泥允许延期脱模,但须记录脱模时间。

(2)试件脱模后即放入水槽中养护,试件之间间隙和试件上表面的水深不得小于5mm。每个养护池中只能养护同类水泥试件,随时加水,保持恒定水位,不允许养护期间全部换水。

(3)除24h龄期或延迟48h脱模的试件外,任何到龄期的试件应在试验前15min从水中取出。抹去试件表面沉淀物,并用湿布覆盖。

8.强度试验

(1)各龄期(试件龄期从水泥加水搅拌开始算起)的试件应在下列时间内进行强度试验:

龄　　期	试　验　时　间
24h	24h±15min
48h	48h±30min
72h	72h±45min
7d	7d±2h
28d	28d±8h

(2)抗折强度试验。

①以中心加荷法测定抗折强度。

②采用杠杆式抗折试验机试验时,试件放入前,应使杠杆成水平状态,将试件成型侧面朝上放入抗折试验机内。试件放入后调整夹具,使杠杆在试件折断时尽可能地接近水平位置。

③抗折试验加荷速度为 50±10N/s,直至折断,并保持两个半截棱柱试件处于潮湿状态直至抗压试验,如图4-15所示。

④抗折强度按下式计算:

$$R_f = \frac{1.5F_f L}{b^3} \tag{4-3}$$

式中:R_f——抗折强度(MPa);

F_f——破坏荷载(N);

L——支撑圆柱中心距(mm);

b——试件断面正方形的边长,一般为40mm。

抗折强度计算精确到0.1MPa。

⑤抗折强度结果取3个试件平均值,精确至0.1MPa。当3个强度值中有超过平均值±10%的,应剔除后再平均,以平均值作为抗折强度试验结果。

(3)抗压强度试验。

①抗折试验后的断块应立即进行抗压试验。抗压试验须用抗压夹具进行,试件受压面为试件成型时的两个侧面,面积为40mm×40mm。试验前应清除试件受压面与加压板间的砂粒或杂物。试件的底面靠紧夹具定位销,断块试件应对准抗压夹具中心,并使夹具对准压力机压板中心,半截棱柱体中心与压力机压板中心差应在±0.5mm内,棱柱体露在压板外的分约为10mm。

②压力机速度应控制在2400±200N/s速率范围内,如图4-16所示。

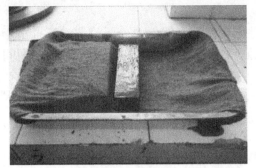
a) 将试件用湿布覆盖

b) 抗折试验机调平

c) 将试件放入夹具

d) 试件折断

图 4-15 抗折强度测定

a) 胶砂断块放置

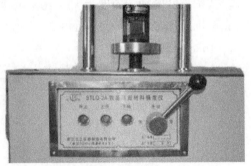
b) 压力机加荷

c) 抗压数据采集

图 4-16 抗压强度测定

③抗压强度按下式计算：

$$R_c = \frac{F_c}{A} \tag{4-4}$$

式中：R_c——抗压强度（MPa）；

　　　F_c——破坏荷载（N）；

　　　A——受压面积（40mm×40mm = 1600mm²）。

抗压强度计算值精确到 0.1MPa。

④抗压强度结果为一组 6 个断块试件抗压强度的算术平均值，精确至 0.1MPa，如果 6 个强度值中有一个值超过平均值±10%的，应剔除后以剩下 5 个值的算术平均值作为最后结果。如果 5 个值中再有超过平均值±10%的，则此组试件无效。

9. 试验记录

该工程对选用的水泥进行强度检测，试验结果记录见表 4-15。

水泥胶砂强度试验记录　　　　　　　　　　　　　表 4-15

样品名称：　　普通硅酸盐水泥　　　　　　检测日期：　（试验当天日期）

样品用途：　　路面工程　　　　　　　　　试验室温、湿度：（22℃，60%）

样品来源：　　出厂样　　　　　　　　　　试验者：　（试验者姓名）

试验方法：　　GB/T 17671　　　　　　　　校核者：　（校核者姓名）

试件龄期（d）	抗折强度			抗压强度		
	破坏荷载(kN)	抗折强度(MPa)	平均强度(MPa)	破坏荷载(kN)	抗压强度(MPa)	平均强度(MPa)
3		4.6	4.7	36	22.5	21.1
				33	20.6	
		4.7		34	21.3	
				32	20.0	
		4.7		34	21.3	
				34	21.3	
28		6.6	6.5	68	42.5	43.8
				69	43.1	
		6.4		72	45.0	
				72	45.0	
		6.5		70	43.8	
				69	43.1	
结论	此水泥 3d 抗压强度≥17MPa，28d 抗压强度≥42.5MPa；3d 抗折强度≥3.5MPa，28d 抗折强度≥6.5MPa，因此，其强度合格，此项技术指标评定为合格品					

思考与练习

一、填空题

1. 需要使用水泥标准稠度净浆的试验项目除水泥凝结时间外，还有＿＿＿＿试验。

2.标准法测水泥标准稠度用水量时,当试杆沉入净浆并距底板为_____mm 时,水泥净浆为标准稠度净浆。

3.某批硅酸盐水泥,经检验其初凝时间不合格,则该水泥_____。

4.水泥由加水时起,至试针沉入净浆中距底板_____时,所需时间为初凝时间。

5.水泥的终凝时间是_____。

二、综合题

某工程桥梁立柱施工,水泥混凝土为 C30,施工采用普通硅酸盐水泥,施工前需进行原材料检测,检验合格后才能用于现场施工。试回答以下问题:

(1)简述判定普通硅酸盐水泥合格的方法。

(2)水泥细度有哪几种检验方法?复合硅酸盐水泥需要用什么检验方法?为什么?

(3)水泥胶砂试件制作时为什么需要先检测胶砂流动度性能?

任务三　水泥混凝土拌和物技术性能检测

1.能了解水泥混凝土组成材料及普通混凝土的概念;
2.能理解新拌混凝土工作性(和易性)的概念;
3.能掌握混凝土拌和物性能检测的目的、适用范围及工程意义;
4.能检测水泥混凝土的稠度、表观密度、泌水率、含气量、凝结时间;
5.能根据任务要求确定该水泥混凝土各性能是否满足施工技术要求。

4 学时。

××工程第 2 合同段 K7+365 竹口大桥,基础采用钻孔灌注桩,桩基施工用 C30 混凝土,桩长 60m,桩径 1.5m,所需混凝土数量约 110m³,导管内径 25cm。现根据以上技术要求检测水泥混凝土拌和物的性能,其内容为:水泥混凝土的稠度、表观密度、泌水率,参照现行国家标准《公路工程水泥及水泥混凝土试验规程》(JTG E30—2005)和《公路桥涵施工技术规范》(JTG/T F50—2011),判断是否符合规范及设计要求。

一、水泥混凝土的概念

水泥混凝土是由水泥、细集料、粗集料与水,必要时加入适量的外加剂或混合料,按一定比例配合,均匀搅拌、铺筑、振捣,在一定的养护条件下,经一定时间硬化而形成的一种人造复合石料。它的基本组成材料为水泥、细集料、粗集料、水。其中粗集料起骨架作用,细集料填充粗集料之间的空隙,水泥起黏结作用,水泥混合料具有流动性,并与水泥、砂一起填充粗集料之间的空隙。水泥混凝土的组成材料的品质决定水泥混凝土的品质。因此,混凝土各组成材料应符合一定的技术标准。

二、新拌水泥混凝土工作性的含义

水泥混凝土在尚未凝结硬化以前,称为新拌水泥混凝土,新拌混凝土的工艺性质,称之为工作性(或和易性)。新拌混凝土的工作性,也称和易性,是混凝土拌和物易于施工操作(拌和、运输、浇筑、振捣)且成型后质量均匀密实的性能。实际上,混凝土拌和物的和易性是一项综合技术性质,包括流动性、黏聚性、可塑性和保水性4个方面。

(1)流动性是混凝土拌和物在自重或机械振捣作用下,能产生流动,填满模板的性能。

(2)黏聚性是混凝土拌和物在施工过程中其组成材料之间有一定的黏聚力,不致产生分层和离析的现象。

(3)可塑性是指混凝土混合料在是施工过程中,不在外力作用下产生脆断的性能。

(4)保水性是保证混凝土在施工过程中,有一定的保水能力,不致产生严重泌水现象。

三、影响水泥混凝土工作性的因素

1. 水泥

(1)水泥品种不同,达到标准时的用水量不同,在其他条件相同的情况下,标准稠度用水量最小的水泥,其混凝土拌和物的流动性较大。通常普通水泥的混凝土拌和物比矿渣水泥和火山灰水泥的工作性好。矿渣水泥拌和物的流动性虽大,但黏聚性差,宜泌水、离析。火山灰水泥流动性小,但黏聚性最好。

(2)适当提高水泥细度可改善混凝土拌和物的黏聚性和保水性,减少泌水与离析现象。

2. 集料

集料的最大粒径、形状、表面特征、级配对混凝土拌和物的工作性影响较大。在相同用水量的条件下,集料表面光滑、形状较圆、少棱角的卵石,所拌制的混合料流动性大,但强度较表面粗糙、有棱角的碎石低。

3. 集浆比

单位混凝土拌和物中,集料的绝对体积与水泥浆绝对体积的比值称为集浆比。单位体积的混凝土拌和物中,水灰比不变,水泥浆数量越多,混凝土拌和物的流动性越大。但水泥浆数量过多,集料的含量则相对减少,即集浆比变小,达到一定程度将出现流浆现象,拌和物的稳定性变差,不仅浪费水泥,而且使结构物的强度和耐久性降低。因此,拌和物中的集浆比应以满足流动性为宜。

4. 水灰比和水胶比

混凝土中水的质量与水泥质量的比值称为水灰比,水灰比的大小决定水泥浆的稠度。

若用水量不变,水灰比越小,会使水泥浆变稠,拌和物流动性较小;若加大水灰比,可使水泥浆变稀,流动性增大,但拌和物的黏聚性和保水性差,水灰比大于某一极限值时,拌和物将产生严重的泌水与离析现象,影响混凝土的强度。因此,应合理地选择水灰比。

水胶比指的混凝土中水的质量与胶凝材料质量的比值,胶凝材料指的是混凝土中水泥和活性矿物掺合料(粉煤灰、矿渣)的总称。

5. 砂率

砂率是指水泥混凝土中砂的质量占砂石总质量的百分率。当水泥浆用量一定时,砂率过大,则集料的总表面积增大,包裹砂子的水泥浆层变薄,砂粒间的摩擦阻力加大,拌和物的流动性减小;砂率过小,虽然表面积减小,但由于砂浆量不足,水泥浆除填充石子空隙外,包裹在石子表面的水泥砂浆层变薄,拌和物的流动性变小,同时由于砂量不足,也宜导致离析、泌水等现象,影响工作性。因此,砂率有一个合理值。在水泥浆用量一定时,能使新拌混凝土获得最大的流动性,又能保持黏聚性和保水性的砂率,即合理砂率。

6. 外加剂

拌制水泥混凝土时加入少量的外加剂,可在不增加用水量和水泥用量的情况下改善混凝土拌和物的工作性,也可提高混凝土的强度和耐久性。

7. 温度与搅拌时间

(1)温度越高,混凝土拌和物的水分蒸发越快,流动性越小,温度升高10℃,塌落度大约减小20~40mm,夏季施工时必须注意这一点。

(2)搅拌时间的长短,也会影响混凝土拌和物的工作性,若搅拌时间不足,拌和物的工作性就越差,质量也不均匀。

四、改善混凝土拌和物工作性的措施

(1)适当调整混凝土的材料组成。在保证混凝土强度、耐久性和经济性的前提下,适当调整混凝土配合比以改善工作性。

(2)掺加外加剂,使混凝土拌和物的工作性符合不同的使用要求。

(3)提高振捣机械的效能,可降低施工条件对混凝土拌和物的要求。

五、混凝土拌和物的工作性选择

1. 道路混凝土

《水泥混凝土路面施工及验收规范》(GBJ 97—1987)规定,水泥混凝土路面用道路混凝土拌和物的工作性,坍落度宜为 10~25mm,当坍落度小于10mm 时,采用维勃稠度仪测定维勃时间宜为 10~30s。

2. 公路桥涵混凝土

根据公路桥涵的有关技术规范规定,泵送混凝土的配合比宜符合下列要求:

(1)最小水泥用量宜为 280~300kg/m³(输送管径 100~150mm)。通过 0.3mm 筛孔的砂不宜少于15%,砂率宜控制在35%~45%范围内。

(2)混凝土拌和物的出机坍落度宜为 100~200mm,泵送入模时的坍落度宜控制在 80~180mm 之间。

六、新拌混凝土拌和物的工作性指标及测定方法

1. 工作性指标

(1)坍落度。

提起坍落度筒后,测量筒高于坍落后混凝土试体最高点之间的高度差,即为改混凝提拌和物的坍落度值。测定混凝土坍落度可用目测方法评定混凝土拌和物的其他性质,见表4-16。

混凝土拌和物性质　　　　　　　表4-16

项　目	内　容	评定标准
棍度	插捣难易程度	上:容易;中:稍有阻滞;下:很难插捣
含砂情况	抹平情况	多:1~2次抹平,无蜂窝;5~6次抹平,无蜂窝;少:不易抹平;有空隙,石子外漏
黏聚性	在锥体一侧轻打的情况	良好,渐渐下沉,不好;突然倒塌,石子离析
保水性	水分从拌和物底部析出情况	多;较多;少;少量;无;没有

坍落度试验:适用于粗集料公称最大粒径不大于31.5mm,混凝土拌和物的坍落度值大于10mm的混凝土拌和物。根据坍落度的大小对混凝土拌和物的稠度进行分级,见表4-17。

混凝土拌和物根据坍落度进行稠度分级　　表4-17

级　别	坍落度(mm)	级　别	坍落度(mm)
特干硬	—	低塑	50~90
很干稠	—	塑性	100~150
干稠	10~40	流态	>160

(2)维勃稠度。

适用于粗集料的最大粒径不大于31.5mm,维勃稠度在5~10s之间的混凝土的拌和物的稠度测定。根据维勃稠度对混凝土拌和物的稠度进行分级,见表4-18。

混凝土拌和物根据维勃稠度进行稠度分级　　表4-18

级　别	维勃时间(s)	级　别	维勃时间(s)
特干硬	≥31	低塑	10~5
很干稠	30~21	塑性	≤4
干稠	20~11	流态	—

2. 表观密度

水泥混凝土的表观密度指单位体积新拌水泥混凝土拌和物的质量。测定水泥混凝土拌和物的表观密度,可以用来修正、核实水泥混凝土配合比计算中的材料用量。

3. 凝结时间

混凝土拌和物凝结时间的测定的目的是控制现场施工流程。可分为初凝时间和终凝时间,初凝时间大致相当于混凝土拌和物不再适于正常浇灌的时间,终凝时间接近于硬化开始的时间。凝结基本上由硅酸三钙(C_3S)的水化作用所控制。在初凝以前新拌混凝土

拌和物将失去一定的坍落度,而终凝之后一段时间内将获得适当的强度。

初凝时间是压力与面积比(贯入阻力)为3.5MPa达到终凝对应的标准;终凝时间是压力与面积比(贯入阻力)为28MPa达到终凝对应的标准。

4. 泌水率

混凝土在运输、振捣、泵送的过程中出现粗集料下沉,水分上浮的现象称为混凝土泌水。通常,描述混凝土泌水性的指标有泌水量(即混凝土拌和物单位面积的平均泌水量)和泌水率(即泌水量对混凝土拌和物含水率之比)。

泌水会引起某些不良的后果,如会引起麻面、塑性开裂、表层混凝土强度降低等问题。泌水后会使混凝土不均匀,泌水部位的混凝土中会产生缺陷,导致该部位混凝土强度降低。泌水还会降低混凝土的抗渗透能力、抗腐蚀能力和抗冻融能力。

5. 经济性

在满足质量指标的前提下,宜根据相关规范,掺入掺合料,优选相容性好,性价比高的外加剂来降低材料成本。

6. 安全性

(1)新拌混凝土、入模混凝土、浇筑完成时首灌混凝土和易性是否满足施工要求,是确保混凝土拌和物顺利灌注的前提条件,否则宜发生堵管,断桩现象。

(2)混凝土是依靠自身流动性和一定压力状态下密实的混凝土,因此混凝土拌和物流动稳定性直接影响灌注的顺利程度,所以混凝土不得发生板结、抓底、黏度过大现象。

任务实施

一、水泥混凝土拌和物的拌和与现场取样方法(T 0521—2005)

1. 目的与适用范围

本方法规定了在常温环境中室内水泥混凝土拌和物的拌和与现场取样方法。

轻质水泥混凝土、防水水泥护凝土、碾压水泥混凝土等其他特种水泥混凝土的拌和与现场取样方法,可以参照本方法进行,但因其特殊性所引起的对试验设备及方法的特殊要求,均应遵照这些水泥混凝土的有关技术规定进行。

2. 仪器设备

(1)搅拌机。自由式或强制式,如图4-17所示。

(2)振动台。标准振动台,符合《混凝土试验用振动台》(JG/T 3020—1994)的要求。

(3)磅秤。感量满足称量总量1%的磅秤。

(4)天平:感量满足称量总量0.5%的天平。

(5)其他:铁板、铁铲等。

3. 材料

(1)所有材料均应符合有关要求,拌和前

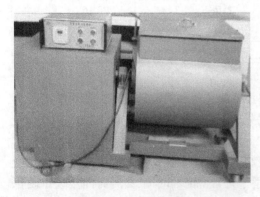

图4-17 混凝土搅拌机

材料应放置在温度 20±5℃ 的室内。

(2)为防止粗集料的离析,可将集料按不同粒径分开,使用时再按一定比例混合。试样从抽取至试验完毕过程中,不要风吹日晒,必要时应该采取保护措施。

4.拌和步骤

(1)拌和时保持室温 20±5℃。

(2)拌和物的总量至少应比所需量高 20% 以上。拌制混凝土的材料用量应以质量计,称量的精确度:集料为 ±1%,水、水泥、掺和料和外加剂为 ±0.5%。

(3)粗集料、细集料均以干燥状态(干燥状态是指含水率小于 0.5% 的细集料和含水率小于 0.2% 的粗集料)为基准,计算用水量时应扣除粗集料、细集料的含水率。

(4)外加剂的加入。

①对于不溶于水或难溶于水且不含湿解型盐类,应先和一部分水泥拌和,以充分分散。

②对于不溶于水或难溶于水但含湿解型盐类,应先和细集料拌和。

③对于水溶性或液体,应先和水拌和。

(5)拌制混凝土所用各种用具,如铁板、铁铲、抹刀,应预先用水润湿。

(6)使用搅拌机前,应先用少量砂浆进行涮膛,再刮出涮膛砂浆,以避免正式拌和混凝土时水泥砂浆粘附筒壁的损失。涮膛砂浆的水灰及砂灰比,应与正式的混凝土配合比相同。

(7)用搅拌机拌和时,拌和量宜为搅拌机公称容量 1/4~3/4 之间。

(8)搅拌机搅拌。按规定称好原材料,往搅拌机内顺序加入粗集料、细集料、水泥。开动搅拌机,将材料拌和均匀,在拌和过程中徐徐加水,全部加料时间不宜超过 2min,务必使拌和物均匀一致。

(9)采用人工拌和时,先用湿布将铁板、铁铲润湿,再将称好的砂和水泥在铁板上拌匀,加入粗集料,再混合搅拌均匀。而后将此拌和物堆成长堆,扒成长槽,将称好的水倒入约一半,将其拌和物仔细拌匀,再将材料堆成长堆,扒成长槽,倒入剩余的水,继续进行拌和,来回翻拌至少 6 遍。

(10)从试样制备完毕到开始做各项性能指标试验不宜超过 5min(不包括成型试件)。

5.现场取样

(1)新混凝土现场取样。凡由搅拌机、料斗、运输小车以及浇制的构件中采用新拌混凝土代表性样品时,均需从 3 处以上的不同部位抽取大致相同份量的代表性样品(不要抽取已经离析的混凝土),集中用铁铲翻拌均匀,而后立即进行拌和物的试验。拌和物取样量应多于试验所需数量的 1.5 倍,其体积不小于 20L。

(2)为使取样具有代表性,宜采用多次采样的方法,最后集中用铁铲翻拌均匀。

(3)从第一次取样到最后一次取样不宜超过 15min。取回的混凝土拌和物应经过人工翻拌均匀,而后进行试验。

二、水泥混凝土拌和物稠度试验方法(坍落度仪法)(T 0522—2005)

1.目的与适用范围

本方法规定了采用坍落度仪测定水泥混凝土拌和物稠度的方法和步骤。

本方法适用于坍落度大于10mm,集料公称最大粒径不大于31.5mm的水泥混凝土的坍落度测定。

2．仪器设备

(1)坍落筒:符合《水泥混凝土坍落度仪》中有关技术要求。

图4-18　坍落度试验用仪器设备

(2)捣棒:符合《水泥混凝土坍落度仪》(JG 3021—1994)中有关技术要求,直径16mm,长约600mm,并具有半球形端头的钢质圆棒。

(3)其他:小铲、木尺、小钢尺、镘刀和钢平板等。仪器设备如图4-18所示。

3．试验步骤

(1)试验前将坍落筒内外洗净,放在经水润湿过的平板上(平板吸水时应垫以塑料布),踏紧踏脚板。

(2)将代表样分3层装入筒内,每层装入高度稍大于筒高的1/3,用捣棒在每一层的横截面上均匀插捣25次。插捣在全部面积上进行,沿螺旋线由边缘至中心,插捣底层时插至底部,插捣其他两层时,应插透本层并插入下层约20~30mm,插捣须垂直压下(边缘部分除外),不得冲击。在插捣顶层时,装入的混凝土应高出坍落筒口,随插捣过程随时添加拌和物。当顶层插捣完毕后,将捣棒用锯和滚的动作,清除掉多余的混凝土,用镘刀抹平筒口,刮净筒底周围的拌和物。而后立即垂直地提起坍落筒,提筒在5~10s内完成,并使混凝土不受横向及扭力作用。从开始装料到提出坍落度筒整个过程应在150s内完成。

(3)将坍落筒放在锥体混凝土试样一旁,筒顶平放木尺,用小钢尺量出木尺底面至试样顶面最高点的垂直距离,即为该混凝土拌和物的坍落度,精确至1mm。

(4)当混凝土试件的一侧发生崩坍或一边剪切破坏,则应重新取样另测。如果第二次仍发生上述情况,则表示该混凝土和易性不好,应记录。

(5)当混凝土拌和物的坍落度大于220mm时,用钢尺测量混凝土扩展后最终的最大直径和最小直径,在这两个直径之差小于50mm的条件下,用其算术平均值作为坍落扩展度值;否则,此次试验无效。

(6)坍落度试验的同时,可用目测方法评定混凝土拌和物的下列性质,并予记录。

①棍度:按插捣混凝土拌和物时难易程度评定。分"上""中""下"三级。

"上":表示插捣容易;"中":表示插捣时稍有石子阻滞的感觉;"下":表示很难插捣。

②含砂情况:按拌和物外观含砂多少而评定,分"多""中""少"三级。

"多":用镘刀抹拌和物表面时,一两次即可使拌和物表面平整无蜂窝;"中":表示抹五六次才可使表面平整无蜂窝;"少":表示抹面困难,不易抹平,有空隙及石子外露等现象。

③黏聚性:观测拌和物各组分相互黏聚情况。评定方法是用捣棒在已坍落的混凝土锥体侧面轻打,如锥体在轻打后逐渐下沉,表示黏聚性良好;如锥体突然倒坍、部分崩裂或发生石子离析现象,即表示黏聚性不好。

④保水性:指水分从拌和物中析出情况,分"多量""少量""无"三级评定。

"多量":表示提起坍落筒后,有较多水分从底部析出;"少量":表示提起坍落筒后,有少量水分从底部析出;"无":表示提起坍落筒后,没有水分从底部析出。

4. 试验结果

混凝土拌和物坍落度和坍落扩展度值以毫米(mm)为单位,测量精确至1mm,结果修约至最接近的5mm。

5. 试验记录

该工程对新拌水泥混凝土进行坍落度测定,试验结果记录见表4-19。

水泥混凝土拌和物坍落度试验记录 表4-19

样品名称: 新拌水泥混凝土　　　　检测日期: (试验当天日期)
样品用途: 桥梁工程　　　　　　　　试验室温、湿度: (22℃、60%)
样品来源: 施工工地　　　　　　　　试验者: (试验者姓名)
试验方法: T 0522—2005　　　　　　校核者: (校核者姓名)

试验次数	拌和25L混凝土各材料用量(kg)				坍落度值(mm)		备注
	水泥质量	砂质量	石子质量	用水量	测定值	修约值	目测评定
1	8.100	15.325	32.575	4.375	190	190	黏聚性:良好;含砂情况:中;棍度:中;保水性:少量
结论	坍落度值为190mm,符合180~220mm的设计要求,因此坍落度与目测评定均符合要求						

三、水泥混凝土拌和物表观密度试验方法(T 0525—2005)

1. 目的与适用范围

本方法规定了水泥混凝土拌和物表观密度测定的试验步骤。

本方法适用于测定水泥混凝土拌和物捣实后的密度,以备修正、核实水泥混凝土配合比计算中的材料用量。当已知所用原材料密度时,还可以算出拌和物近似含气量。

2. 主要仪器设备

(1)试样筒。该筒为刚性金属圆筒,两侧装有把手,筒壁坚固且不漏水。对于集料工程最大粒径不大于31.5mm的拌和物采用5L的试样筒,其内径与内高均为186±2mm,筒壁厚为3mm。对于集料公称最大粒径大于31.5mm的拌和物所采用试样筒,其内径与内高均应大于集料公称最大粒径的4倍。如图4-19所示。

(2)捣棒。符合《水泥混凝土坍落度仪》(JG 3021—1994)中有关技术要求,直径16mm,长约600mm,并具有半球形端头的钢质圆棒。

图4-19 试样筒

3. 试验步骤

(1)试验前先用湿布将试样筒内擦拭干净,称出质量m_1,精确至50g。

(2)当坍落度大于70mm时,宜用人工插捣。

对于5L试样筒,可将混凝土拌和物分两层装入,每层插捣次数为25次。

对于大于5L的试样筒,每层混凝土高度不应大于100mm,每层插捣次数按每

10000mm² 截面不小于12次计算。用捣棒从边缘到中心螺旋线均匀插捣。插捣应垂直压下,不得冲击,捣底层时应至筒底,捣上层时须插入其下一层约20~30mm。每捣毕一层,应在量筒外壁拍打5~10次,直至拌和物表面不出现气泡为止。

(3)当坍落度小于70mm时,宜用振动台振实,应将试样筒在振动台上夹紧,一次将拌和物装满试样筒,立即开始振动,振动过程中如混凝土低于筒口,应随时添加混凝土,振动直至拌和物表面出现水泥浆为止。

(4)用金属直尺齐筒口刮去多余的混凝土,用镘刀抹平表面,并用玻璃板检验,而后擦净试样筒外部并称其质量 m_2,精确至50g。

4.试验结果计算

(1)按下式计算混凝土拌和物的表观密度(试验结果计算精确到10kg/m³):

$$\rho_h = \frac{m_2 - m_1}{V} \times 1000 \tag{4-5}$$

式中:ρ_h——拌和物表观密度(kg/m³);
m_1——试样筒质量(kg);
m_2——捣实或振实后混凝土和试样筒总质量(kg);
V——试样筒容积(L)。

(2)以两次试验结果的算术平均值作为测定值,精确到10kg/m³,试样不得重复使用。

5.试验记录

该工程对新拌水泥混凝土的表观密度进行测定,试验结果记录见表4-20。

水泥混凝土拌和物表观密度试验记录表　　　　表4-20

样品名称:　新拌水泥混凝土　　　　检测日期:　(试验当天日期)
样品用途:　桥梁工程　　　　　　　试验室温、湿度:　(22℃、60%)
样品来源:　施工工地　　　　　　　试验者:　(试验者姓名)
试验方法:　T 0525—2005　　　　　校核者:　(校核者姓名)

试件编号	拌和25L混凝土各材料用量(kg)				表观密度				
	水泥质量	砂质量	石子质量	用水量	试样筒体积(L)	试样筒质量(kg)	混凝土和试样筒总质量(kg)	表观密度(kg/m³)	
								单值	平均值
1	8.575	15.325	32.575	4.375	5.000	2.550	14.850	2460	2470
2							14.900	2470	
结论	混凝土拌和物的表观理论密度 = 拌和时各材料的质量和×(1000÷25) = 2434(kg/m³);实测表观密度为2470 kg/m³;修正系数 k = 2470÷2434 = 1.01;拌和物的表观密度实测值与表观密度计算值之差的绝对值小于表观密度计算值的2%,不需进行修正,因此,此配合比即为试验室配合比								

 思考与练习

一、填空题

1.坍落度大于_____,用捣棒捣实。混凝土拌和物应分层装入,每层的插捣次数为_____次;捣棒由边缘向中心均匀地插捣,插捣底层时捣棒应贯穿整个深度。

2. 水胶比是指混凝土中_____与_____的比值，胶凝材料指的是混凝土中水泥和活性矿物掺合料(粉煤灰、矿渣)的总称。

3. 按规定称好原材料，往搅拌机内顺序加入_____、_____、_____。开动搅拌机，将材料拌和均匀，在拌和过程中徐徐加_____，全部加料时间不宜超过_____，务必使拌和物均匀一致。

二、综合题

某桥梁梁板预制施工，水泥混凝土强度等级为C50，试验员根据规范及图纸要求进行配合比设计，现场试配混凝土，拌制混合料检验混凝土各项性能，试回答以下问题：

(1) 在混凝土配合比设计中，测定混凝土的表观密度有什么作用？
(2) 水泥混凝土的泌水现象指什么？评价混凝土泌水性的指标有哪些？
(3) 泌水现象对水泥混凝土有什么不良影响？

任务四　硬化水泥混凝土技术性能检测

 学习目标

1. 能了解硬化混凝土的性能以及影响因素；
2. 能掌握试验的目的、适用范围及具体工程意义；
3. 能正确制备试件和养护并能判断试件尺寸是否满足要求；
4. 能根据要求选择并正确操作压力机、振动台、天平；
5. 能理解试验原理，并能描述试验步骤、试验结果的整理和分析方法；
6. 能根据任务要求确定该水泥混凝土强度是否满足要求。

 建议学时

4学时。

 任务描述

××工程第2合同段K7+365竹口大桥，基础采用钻孔灌注桩，施工用C30混凝土，桩长60m，桩径1.5m，所需混凝土数量约110m³，导管内径25cm。试验员根据以上技术要求检测了拌和物的性能都符合规范及设计要求。现参照现行国家标准《公路工程水泥及水泥混凝土试验规程》(JTG E30—2005)和《公路桥涵施工技术规范》(JTG/T F50—2011)，检验硬化后混凝土的立方体抗压强度性能，判断是否符合规范及设计要求。

理论知识

混凝土进行试配时应采用与工程中相同原材料，配制的混凝土拌和物性能应满足施工工艺要求(和易性好、凝结速度符合施工需要、不泌水、不离析、坍落度损失小等);制成的混凝土应符合强度、耐久性(抗冻、抗渗、抗侵蚀)等质量要求,还应满足经济合理。当设计有要求或构件有变形控制要求时,配制的混凝土还应满足弹性模量值的要求。

一、水泥混凝土立方体抗压强度

1. 抗压强度标准值和强度等级

(1)立方体抗压强度(f_{cu})。

按标准制作方法制成边长150mm的正立方体试件,在标准养护条件下,养护至28d龄期,按标准测定方法测定其抗压强度值,称为混凝土立方体抗压强度,简称立方体抗压强度,单位为MPa。

非标准尺寸的试件测得的立方体抗压强度,应乘以试件尺寸的换算系数,见表4-21,折算为标准试件的立方体抗压强度。

试件尺寸换算系数　　　　表4-21

长×宽×高(mm×mm×mm)	100×100×100	150×150×150	200×200×200
换算系数	0.95	1.00	1.05

以3个试件为一组,在精度符合要求的条件下,取3个试件强度的算术平均值为每组试件的强度代表值。

(2)立方体抗压强度标准值($f_{cu,k}$)。

按标准方法制作养护的边长为150mm的立方体试件,在28d龄期用标准试验方法测得的具有95%保证率的抗压强度,单位为MPa。

立方体抗压强度是一组3个混凝土试件抗压强度的算术平均值。立方体抗压强度标准值是一组多个(不少于50个)试件按数理统计的方法确定,具有不低于95%保证率的立方体抗压强度统计值。

(3)强度等级。

混凝土的"强度等级"是根据"立方体抗压强度标准值"来确定的。

强度等级的表示方法:用符号"C"和"立方体抗压强度标准值"两项内容来表示。如C30表示混凝土立方体抗压强度标准值$f_{cu,k}=30$MPa。

2. 影响混凝土强度的因素

(1)各组成材料对混凝土强度的影响。

①水泥强度等级和水灰比。水泥是混凝土中的胶结组分,其强度的大小直接影响混凝土的强度。在配合比相同的条件下,水泥的强度越高,混凝土强度也越高。当采用同一水泥(品种和强度相同)时,混凝土的强度主要决定于水灰比。在混凝土能充分密实的情况下,水灰比越大,混凝土的强度越低。反之,水灰比越小,混凝土的强度越高。

②集料的特性。集料的表面状况影响水泥与集料的黏结,从而影响混凝土的强度。碎石表面粗糙,黏结力较大;卵石表面光滑,黏结力较小。因此,在配合比相同的条件下,碎石混凝土的强度比卵石混凝土的强度高。集料的最大粒径对混凝土的强度也有影响,集料的最大粒径越大,混凝土的强度越小。

(2)养护条件对混凝土强度的影响。
①温度。在硬化期(28d龄期)内,养护温度高,混凝土的强度越高。
②湿度。养护湿度越高,混凝土的抗压强度越高。反之,混凝土的抗压强度越低。
③龄期。混凝土在正常养护条件下,其强度随龄期的增加而增长,养护龄期越长,水泥水化作用越充分其强度也越高。通常最初7~14d内强度增长较快,28d以后增长缓慢。
(3)施工条件和施工方法。
机械施工比人工施工形成的混凝土强度高。施工过程不规范,如拌和不充分、振捣不密实或振捣时间过长,混凝土的强度均会降低。
(4)试验条件对混凝土强度的影响。
①试件的尺寸与形状。试件的尺寸越小,测得的强度越高;受压面相同时,高宽比越大,所得的强度越小。
②加荷速度。加荷速度越快,所测得的强度越大。要求加压速度符合规范规定。
③试件的表面状态。试件受压面有污染时,强度越低;受压板及受压面不平,强度越低。
3. 提高混凝土强度的措施
(1)选用高强水泥或早强水泥。
(2)采用低水灰比和低集浆比。
(3)掺入适量的减水剂或早强剂。
(4)采用蒸汽养护或蒸压养护。
(5)采用机械施工方法。

二、耐久性

1. 抗冻性

混凝土抗冻性一般以抗冻等级表示。抗冻等级是采用龄期28d的试块在吸水饱和后,承受反复冻融循环,以试件的相对动弹性模量不大于60%或质量损失达5%时所能承受的最大冻融循环次数来确定的。

由混凝土冻融破坏的机理可知,混凝土的抗冻性与空气间距、降温速度、可冻水的含量、材料的渗透系数以及抗破坏的能力等因素有关。主要影响因素是平均气泡间距,水灰比、集料、水泥品种、掺合料、水泥用量等均有一定影响。试验检测方法见《公路工程水泥及水泥混凝土试验规程》(JTG E30—2005)中的T 0565—2005。

2. 抗渗性

混凝土的抗渗性主要与其密实度及内部孔隙的大小和构造有关。

抗渗性是指混凝土抵抗压力水(或油)渗透的能力。它直接影响混凝土的抗冻性和抗侵蚀性。因为渗透性控制着水分渗入的速率,这些水可能含有侵蚀性的物质,同时也控制混凝土中受热或冰冻时水的移动。试验检测方法见《公路工程水泥及水泥混凝土试验规程》(JTG E30—2005)中的T 0568—2005。

3. 抗侵蚀性

腐蚀是影响混凝土结构耐久性、可靠性的至关重要的因素。

(1)产生腐蚀的基本原因。

①氢氧化钙及其他水化物能在一定程度上溶解于水。

②氢氧化钙、水化硅酸钙等都是碱性物质,若环境介质中有酸类或某些盐类时,能与其发生化学反应,若新生成的物质或易溶于水,或没有胶结力,或因结晶膨胀而产生内应力,都将引起混凝土破坏。

③混凝土本身不密实,在其内部存在很多毛细孔通道,侵蚀介质易于进入其内部。

混凝土的腐蚀是一个很复杂的物理的、物理化学的过程。一般可将混凝土的腐蚀分为3类:溶蚀性腐蚀、某些盐酸溶液和镁盐的腐蚀、结晶膨胀性腐蚀。所以,混凝土的腐蚀机理可从以下3类入手:物理作用,化学腐蚀,微生物腐蚀。

(2)防腐措施。

①高性能混凝土。通过掺入粉煤灰、高炉矿渣、微硅粉中的一种或多种掺料,来提高混凝土在特定条件下所需要的特定性能,如高弹性模量、低渗透性以及抵抗某些类型破坏的性能

②提高混凝土的保护层厚度。试验显示即使是低水灰比、高质量的混凝土,在暴露于有氯盐存在的环境中,混凝土表面12mm深度内的氯离子含量远远超过25~50mm深度范围内的氯离子含量。因此在海洋环境中的工程,混凝土保护层的厚度应比一般的混凝土保护层厚度要大一些。

③严格控制混凝土水灰比及胶凝材料总量。

④混凝土表面涂层,在已施工好的浪溅区混凝土表面及时涂上防腐蚀材料。

⑤施工控制:混凝土搅拌确保生产耐久性的混凝土,搅拌设计确保高质量、高密度、永久性和耐用型混凝土。定时测定集料中的氯化物。混凝土浇筑在规定的温度范围内进行。集料保持在阴暗处,可以使用冷水消除混凝土的温度。如有必要,在大面积浇筑时,可以使用冷却水循环管降低温度。在混凝土施工缝表面不应有影响混凝土或降低接缝表面黏合的碎片、氯化物和任何其他物。浪溅区避免或严格限制使用施工缝。

试验检测方法详见《公路工程混凝土结构防腐蚀技术规范》(JTG/T B07-01—2006)。

三、水泥混凝土棱柱体抗压弹性模量

弹性模量又称杨氏模量,是指材料形变时应力与相应的应变之比,是弹性材料的一种重要、最具特征的力学性质,是物体变形难易程度的表征,是计算混凝土结构变形、裂缝开展和温度应力所必需的参数之一。

测定混凝土在静力作用下的受压弹性模量取轴心抗压强度1/3时对应的弹性模量,用 E 表示,单位为MPa。试验检测方法见《公路工程水泥及水泥混凝土试验规程》(JTG E30—2005)中的 T 0556—2005。

任务实施

一、水泥混凝土试件制作(T 0551—2005)

1. 目的与适用范围

规定了在常温环境中室内试验水泥混凝土试件制作与硬化水泥混凝土现场取样

方法。

2. 仪器设备

(1)搅拌机。自由式或强制式,如图4-20所示。

(2)振动台。标准振动台应符合《混凝土试验用振动台》要求。

(3)压力机。压力机除符合《液压式压力试验机》(GB/T 3722—1992)及《试验机通用技术要求》(GB/T 2611—2007)中的要求外,其测量精度为±1%,试件破坏荷载应大于压力机全量程的20%且小于压力机全量程的80%。同时应具有加荷速度指示装置或加荷速度控制装置。上下压板平整并有足够的刚度,可以均与地连续加荷卸荷,可以保持固定荷载,开机停机均灵活自如,能够满足试件破型吨位要求,如图4-21所示。

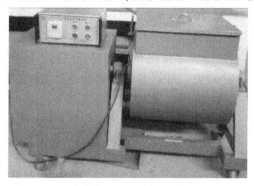 

图4-20 混凝土搅拌机　　　　　图4-21 压力机

(4)球座。钢质坚硬,面部平整度要求100mm距离内高低差值不超过0.05mnm,球面及球窝粗糙度$R_a=0.32\mu m$,研磨、转动灵活。不应在大球座上作小试件破型,球座最好放置在试件顶面(特别是棱柱试件),凸面朝上,当试件均匀受力后,一般不宜再敲动球座。

(5)试模。应符合《混凝土试模》(JG 3019—1994)中技术要求规定,如图4-22所示。

(6)捣棒。符合《水泥混凝土坍落度仪》(JG 3021—1994)中有关技术要求,直径16mm,长约60mm,并具有半球形端头的钢质圆棒。

(7)压板。用于圆柱试件的顶端处理,一般为厚度6mm以上的毛玻璃,压板直径应比试模直径大25mm以上。

(8)游标卡尺。

图4-22 混凝土试模

3. 试件成型

(1)水泥混凝土的拌和物参照《水泥混凝土拌和物的拌和与现场取样方法》(T 0521—2005)。成型前试模内壁涂一薄层矿物油。

(2)取拌和物的总量至少应比所需量高20%以上,并取出少量混凝土拌和物代表样,在5min内进行坍落度或维勃试验,认为品质合格后,应在15min内开始制作件或其他试验。

(3)对于坍落度小于25mm时,可采用ϕ25mm的插入式振动棒成型。将混凝土拌和物一次装入试模,装料时应用抹刀沿各试模壁插捣,并使混凝土拌和物高出试模口;振捣时振动棒距底板10~20mm,且不要接触底板,振捣直到表面出浆为止,且应避免过振,以防止混凝土离析,一般振捣时间为20s。振捣棒拔出时要缓慢,拔出后不得留有孔洞。用刮刀刮去多余的混凝土,在临近初凝时,用抹刀抹平。试件抹面与试模边缘高低差不得超过0.5mm。

(4)当坍落度大于25mm且小于70mm时,用标准振动台成型。将试模放在振动台上夹牢,防止试模自由跳动,将拌和物一次装满试模并稍有富余,开动振动台至混凝土表面出现乳状水泥浆时为止,振动过程中随时添加混凝土使试模常满,记录振动时间(约为维勃秒数的2~3倍,一般不超过90s)。振动结束后,用金属直尺沿试模边缘刮去多余混凝土,用镘刀将试件仔细抹平,试件抹面与试模边缘高低差不得超过0.5mm。

(5)当坍落度大于70mm时,用人工成型。拌和物分厚度大致相等的两层装入试模。捣固时按螺旋方向从边缘到中心均匀进行。插捣底层混凝土时,捣棒应到达摸底;插捣上层时,捣棒应贯穿上层后插入下层20~30mm处。插捣是应将捣棒下压,保持捣棒垂直,不得冲击,捣完一层后,用橡皮锤轻轻击打试模外端面10~15下,填平插捣过程中留下孔洞。

每层插捣次数:100cm² 截面积内不得少于12次。试件抹面与试模边缘高低差不得超过0.5mm。

4.试件养护

(1)试件成型后,用湿布覆盖表面(后其他保持湿度办法),在室温20±5℃、相对湿度大于50%的环境下,静放1~2d,然后拆模并作第一次外观检查、对有缺陷的试件应除去,或加工补平。

(2)将完好试件放入标准养护室进行养护,标准养护室温度20±2℃,相对湿度在95%以上,试件放在铁架上,间距10~20mm,试件表面应保持一层水膜,并避免用水直接冲淋。当无标准养护室时,将试件放入20±2℃的不流动的$Ca(OH)_2$饱和液中养护。

(3)标准养护龄期为28d(以搅拌加水开始),非标准龄期为1d、3d、7d、60d、90d、180d。

二、水泥混凝土立方体抗压强度试验(T 0553—2005)

1.目的与适用范围

本方法规定了测定水泥混凝土抗压极限强度的方法和步骤。本方法可用于确定水泥混凝土的强度等级,作为评定水泥混凝土品质的主要指标。

2.仪器设备

(1)压力机或万能试验机。

(2)球座。

(3)混凝土强度等级大于等于C60时,试验机上、下压板之间应各垫一钢垫板,平面尺寸应不小于试件的承压面,其厚度至少为25mm。钢垫板应机械加工,其平面度允许偏差±0.04mm;表面硬度大于等于55HRC;硬化层厚度约5mm。试件周围应设置防崩裂网罩。

3. 试件制备和养护

(1)试件制备和养护应符合 T 0551 中相关规定。

(2)混凝土抗压强度试件尺寸符合表4-22 的规定。

水泥混凝土常见试件尺寸   表4-22

试 件 名 称	标 准 尺 寸（mm）	非 标 准 尺 寸（mm）
立方体抗压强度试件	150×150×150(31.5)	100×100×100(26.5) 200×200×200(53)
圆柱抗压强度试件	φ150×300(31.5)	φ100×200(26.5) φ200×400(53)
芯样抗压强度试件	φ150×l_m(31.5)	φ100×l_m(26.5)
立方体劈裂抗拉强度试件	150×150×150(31.5)	100×100×100(26.5)
圆柱劈裂抗拉强度试件	φ150×300(31.5)	φ100×200(26.5) φ200×400(53)
芯样劈裂抗拉强度试件	φ150×l_m(31.5)	φ100×l_m(26.5)
轴心抗压强度试件	150×150×300(31.5)	200×200×400(53) 100×100×300(26.5)
抗压弹性模量试件	150×150×300(31.5)	200×200×400(53) 100×100×300(26.5)
圆柱抗压弹性模量试件	φ150×300(31.5)	φ100×200(26.5) φ200×400(53)
抗弯拉强度试件	150×150×600(31.5) 150×150×550(31.5)	100×100×400(26.5)
抗弯拉弹性模量试件	150×150×600(31.5) 150×150×550(31.5)	100×100×400(26.5)
水泥混凝土干缩试件	100×100×515(19)	150×150×515(31.5) 200×200×515(50)
抗渗试件	上口直径175、下口直径185、高150 的锥台	上下直径与高均为150 的圆柱体

(3)集料公称最大粒径符合表4-22 的规定。

(4)混凝土抗压强度试件应同龄期者为一组,每组为3 个同条件制作和养护的混凝土试块。

4. 试验步骤

(1)至试验龄期时,自养护室取出试件,应尽快试验,避免其湿度变化。

(2)取出试件,检查其尺寸及形状,相对两面应平行。量出棱边长度,精确至1mm。试件受力截面积按其与压力机上下接触面的平均值计算。在破型前,保持试件原有湿度,在试验时擦干试件。

(3)以成型时侧面为上下受压面,试件中心应与压力机几何对中。

(4)强度等级小于C30的混凝土取0.3~0.5MPa/s的加荷速度;强度等级大于C30小于C60时,则取0.5~0.8MPa/s的加荷速度;强度等级大于C60的混凝土取0.8~1.0MPa/s的加荷速度。当试件接近破坏而开始迅速变形时,应停止调整试验机油门,直至试件破坏,记下破坏极限荷载$F(N)$。水泥混凝土抗压强度试验操作如图4-23所示。

a) 取出试件

b) 检查试件尺寸及形状

c) 保持试件原有湿度

d) 放置试件

e) 调整上压板与试件接触

f) 加荷

图4-23 混凝土抗压强度试验

5. 结果计算

(1)混凝土立方体试件抗压强度按下式计算:

$$f_{cu} = \frac{F}{A} \tag{4-6}$$

式中:f_{cu}——混凝土立方体抗压强度(MPa);

F——极限荷载(N);

A——受压面积(mm^2)。

(2)以3个试件测值的算术平均值为测定值,计算精确至0.1MPa。3个测值中的最大值或最小值中如有一个与中间值之差超过中间值的15%,则取中间值为测定值;如最大值和最小值与中间值之差均超过中间值的15%,则该组试验结果无效。

(3)混凝土强度等级小于C60时,非标准试件的抗压强度应乘以尺寸换算系数,见表4-23,并应在报告中注明。混凝土强度等级大于等于C60时,宜用标准试件,使用非标准试件时,换算系数由试验确定。

6. 试验记录

本工程对水泥混凝土的立方体抗压强度进行测定,试验结果记录见表4-23。

混凝土立方体抗压强度试验记录　　　　表 4-23

样品名称：	新拌水泥混凝土		检测日期：	（试验当天日期）	
样品用途：	桥梁工程		试验室温、湿度：	（22℃、60%）	
样品来源：	施工工地		试验者：	（试验者姓名）	
试验方法：	T 0553—2005		校核者：	（校核者姓名）	

试件编号	龄期(d)	试件尺寸(mm)	受压面积(mm^2)	破坏荷载(N)	尺寸换算系数	抗压强度(MPa)	
						单值	平均值
1	28	150	22500	866250	1.00	38.5	38.5
2	28	150	22500	857250		38.1	
3	28	150	22500	875250		38.9	
结论	水泥混凝土立方体试件为标准试件，立方体抗压强度为38.5MPa≥30MPa，符合设计强度等级要求						

思考与练习

一、填空题

1.当坍落度大于70mm时，用＿＿＿＿成型。拌和物分厚度大致相等的＿＿＿＿装入试模。捣固时按螺旋方向从＿＿＿＿到＿＿＿＿均匀进行。

2.插捣底层混凝土时，捣棒应到达摸底；插捣上层时，捣棒应贯穿上层后插入下层＿＿＿＿处。插捣是应将捣棒下压，保持捣棒垂直，不得冲击，捣完一层后，用橡皮锤轻轻击打试模外端面＿＿＿＿下，以填平插捣过程中留下的孔洞。

3.将完好试件放入标准养护室进行养护，标准养护室温度＿＿＿＿，相对湿度在＿＿＿＿以上，试件放在铁架上，间距＿＿＿＿，试件表面应保持一层水膜，并避免用水直接冲淋。

二、综合题

某桥梁上部构造采用箱梁预制施工工艺，水泥混凝土用拌和站厂拌法，用水泥搅拌车运输到施工现场泵送施工，箱梁施工时需检测混凝土强度等指标，试回答以下问题：

(1)硬化后水泥混凝土立方体抗压强度的检测方法如何？

(2)水泥混凝土立方体抗压强度检测时，试件受压速度对混凝土强度有何影响？

(3)水泥混凝土耐久性指标有哪些？影响耐久性的危害原理是什么？

任务五　普通水泥混凝土配合比设计

学习目标

1.能了解配合比设计要求及设计步骤；

2.能熟悉组成水泥混凝土材料性能要求；

3.能熟悉设计过程中各个步骤的主要工作内容。

 **建议学时**

4 学时。

 **任务描述**

××工程合同段 K157+365 竹口大桥,基础采用钻孔灌注桩,设计钻孔灌注桩 C30 混凝土配合比,桩长 60m,桩径 1.5m,所需混凝土数量约 110m³,导管内径 25cm。混凝土运输车:容积 8m³,拌和至运输到现场时间 1h;灌注混凝土时直接通过料斗入导管进行灌注施工,通过拆卸导管进行灌注作业,从首灌到灌注完毕,需时 3h。环境温度:20℃,湿度:40℃。参照现行国家标准《普通混凝土配合比设计规程》(JGJ 55—2011)确定混凝土的施工配合比。

 **理论知识**

一、配合比设计总则

1. 目的

为统一普通混凝土配合比设计方法,满足设计和施工要求,确保混凝土工程质量且达到经济合理。

2. 适用范围

适用于公路与桥梁工程及一般构筑物所采用的普通混凝土的配合比设计。

3. 设计的内容

根据设计要求强度和耐久性选定水胶比,根据施工要求工作性和集料最大粒径选定用水量和砂率,采用质量法计算各组成材料用量,通过试验室试配和必要的现场调整,确定每立方米混凝土材料用量和最终施工配合比。

4. 设计原则

根据工程要求、结构形式、施工条件和原材料状况,配制出既能满足工作性、强度及耐久性等要求,又经济合理的混凝土,确定各组成材料的用量。

(1)在满足工作性要求的前提下,宜选用较小的用水量。

(2)在满足强度、耐久性及其他要求的前提下,选用合适的水胶比。

(3)选取最优砂率,即保证混凝土拌和物具有良好的黏聚性并达到要求的工作性时用水量最小的砂率。

(4)宜选用最大粒径较大的集料及最佳级配。

二、普通水泥混凝土组成材料技术要求

1. 水泥

为了保证水泥混凝土的施工质量与降低工程造价,选用水泥品种与强度等级,应根据

工程特点、施工条件和工程所处环境等因素决定。

(1)水泥品种的选用。

常用水泥品种选用见表4-24。

常用水泥品种的选用　　　　　　　　　　　表4-24

混凝土工程所处环境		优先选用	可以使用	不得使用
环境条件	在普通气候环境中	普通硅酸盐水泥	矿渣硅酸盐水泥、火山灰质硅酸盐水泥、粉煤灰硅酸盐水泥	—
	在干燥环境中	普通硅酸盐水泥	矿渣硅酸盐水泥	火山灰质硅酸盐水泥、粉煤灰硅酸盐水泥
	在高湿度环境中或永远处在水下的混凝土	矿渣硅酸盐水泥	普通硅酸盐水泥、火山灰质硅酸盐水泥、粉煤灰硅酸盐水泥	—
	严寒地区的露天混凝土、寒冷地区的处在水位升降范围内的混凝土	普通硅酸盐水泥	矿渣硅酸盐水泥	火山灰质硅酸盐水泥、粉煤灰硅酸盐水泥
	严寒地区处在水位升降范围内的混凝土	普通硅酸盐水泥	—	火山灰质硅酸盐水泥、粉煤灰硅酸盐水泥、矿渣硅酸盐水泥
	受侵蚀性环境水或侵蚀气体作用的混凝土	根据侵蚀性介质的种类、浓度等具体条件按专门(或设计)规定选用		
工程特点	厚大体积的混凝土	粉煤灰硅酸盐水泥、矿渣硅酸盐水泥	普通硅酸盐水泥、火山灰质硅酸盐水泥	硅酸盐水泥、快硬硅酸盐水泥
	要求快硬的混凝土	快硬硅酸盐水泥、硅酸盐水泥	普通硅酸盐水泥	矿渣硅酸盐水泥、火山灰质硅酸盐水泥、粉煤灰硅酸盐水泥
	高强(大于C60)的混凝土	硅酸盐水泥	普通硅酸盐水泥、矿渣硅酸盐水泥	火山灰质硅酸盐水泥、粉煤灰硅酸盐水泥
	有抗渗性要求的混凝土	普通硅酸盐水泥、火山灰质硅酸盐水泥	—	不宜使用矿渣硅酸盐水泥
	有耐磨性要求的混凝土	硅酸盐水泥、普通硅酸盐水泥	矿渣硅酸盐水泥	火山灰质硅酸盐水泥、粉煤灰硅酸盐水泥

(2)水泥强度等级的选择。

如果用强度等级高的水泥配制低强度等级的混凝土,从强度考虑,少量水泥就能满足要求,但为满足和易性和耐久性的要求,就要额外增加水泥用量,造成水泥的浪费。如果用低强度等级水泥配制高强度等级混凝土,一方面会加大水泥用量造成浪费,另一方面需要减少用水量以保证混凝土的强度,给施工造成困难。因此必须正确选用水泥强度等级。

对于30号以下的混凝土宜为混凝土强度等级的1.2~2.2倍,对于30号以上的混凝土宜为混凝土强度等级的1.0~1.5倍。

2. 细集料

混凝土中用细集料应采用级配良好、质地坚硬、颗粒洁净的天然砂,也可用机制砂。配制混凝土用细集料,有以下技术要求。

(1)砂的级配与细度模数。混凝土用砂应具有高的密度与小的比表面积。比表面积是单位质量砂的总表面积(单位为 m^2/kg)。砂的级配应符合砂的标准级配区。

(2)混凝土用砂的品质要求。

3. 粗集料

水泥混凝土用粗集料主要是碎石与卵石。其外观要求表面清洁、粗糙、无尖锐角。水泥混凝土用粗集料的技术要求有以下几个方面。

(1)强度。岩石在饱水状态下的抗压强度:岩浆岩不小于 80MPa,变质岩不小于 60MPa,沉积岩不小于 30MPa。

(2)坚固性与压碎值。

(3)物理指标。粗集料的表观密度应大于 $2.500g/cm^3$;松散堆积密度应大于 $1.350g/cm^3$;空隙率小于 47%。

(4)颗粒级配。水泥混凝土用粗集料应具有良好的级配。良好级配的粗集料不仅能保证混凝土的密实性,也可节约水泥。

(5)最大粒径与针、片状颗粒。粗集料中公称粒级的上限称为该粒级的最大粒径。粗集料的最大粒径增大,总表面积减少,单位用水量相应地减少,节约水泥。因而,在相同用水量和水灰比的条件下,增大最大粒径,可使混凝土拌和物的流动性增大。通常,在结构断面允许的条件下,尽量增大粒径,以达到节约水泥的目的。

粗集料的外形应接近立方体,表面应有一定量的粗糙度。一般情况下,粗集料中卵石含量不大于粗集料总量的 50%,否则影响混凝土的强度。

4. 水泥混凝土用水

凡符合国家标准的生活用水或洁净的天然河水,均可用于水泥混凝土拌制或养护。

5. 外加剂和掺合料

在混凝土中掺入合适的外加剂,对改善混凝土的和易性、提高耐久性、节约水泥、加快工程进度、保证工程质量、方便施工、提高设备利用率等方面可以起到较好的效果。

大体积混凝土不宜超过 $350kg/m^3$。C40 以下不宜大于 $400\ kg/m^3$;C40～C50 不宜大于 $450\ kg/m^3$;C60 不宜大于 $500\ kg/m^3$(非泵送混凝土)和 $530\ kg/m^3$(泵送混凝土)。对于暴露于空气中的一般混凝土,粉煤灰掺量不宜大于 20%,且每方混凝土的硅酸盐水泥用量不宜小于 $240\ kg/m^3$。

由于矿物掺合料具有一定的细度和活性,因此在混凝土中掺入矿物掺合料能有效地改善混凝土拌和物的和易性。可大大地改善拌和物的黏聚性和保水性能,这些矿物掺合料在混凝土硬化过程中,能发挥其活性,参与水化反应,生成有利于强度的水化产物,能使得混凝土的结构更加坚固、更加密实,不但有利于混凝土强度的发展,同时也会更好地提高混凝土的耐久性。用于混凝土的矿物掺合料常有以下几类:

①粉煤灰、磨细粉煤灰、高钙粉煤灰;

②粒化高炉矿渣粉、磨细矿粉;

③磨细天然沸石粉；
④硅灰。

三、混凝土配合比设计技术要求

1. 设计指标

（1）级配要求。桥涵混凝土用的粗集料，应采用坚硬的卵石或碎石，应按产地、类别、加工方法和规格等不同情况，分批进行检验，粗集料的颗粒级配，可采用连续级配或连续级配与单粒级配合使用。在特殊情况下，通过试验证明混凝土无离析现象时，也可采用单粒级。

粗集料应具有良好的颗粒级配，以减少空隙率，增强密实性，从而可以节约水泥，保证混凝土拌和物的和易性及混凝土的强度，特别是配制高强混凝土粗集料级配尤为重要。

采用最大粒径最大的集料会降低混凝土的强度，因为过大的颗粒减少了集料的比表面积，黏结强度较小，这就使混凝土强度降低，过大的集料颗粒对限制水泥石收缩产生的应力也较大，从而使水泥开裂或使水泥石与集料界面产生微裂缝，降低了黏结强度，导致混凝土后期强度的衰减。

（2）入模坍落度/扩展度。设计混凝土配合比的坍落度，目标值应是入模时，而非新拌，因为施工时搅拌和入模是两个环节，其中需要搅拌等待、运输、入模等待的过程，混凝土受时间与环境气温影响，坍落度衰减是必然的，因此，对此加以考虑并尽可能准确模拟是设计的重要因素之一，不能把新拌坍落度直接当成入模坍落度。

（3）满足结构物设计强度的要求。

（4）满足施工工作性的要求。

①运输时间。混凝土运输应选用能确保浇筑工作连续进行，运输能力与混凝土搅拌机的搅拌能力相匹配的运输设备。不得采用机动翻斗车、手推车等工具长距离运输混凝土。应尽量减少混凝土的载转次数和运输时间，从搅拌机卸出混凝土到混凝土浇筑完毕的延续时间以不影响混凝土的各项指标性能为限。

②施工温度。混凝土中产生裂缝的原因之一。气温的变化会在混凝土表面引起很大的拉应力，超过混凝土的抗裂能力时，即会出现裂缝。许多混凝土的内部湿度变化较小或变化较慢，但是表面由于环境温度导致湿度可能变化较大或发生剧烈变化，也往往导致裂缝。

③浇筑方式。混凝土浇筑时的自由倾度不得大于2m；当大于2m时，应采用滑槽、串筒、漏斗等器具辅助输送混凝土，保证混凝土不出现分层、离析现象。混凝土的浇筑应采用分层连续推移的方式进行，浇筑间隙时间不超过90min，不得随意留置施工缝。

④水泥强度。如果用高强度等级水泥配制低强度等级的混凝土，从强度考虑，少量水泥就能满足要求，但为满足和易性和耐久性的要求，就要额外增加水泥用量，造成水泥的浪费。如果用低强度等级水泥配制高强度等级混凝土，一方面会加大水泥用量造成浪费，另一方面需要减少用水量以保证混凝土的强度，给施工造成困难。因此必须正确选用水泥强度等级。

对 30 号以下的混凝土,宜为混凝土强度等级的 1.2~2.2 倍;对 30 号以上的混凝土,宜为混凝土强度等级的 1.0~1.5 倍。

⑤外加剂种类。在混凝土中掺入合适的外加剂,对改善混凝土的和易性、提高耐久性、节约水泥、加快工程进度、保证工程质量、方便施工、提高设备利用率等方面起到较好的效果。

(5)满足环境耐久性的要求。

①抗裂措施。优化混凝土配合比,控制大体积混凝土内壁最高温度不宜超过 70℃;通过限制混凝土早期强度的发展有效控制开裂,要求 12h 抗压强度不大于 8MPa 或 24h 不大于 12MPa,对抗裂要求较高的构件,宜分别不高于 6MPa 或 10MPa。

②水化热。浇筑混凝土时要进行温度控制,在炎热气候时,混凝土的浇筑温度应控制在 32℃ 以下,宜选择一天中温度较低的时间进行。混凝土入模温度不宜高于 28℃,当估计混凝土绝热温度不低于 45℃ 时,浇筑温度需进一步降低。还应避免模板和新浇混凝土受阳光直射,模板与钢筋温度以及周围温度不宜超过 40℃。当气温符合冬季施工要求时,应按有关冬季施工要求进行施工。

(6)满足经济性的要求。

2. 施工工艺

(1)混凝土浇筑方式选择。

(2)混凝土分层浇筑厚度,混凝土应按一定的厚度、顺序和方向分层浇筑,且应在下层混凝土初凝或能重塑前浇筑完成上层混凝土;上下层同时浇筑时,上层与下层的前后浇筑距离应保持 1.5m 以上;在倾斜面上浇筑混凝土时,应从低处开始逐层扩展升高,并保持水平分层。混凝土分层浇筑厚度不应超过表 4-25 规定值。

混凝土分层浇筑厚度　　　　　　表 4-25

项次	振捣方式		浇筑层厚度(mm)
1	采用插入式振动器		300
2	采用附着式振动器		300
3	采用表面振动器	无筋或配筋稀疏时	250
		配筋较密时	150

(3)混凝土运输、浇筑时间及间歇全部允许时间,混凝土的浇筑应连续进行,不宜中断;因故间歇时,其间歇时间应小于前层混凝土的初凝时间或能重塑时间。混凝土的运输、浇筑及间歇的全部时间不得超过规定,见表 4-26;当超过时应按浇筑中断处理,并应留置施工缝,同时应做出记录。

混凝土运输、浇筑时间及间歇的全部允许时间　　　　　　表 4-26

混凝土强度等级	气温≤25℃	气温>25℃
≤C30	210min	180min
>C30	180min	150min

注:当混凝土中掺有促凝剂或缓凝剂时,其允许时间应通过试验确定。

(4)截面最小厚度与集料最大粒径选择。

四、混凝土配合比表示方法

1. 单位用量表示法

以每立方米混凝土中各种材料的用量表示,例如 $1m^3$ 混凝土中水泥:水:细集料:粗集料 = 330kg:150kg:706kg:1356kg。

2. 相对用量表示法

以水泥的质量为1,按"水泥:细集料:粗集料:水灰比"的顺序排列表示,如以上列单位用水量表示法中所列内容为基础,采用相对用量来表示则可转化为 1:2.14:3.82:0.45。

五、配合比设计流程

1. 初步配合比的设计方法

(1) 确定混凝土的试配强度。

① 混凝土的设计强度小于C60时,配制强度应按下式计算:

$$f_{cu,o} = f_{cu,k} + 1.645\sigma \tag{4-7}$$

式中:$f_{cu,o}$——混凝土配制强度(MPa);

$f_{cu,k}$——混凝土立方体抗压强度标准值(MPa);

1.645——p 为95%时的强度保证率系数;

σ——混凝土强度标准差(MPa)。

② 当混凝土的设计强度不小于C60时,配制强度应按下式计算:

$$f_{cu,o} \geqslant 1.15 f_{cu,k} \tag{4-8}$$

混凝土强度标准差 σ 应根据同类混凝土统计资料计算确定,其计算见下式:

$$\alpha = \sqrt{\frac{\sum_{i=1}^{n} f_{cu,i}^2 - n m_{fcu}^2}{n-1}} \tag{4-9}$$

式中:$f_{cu,i}$——统计周期内同一品种混凝土第 i 组试件的强度值(MPa);

m_{fcu}——统计周期内同一品种混凝土 n 组试件的强度平均值(MPa);

n——统计周期内同品种混凝土试件的总组数。

当具有近1~3个月的同一品种、同一强度等级混凝土的强度资料,且试件组数不小于30时,其混凝土强度标准差 σ 应按上式进行计算。

对于强度等级不大于C30的混凝土,当混凝土强度标准差计算值不小于3.0MPa时,应按混凝土强度标准差计算公式计算结果取值;当混凝土强度标准差计算值小于3.0MPa时,应取3.0MPa。

对于强度等级大于C30且小于C60的混凝土,当混凝土强度标准差计算值不小于4.0MPa时,应按混凝土强度标准差计算公式计算结果取值;当混凝土强度标准差计算值小于4.0MPa时,应取4.0MPa。

当没有近期同一品种、同一强度等级混凝土强度资料时,其强度标准差 σ 按表4-27取值。

混凝土强度标准差参考值   表4-27

强度等级	≤C20	C20~C45	C50~C55
强度标准差(MPa)	4.0	5.0	6.0

(2)计算水胶比(W/B)。

混凝土强度等级小于C60时,混凝土水胶比应按下式计算:

$$\frac{W}{B} = \frac{\alpha_a f_b}{f_{cu,o} + \alpha_a \alpha_b f_b} \tag{4-10}$$

式中:α_a、α_b——回归系数,回归系数可按表4-28采用;

f_b——胶凝材料28d胶砂抗压强度(MPa),可实测。

回归系数α_a和α_b选用   表4-28

系 数	碎 石	卵 石
α_a	0.53	0.49
α_b	0.20	0.13

当胶凝材料28d抗压强度(f_b)无实测值时,其值可按下式确定:

$$f_b = \gamma_f \cdot \gamma_s \cdot f_{ce} \tag{4-11}$$

式中:γ_f、γ_s——粉煤灰影响系数和粒化高炉矿渣粉影响系数,按表4-29选用;

f_{ce}——水泥28d胶砂抗压强度(MPa),可实测。

粉煤灰影响系数γ_f和粒化高炉矿渣粉影响系数γ_s 表4-29

掺量(%)	粉煤灰影响系数γ_f	粒化高炉矿渣粉影响系数γ_s
0	1.00	1.00
10	0.85~0.95	1.00
20	0.75~0.85	0.95~1.00
30	0.65~0.75	0.90~1.00
40	0.55~0.65	0.80~0.90
50	—	0.70~0.85

注:①采用Ⅰ级、Ⅱ级粉煤灰宜取上限值;

②采用S75级粒化高炉矿渣粉宜取下限值;采用S95级粒化高炉矿渣粉宜取上限值;采用S105级粒化高炉矿渣粉宜取上限值加0.05;

③当超出表中的掺量时,粉煤灰和粒化高炉矿渣粉影响系数应经试验测定。

在确定值时,f_{ce}值可根据3d强度或快测强度推定28d强度关系式得出。当无水泥28d抗压强度实测值时,其值可按下式计算:

$$f_{ce} = \gamma_c f_{ce,g} \tag{4-12}$$

式中:γ_c——水泥强度等级值的富余系数(可按实际统计资料确定)。当缺乏实际统计资料时,可按表4-30选用;

$f_{ce,g}$——水泥强度等级值(MPa)。

水泥强度等级值的富余系数 γ_c　　　　　　　　　　表4-30

水泥强度等级值	32.5	42.5	52.5
富余系数	1.12	1.16	1.10

当计算求出 W/B 后,还应根据混凝土所处环境和耐久性要求的允许水胶比进行校核,要满足标准规定的最大水胶比规定,如计算的水胶比大于耐久性允许的最大水胶比时,按表4-31的规定取值。

结构混凝土耐久性基本要求　　　　　　　　　　表4-31

环境类别	环境条件	最大水胶比	最小水泥量（kg/m³）	最低混凝土强度等级	最大氯离子含量（%）	最大碱含量（kg/m³）
Ⅰ	温暖或寒冷地区的大气环境、与无侵蚀的水或土接触的环境	0.55	275	25	0.30	3.0
Ⅱ	严寒地区的大气环境、使用除冰盐环境、滨海环境	0.50	300	C30	0.15	3.0
Ⅲ	海水环境	0.45	300	C35	0.10	3.0
Ⅳ	受侵蚀性物质影响的环境	0.40	325	C35	0.10	3.0

（3）单位用水量的确定。

①干硬性和塑性混凝土用水量 m_{wo}。水胶比在 0.40~0.80 范围内时,根据粗集料的品种、粒径及施工要求的混凝土拌和物稠度,其用水量可按表4-32、表4-33选取。

干硬性混凝土用水量（单位：kg/m³）　　　　　　　　　　表4-32

拌和物稠度		卵石最大粒径（mm）			碎石最大粒径（mm）		
项　目	指　标	10.0	20.0	40.0	16.0	20.0	40.0
维勃稠度（s）	16~20	16~20	175	160	145	180	170
	11~15	11~15	180	165	150	185	175
	5~10	5~10	185	170	155	190	180

塑性混凝土用水量（单位：kg/m³）　　　　　　　　　　表4-33

拌和物稠度		卵石最大粒径（mm）				碎石最大粒径（mm）			
项　目	指　标	10.0	20.0	31.5	40.0	16.0	20.0	31.5	40.0
坍落度（mm）	10~30	190	170	160	150	200	185	175	165
	35~50	200	180	170	160	210	195	185	175
	55~70	210	190	180	170	220	205	195	185
	75~90	215	195	185	175	230	215	205	195

②流动性和大流动性混凝土的用水量。

a. 以表4-23中坍落度90mm的用水量为基础,按坍落度每增大20mm用水量增加5kg,计算出未掺外加剂时的混凝土用水量。当坍落度增大到180mm以上时,随坍落度的相应增加的用水量可减少。

b. 掺外加剂时的混凝土用水量可按下式计算：

$$m_{wa} = m_{wo}(1-\beta) \tag{4-13}$$

式中：m_{wa}——掺外加剂混凝土每立方米混凝土的用水量(kg)；

m_{wo}——未掺外加剂混凝土每立方米混凝土的用水量(kg)；

β——外加剂的减水率，应经混凝土的试验确定(%)。

(4)每立方米混凝土胶凝材料用量 m_{bo} 的确定。

①根据已选定混凝土用水量 m_{wo} 和水胶比(W/B)，按下式计算胶凝材料用量：

$$m_{bo} = \frac{m_{wo}}{W/B} \tag{4-14}$$

②每立方米混凝土矿物掺合料用量 m_{fo} 的按下式确定：

$$m_{fo} = m_{bo} \cdot \beta_f \tag{4-15}$$

式中：β_f——矿物掺合料掺量(%)。

矿物掺合料在混凝土中的掺量应通过试验确定。

③每立方米混凝土水泥用量 m_{co} 按下式确定：

$$m_{co} = m_{bo} - m_{fo} \tag{4-16}$$

(5)砂率的确定。

当无历史资料可参考时，混凝土砂率的确定应符合下列规定：

①坍落度小于10mm 的混凝土，其砂率应经试验确定。

②坍落度为 10～60mm 的混凝土砂率，根据粗集料品种、粗径及水灰比按表 4-34 选取。

③坍落度大于60mm 的混凝土砂率，可经试验确定，也可在表 4-34 的基础上，按坍落度每增大 20mm，砂率增大 1% 的幅度予以调整。

混凝土砂率(%) 表4-34

水胶比	卵石最大公称粒径(mm)			碎石最大公称粒径(mm)		
(W/B)	10	20	40	16	20	40
0.40	26~32	25~31	24~30	30~35	29~34	27~32
0.50	30~35	29~34	28~33	33~38	32~37	30~35
0.60	33~38	32~37	31~36	36~41	35~40	33~38
0.70	36~41	35~40	34~39	39~44	38~43	36~41

注：①本表数值系中砂的选用砂率，对细砂或粗砂，可相应地减少或增大砂率；

②只用一个单粒级粗集料配制混凝土时，砂率应适当增大；

③对薄壁构件，砂率取偏大值；

④本表中的砂率系指与集料总量的重量比。

(6)粗集料和细集料用量的确定。

①当采用质量法时，应按下式计算：

$$m_{fo} + m_{co} + m_{go} + m_{so} + m_{wo} = m_{cp} \tag{4-17}$$

$$\beta_s = \frac{m_{so}}{m_{go} + m_{so}} \times 100\% \tag{4-18}$$

式中：m_{co}——每立方米混凝土的水泥用量(kg)；

m_{fo}——每立方米混凝土的矿物掺合料用量(kg)；

m_{go}——每立方米混凝土的粗集料用量(kg);

m_{so}——每立方米混凝土的细集料用量(kg);

m_{wo}——每立方米混凝土的用水量(kg);

m_{cp}——每立方米混凝土拌和物的假定质量(kg),其值可取2350~2450kg;

β_s——砂率(%)。

②当采用体积法时,应按下式计算:

$$\frac{m_{co}}{\rho_c}+\frac{m_{fo}}{\rho_f}+\frac{m_{go}}{\rho_g}+\frac{m_{so}}{\rho_s}+\frac{m_{wo}}{\rho_w}+0.01\alpha=1 \qquad (4-19)$$

式中:ρ_c——水泥密度,可取2900~3100kg/m³;

ρ_f——矿物掺合料密度(kg/m³);

ρ_g——粗集料的表观密度(kg/m³);

ρ_s——细集料的表观密度(kg/m³);

ρ_w——水的密度(可取1000kg/m³);

α——混凝土的含气量百分数。在不使用引气型外加剂时,α可取1。

(7)最后得到初步配合比为水泥:矿物掺合料:水:砂:石 = $m_{co}:m_{fo}:m_{wo}:m_{so}:m_{go}$。

2. 基准配合比设计

初步配合比设计得到的结果,是借助于一些经验公式和数据计算出来的,或是利用经验资料查得的,因而不一定符合实际情况,必须通过试拌调整,直到混凝土拌和物的和易性符合要求为止,然后提出供检验混凝土强度用的基准配合比。

进行混凝土配合比试配时应采用工程中实际使用的原材料。混凝土的搅拌方法,宜与生产时使用的方法相同。

混凝土配合比试配时,每盘混凝土的最小搅拌量应符合表4-35的规定;当采用机械搅拌时,其搅拌量不应小于搅拌机额定搅拌量的1/4。

混凝土试配的最小搅拌量 表4-35

粗集料最大公称料径(mm)	最小搅拌的拌和物量(L)	粗集料最大公称料径(mm)	最小搅拌的拌和物量(L)
≤31.5	20	40.0	25

按计算的配合比进行试配时,首先应进行试拌,以检查拌和物的性能。当试拌得出的拌和物坍落度或维勃稠度不能满足要求,或黏聚性和保水性不好时,应在保证水灰比不变的条件下相应调整用水量或砂率,直到符合要求为止。然后提出供混凝土强度试验用的基准配合比。

工作性调整思路:通过具体的坍落度(或维勃稠度)试验判断,混凝土的工作性检测结果会有以下几种可能。

(1)坍落度值(或维勃稠度)达到设计要求,且混凝土的黏聚性和保水性良好,则原有初步配合比无须调整,得到的基准配合比与初步配合比设计一致。

(2)混凝土的坍落度(或维勃稠度)不能满足设计要求,但黏聚性和保水性较好时,此时应在保持原有水胶比不变的条件下,调整水和胶凝材料用量,直至通过试验证实工作性满足要求。

(3)当试拌实测之后,发现流动性能够达到设计要求,但黏聚性和保水性却不好,此时保持原有胶凝材料和水的用量,在维持砂石总量不变的条件下,适当调整砂率改变混凝土的黏聚性和保水性,直至坍落度、黏聚性和保水性均满足要求。

(4)试拌实测后,如发现拌和物的坍落度(或维勃稠度)不能满足要求,且黏聚性和保水性也不好,则应水胶比和砂石总量维持不变的条件下,改变用水量和砂率,直至符合设计要求为止。

3. 试验室配合比设计

(1)混凝土强度试验。

应在试拌配合比的基础上,进行混凝土强度试验,并应符合下列规定:

①至少应采用3个不同的配合比。当采用3个不同的配合比时,其中一个应为确定的基准配合比,另外两个配合比的水胶比,宜较基准配合比分别增加和减少0.05,用水量应与基准配合比相同,砂率可分别增加和减少1%。

②制作混凝土强度试验试件时,应检验混凝土拌和物的坍落度或维勃稠度、黏聚性、保水性及拌和物的表观密度,并以此结果作为代表相应配合比的混凝土的性能。

③进行混凝土强度试验时,每种配合比至少应制作一组(3块)试件,标准养护到28d或设计强度要求的龄期时试压;也可同时多制作几组试件,供快速检验或较早龄期(3d,7d等)时的抗压强度测试,以便尽早提出混凝土配合比供施工使用。但必须以标准养护28d强度的检验结果为依据调整配合比。

(2)调整配合比。

配合比调整应符合下述规定:

①根据试验得出的混凝土强度与其相对应的胶水比关系,用作图法或插值法求出与略大于混凝土配制强度相对应的灰水比,包括混凝土强度试验中的一个满足配制强度的胶水比。

②用水量(m_w)应在基准配合比用水量的基础上,根据制作强度试件时实测的拌和物性能进行调整确定。

③胶凝材料用量(m_b)应以用水量乘以选定出来的胶水比计算确定。

④粗、细集料用量(m_g及m_s)应根据用水量和胶凝材料用量进行相应调整。

(3)校正配合比。

配合比应按以下规定进行校正:

①应根据上述调整后的配合比按式(4-20)计算混凝土拌和物理论表观密度计算值$\rho_{c,c}$:

$$\rho_{c,c} = m_c + m_f + m_g + m_s + m_w \tag{4-20}$$

②将混凝土的实测表观密度值$\rho_{c,t}$除以$\rho_{c,c}$得出校正系数δ,即

$$\delta = \frac{\rho_{c,t}}{\rho_{c,c}} \tag{4-21}$$

③当$\rho_{c,t}$与$\rho_{c,c}$之差的绝对值不超过$\rho_{c,c}$的2%时,由以上定出的配合比,即为确定的设计配合比;若二者之差超过2%时,则要将已定出的混凝土配合比中每项材料用量均乘以校正系数δ,即为最终定出的设计配合比。

(4)确定配合比。

配合比调整后,应测定拌和物水溶性氯离子含量,并应对设计要求的混凝土耐久性进行试验,符合设计规定的氯离子含量和耐久性能要求的配合比方可确定为设计配合比,即混凝土最终配合比为:水泥:矿物掺合料:水:砂:石 $= m'_{cb} : m'_{fb} : m'_{wb} : m'_{sb} : m'_{gb}$。

4. 施工配合比设计

试验室配合比是在砂、石材料干燥条件下进行试验和计算得到的结果,而工地存放的砂、石材料都含有一定的水分。所以现场材料的实际称量应按工地砂、石的含水情况进行修正,修正后的配合比称为施工配合比。

工地每立方米混凝土配合比的各材料用量按下式计算:

水泥	$m_c 、 m'_{cb}$	(4-22)
掺合料	$m_f 、 m'_{fb}$	(4-23)
砂	$m_s 、 m'_{sb} \times (1 + w_s\%)$	(4-24)
石	$m_g 、 m'_{gb} \times (1 + w_g\%)$	(4-25)
水	$m_w 、 m'_{wb} - (m'_{sb} \times w_s\% + m'_{gb} \times w_g\%)$	(4-26)

式中:$w_s 、 w_g$——分别为工地砂、石材料含水率。

施工现场配合比:水泥:矿物掺合料:水:砂:石 $= m_c : m_f : m_w : m_s : m_g$。

普通混凝土配合比设计

该工程的混凝土采用配有自动计量系统装置的强制式搅拌机进行拌制,施工前事先在搅拌站内备足符合要求的砂、碎石、水泥等材料。

1. 原材料性能

(1)水泥。普通硅酸盐水泥,强度等级为42.5,技术性质符合标准要求。

(2)粗集料。碎石最大粒径为31.5mm,实测含水率为1%,级配与质量符合标准要求。

(3)细集料。天然河砂,中砂,工地实测含水率为3%。级配与质量符合标准要求。

(4)水。生活用水。

(5)外加剂。考虑掺用山西格瑞特 GRT-HPC 缓凝减水剂(掺水泥质量的0.8%),减水率为25%,技术和性能要求符合标准要求。

2. 初步配合比计算

(1)确定混凝土的试配强度。

$$f_{cu,o} = f_{cu,k} + 1.645\sigma = 30 + 1.645 \times 5.0 = 38.2 \text{MPa}$$

(2)计算水胶比。

$$\frac{W}{B} = \frac{\alpha_a f_b}{f_{cu,o} + \alpha_a \alpha_b f_b}$$

$$= 0.46 \times 42.5 \times 1.13 \div (38.2 + 0.46 \times 0.07 \times 42.5 \times 1.13) = 0.56$$

根据《公路桥涵施工技术规定》(JTG F50—2011)及以往钻孔灌注桩施工经验,确定 $W/B=0.44$ 为试配基准水灰比。(耐久性符合要求)

(3)确定单位用水量(m_{w0})。

根据(JGJ 55—2011)第5.2.1-2表规定,确定 $m_{w0}=237\text{kg}$。

考虑掺用山西格瑞特 GRT-HPC 缓凝减水剂(掺水泥质量的0.8%),减水率为25%。

$$m_{w0} = 237 - (237 \times 0.25) = 178\text{kg}$$

(4)计算单位水泥用量(m_{c0})。

$$m_{c0} = 178 \div 0.44 = 405 > 275\text{kg/m}^3 \text{(耐久性符合要求)}$$

(5)确定砂率(β_s),由(JGJ 55—2011)中表5.4.2查出 $\beta_s=43\%$。

(6)质量法计算砂、石单位用量(m_{s0},m_{g0}),无矿物掺合料。

$$m_{f0} + m_{c0} + m_{g0} + m_{s0} + m_{w0} = 2400$$

$$\beta_s = \frac{m_{s0}}{m_{g0}+m_{s0}} \times 100\% = 43\%$$

解方程组得:

$$m_{s0} = 781\text{kg/m}^3, m_{g0} = 1036\text{ kg/m}^3$$

减水剂为 $405 \times 0.8\% = 3.24$,可得目标配合比为:水泥:水:细集料:粗集料:减水剂 = 405kg:178kg:781kg:1036kg:3.24kg。

3.混凝土配合比的试配、调整和确定

(1)混凝土配合比的试配。

按计算的初步配合比进行试拌,以校核混凝土拌和物的工作性,如试拌得出的拌和物的坍落度不能满足要求,或黏聚性和保水性不好时,则应在保证水灰比不变的条件下,相应调整用水量或砂率,直到符合要求为止,然后提出供混凝土生产配合比用的"基准配合比"为:

水泥:水:砂:碎石:减水剂 = 405:178:781:1036:3.24

①经试拌混凝土实测容重为 2370 kg/m³,与计算值 2400kg/m³ 的偏差在2%以内,不需调整。

②经试拌混凝土实测坍落度为 215mm,3h后坍落度 210mm,满足设计要求。

③经试拌混凝土实测初凝时间为 15:05,终凝时间为 20:20。满足施工要求。

④经试拌混凝土三级评定满足施工要求。黏聚性良好、棍度为上、含砂为多、保水性无达到试配要求。

(2)按目标配合比水灰比增加0.05,砂率增加1%的配比为(每方用量:kg/m³):

水泥:水:砂:碎石:粉煤灰:减水剂 = 363:178:818:1041:2.904

①经试拌混凝土实测容重 2360 kg/m³,与计算值 2400kg/m³ 偏差在2%以内,不需调整。

②经试拌混凝土实测坍落度为 215mm 满足设计要求。

(3)按目标配合比水灰比减少0.05,砂率减少1%的配比为(每方用量:kg/m³):

水泥:水:砂:碎石:粉煤灰:减水剂 = 456:178:742:1024:3.648

①经试拌混凝土实测容重2380 kg/m³,与计算值2400kg/m³偏差在2%以内,不需调整。
②经试拌混凝土实测坍落度为210mm,3h后坍落度为200mm,满足设计要求。

(4)经试拌和强度验证,最后确定C30水下混凝土试验室配合比为:水泥:水:砂:碎石:粉煤灰:减水剂=405:178:781:1036:3.24。

4. 换算施工配合比

$$m_c = m'_{cb} = 405 \text{kg}/\text{m}^3$$

$$m_s = m'_{sb} \times (1 + w_s\%) = 781 \times (1 + 3\%) = 804 \text{kg}/\text{m}^3$$

$$m_g = m'_{gb} \times (1 + w_g\%) = 1036 \times (1 + 1\%) = 1046 \text{kg}/\text{m}^3$$

$$m_w = m'_{wb} - (m'_{sb} \times w_s\% + m'_{gb} \times w_g\%) = 178 - (781 \times 3\% + 1036 \times 1\%) = 144 \text{kg}/\text{m}^3$$

施工配合比:水泥:水:细集料:粗集料:减水剂=405kg:144kg:804kg:1046kg:3.24kg。

思考与练习

一、填空题

1. 对于强度等级大于C30且小于C60的混凝土,当混凝土强度标准差计算值不小于_____ MPa时,应按混凝土强度标准差计算公式计算结果取值。

2. 混凝土的坍落度(或维勃稠度)不能满足设计要求,但黏聚性和保水性较好时,此时应在保持原有水胶比不变的条件下,调整_____用量,直至通过试验证实工作性满足要求。

3. 当采用3个不同的配合比时,其中一个应为确定的基准配合比,另外两个配合比的水胶比,宜较基准配合比分别增加和减少_____,用水量应与基准配合比相同,砂率可分别增加和减少_____。

二、综合题

根据所列资料,选出正确的选项(单选或多选)。

混凝土初步配合比为1:1.82:3.60,W/C=0.50,混凝土的假定表观密度为2400kg/m³,则有:

(1)采用单位用量表示法,混凝土的初步配合比为(   )。

　　A. 水泥:水:砂:碎石=354:177:644:1274

　　B. 水泥:水:砂:碎石=347:174:632:1249

　　C. 1:1.82:3.60,W/C=0.50

　　D. 1:0.5:1.82:3.60

(2)若掺加2.0%高效减水剂(减水率为24%),坍落度满足要求,则关于混凝土的基准配合比说法正确的是(   )。

　　A. 基准配合比是坍落度满足要求的配合比

　　B. 基准配合比为水泥:水:砂:碎石=347:174:632:1249

　　C. 基准配合比为水泥:水:砂:碎石=264:132:632:1249

　　D. 采用基准配合比进行强度复核

(3)强度检验结果见下表,混凝土设计强度等级C30,(   )结论与强度检验相关。

组别	水灰比	28d抗压强度值(MPa)
1	0.45	39.9
2	0.50	34.7
3	0.55	28.8

A. 采用上表三组水灰比,且均为基准配合比
B. 经强度检验,选择第2组配合比合适
C. 经强度检验,选择第3组配合比合适
D. 强度检验至少采用3组配合比,每组至少制备3块试件

任务六　水泥砂浆技术性能检测

学习目标

1. 能了解水泥砌筑砂浆组成材料及普通混凝土的概念;
2. 能理解水泥砌筑砂浆工作性(和易性)的概念;
3. 能掌握试验的目的、适用范围及具体工程意义;
4. 能根据最新规范正确检测砂浆的稠度、表观密度、分层度、保水性、立方体抗压强度;
5. 能理解水泥砌筑砂浆试验的原理、试验过程中工作性的评定方法,并能描述试验结果的整理和分析方法;
6. 能根据任务要求确定该水泥混凝土工作性是否满足施工技术要求。

建议学时

4学时。

任务描述

××公路土建工程第LQA6合同段,起止桩号为K153+360~YK164+397.6(ZK164+421.131),主线全长11.037km,该工程路基边沟砌筑,需设计M7.5砂浆配合比,新拌砂浆稠度:50~70mm。试进行新拌砂浆的工作性调整与检测。

理论知识

一、砌筑砂浆组成材料

1.胶结材料

(1)水泥宜采用通用硅酸盐水泥或砌筑水泥,且应符合现行国家校准《通用硅酸盐水

泥》(GB 175—2007)和《砌筑水泥》(GB/T 3183—2003)的规定。水泥强度等级应根据砂浆品种和强度等级的要求进行选择。M15 及以下强度等级的砌筑砂浆宜选用 32.5 级的通用硅酸盐水泥或砌筑水泥;M15 以上强度等级的砌筑砂浆宜选用 42.5 级通用硅酸盐水泥。

(2)砌筑砂浆用石灰膏、电石膏,消石灰粉不得直接用于砌筑砂浆中。

(3)粉煤灰、粒化高炉矿渣粉、硅灰、天然沸石粉应分别符合现行国家标准,当采用其他品种矿物掺和料时,应有可靠的技术依据,并应在使用前进行试验验证。

2. 细集料

(1)砂宜选用中砂,并应符合现行行业标准《普通混凝土用砂、石质量及检验方法标准》(JGJ 52—2006)的规定且应全部通过 4.75mm 的筛孔。

(2)拌制砂浆用水应符合现行行业标准《混凝土用水标准》(JGJ 63—2006)的规定。

二、砌筑砂浆技术性质

1. 新拌砂浆技术指标

新拌砂浆技术指标主要包括表观密度、流动性、保水性。砂浆应具有良好和易性,不分层离析,容易在砌块上涂成薄层,与砌块黏结紧密。

(1)砂浆拌和物表观密度符合《砌筑砂浆配合比设计规程》(JGJ/T 98—2010)要求。

(2)流动性(稠度)指其在重力或外力作用下流动,能在粗糙的砖、石基面上铺筑成均匀的薄层,并能与底面很好黏结的性能,砂浆稠度仪测定,稠度值越大,流动性越好。砌筑砂浆施工时的稠度要求见《砌筑砂浆配合比设计规程》(JGJ/T 98—2010)。

(3)保水性指砂浆保持水分的能力,即新拌砂浆在运输过程中,不易产生分层,析水现象,水不易从砂浆中分离出来的性质。

2. 硬化后的砂浆的性质

(1)砂浆的抗压强度:70.7mm×70.7mm×70.7mm 的立方体试件在标准条件下,养护 28d 的极限抗压强度。水泥砂浆及预拌砌筑砂浆的强度等级可分为 M30、M25、M20、M15、M10、M7.5、M5;水泥混合砂浆的强度可分为 M15、M10、M7.5、M5。

(2)黏结性指砂浆与砌块黏结牢固,保证砌体整体性的能力。强度等级越高,黏结性越强。

(3)耐久性指圬工抗渗、抗冻的性能,主要增加密实度,严格控制水灰比。

3. 砌筑砂浆配合比确定与要求

(1)现场配制砌筑砂浆的试配要求。

①砂浆的试配强度按下式计算:

$$f_{m,o} = kf_2 \tag{4-27}$$

式中:k——系数,根据施工水平确定;

f_2——砂浆强度等级值,精确至 0.1MPa。

②每立方米砂浆中的水泥用量按下式计算:

$$Q_c = 1000(f_{m,o} - \beta)/(\alpha \times f_{ce}) \tag{4-28}$$

$$f_{ce} = \gamma_c f_{ce,k}$$

式中：α、β——砂浆的特征系数，其中 α 取 3.03，β 取 –15.09；

γ_c——水泥强度等级值的富余系数，宜按实际统计资料确定。无统计集料时可取 1.0；

$f_{ce,k}$——水泥强度等级值（MPa）。

③每立方米砂浆中砂的用量，应按照干燥状态（含水率小于 0.5%）的堆积密度值作为计算值。

④每立方米砂浆中的用水量，可根据砂浆稠度等要求选用 210~310kg。

(2)砂浆配合比试配、调整与确定。

①按计算或查表所得配合比进行试拌时，应测定砌筑砂浆拌和物的稠度和保水率，当稠度和保水率不能满足要求时，应保持水灰比不变，调整材料用量。

②试配时至少采用 3 个不同的配合比，其中一个配合比为基准配合比，其余两个配合比的水泥用量应按基准配合比分别增加及减少 10%。在保证稠度、保水率合格的条件下，可将用水量、石灰膏、保水稠度材料或粉煤灰等活性掺合料用量作相应调整。

③砌筑砂浆试配时稠度满足要求后还应测定表观密度及强度，并选用符合试配强度及和易性要求、水泥用量最低的配合比作为砂浆的试配配合比。

④当砂浆的实测表观密度值与理论表观密度之差的绝对值不超过理论值的 2% 时，可将得出的试配配合比确定为砂浆设计配合比；当超过 2% 时，应将试配配合比中每项材料用量乘以校正系数后，确定为砂浆设计配合比。

校正系数按下式计算：

$$\delta = \rho_c \div \rho_t \tag{4-29}$$

式中：ρ_c——实测表观密度，精确至 $10kg/m^3$；

ρ_t——计算砂浆的理论表观密度，精确至 $10kg/m^3$。

任务实施

1. 原材料选择

(1)水泥采用浙江海螺 P.C32.5 水泥，进场后已检验，其技术指标符合规范及设计要求。

(2)砂采用长江中砂，细度模数为 2.48，其余技术指标符合规范及设计要求。

2. 砂浆配合比初步设计与试配

根据砂浆配合比的确定方法和设计要求，经初步配合比计算，获得如下数据。

(1)砂浆的试配强度：

$$f_{m,0} = kf_2 = 7.5 \times 1.15 = 8.6 MPa$$

(2)每立方米砂浆中的水泥用量：

$$Q_C = 1000(f_{m,0} - \beta)/(\alpha \times f_{ce}) = 1000(8.6 + 15.09) \div (3.03 \times 32.5) = 240 kg$$

(3)每立方米砂浆中砂的用量，应按照干燥状态（含水率小于 0.5%）的堆积密度值作为计算值，根据试验检测结果得到用量为 1539kg。

(4)每立方米砂浆中的用水量，可根据砂浆稠度等要求选用 210~310kg，根据经验初步选定 275kg。

(5)试配配合比设计每立方米砂浆中各材料用量为:水泥:砂:水 = 240:1585kg:275kg。

3. 砂浆配合比调整与确定

(1)预拌0.008m³砂浆所需各材料用量为:水泥:砂:水 = 240:1585:275 = 1.92:12.68:2.2,根据水灰比不变,调整水泥浆的用量完成新拌砂浆的取样与试拌,新拌混凝土的稠度测试。

(2)根据《建筑砂浆基本性能试验方法标准》(JGJ/T 70—2009)检测结果得到砂浆的稠度为60mm,符合规范及设计要求,表观密度为2086kg/m³,与理论密度之差在2%的范围内,符合要求。

(3)以此为基准配合比,其余两个配合比的水泥用量应按基准配合比分别增加及减少10%,检测表观密度和稠度。当稠度不满足要求时,保持水灰比不变,调整水泥和水的用量。

(4)经试拌和强度验证,最后确定水泥砂浆的配合比为:水泥:砂:水 = 240kg:1585kg:275kg。

 思考与练习

一、填空题

1. M15及以下强度等级的砌筑砂浆宜选用_____或砌筑水泥;M15以上强度等级的砌筑砂浆宜选用_____水泥。

2. 水泥砂浆及预拌砌筑砂浆的强度等级可分为_____。强度等级用M5表示,其中M表示_____,5表示_____。

二、综合题

某桥涵锥坡砌筑砂浆标号为M7.5,在混凝土配合比试配阶段发现稠度不能满足要求时该如何处理?砂浆强度不符合要求时该如何处理?

模块五　金属材料检测

任务一　钢筋技术性能检测

 学习目标

1. 能描述钢材的概念、品种以及用途;
2. 能理解钢材的技术性能指标;
3. 能根据国家标准正确操作金属材料拉伸试验、弯曲试验。

 建议学时

2 学时。

 任务描述

××高速公路××合同段 K157+365 竹口大桥,基础采用钻孔灌注桩,下部构造采用桩柱式桥墩、肋式桥台、桩接盖梁桥台,上部结构采用 6×25m +6×25m 先简支后连续预应力混凝土小箱梁。设计钻孔灌注桩 C30 混凝土配合比,桩长 60m,桩径 1.5m。桥梁桩基用 HRB335 热轧带肋钢筋,直径为 16mm,本次进场原材料总质量 20t,现项目部试验员需评价该批钢筋的技术性能,判断是否符合国家标准,能否用于施工现场。

 **理论知识**

一、钢材概念

钢是铁、碳和少量其他元素的合金。钢材是钢锭、钢坯或钢材通过压力加工制成我们所需要的各种形状、尺寸和性能的材料。大部分钢材加工都是通过压力加工,使被加工的钢(坯、锭等)产生塑性变形。根据钢材加工温度不同,可以分为冷加工和热加工两种。

二、一般规定

(1)桥涵工程中采用的普通钢筋应符合现行国家标准《钢筋混凝土用钢 第1部分:热轧光圆钢筋》(GB 1499.1—2008)、《钢筋混凝土用钢 第2部分:热轧带肋钢筋》(GB 1499.2—2007)的规定。

(2)钢筋应具有出厂质量证明书和试验报告单。进场时除应检查其外观和标志外,尚应按不同的钢种、等级、牌号、规格及生产厂家分批抽取试样进行力学性能试验,检验试验方法应符合现行国家标准的规定。钢筋经进场检验合格后方可使用。

(3)钢筋在运输过程中应避免锈蚀、污染或被压弯;工地存放时,应按不同品种、规格,分批分别堆置整齐,不得混杂,并应设立识别标志,存放的时间不宜超过6个月。存放场地应有防排水设施,且钢筋不得直接置于地面,应垫高或堆置在台座上,顶部应采用合适的材料予以覆盖,防止水浸和雨淋。

(4)钢筋的连接。

①钢筋的连接宜采用焊接接头或机械连接接头。

②钢筋的焊接接头宜采用闪光对焊或采用电弧焊、电渣压力焊或气压焊,但电渣压力焊仅可用于竖向钢筋的连接,不得用作水平钢筋和斜筋的连接。钢筋焊接的接头形式、焊接方法和焊接材料应符合现行行业标准《钢筋焊接及验收规程》(JGJ 18—2012)的规定。电弧焊宜采用双面焊缝,仅在双面焊无法施焊时,方可采用单面焊缝。

③钢筋的机械连接宜采用镦粗直螺纹、滚轧直螺纹或套筒挤压连接接头。各类接头的性能均应符合现行行业标准《钢筋机械连接技术规程》(JGJ 107—2016)的规定。

三、钢材的技术性质

建筑钢材的技术性能主要包括力学性能(如抗拉性能、冲击韧性等)和工艺性能(冷弯性能和焊接性能)两个方面。掌握钢材的各种性能,对合理选择和正确使用钢材至关重要。

1. 抗拉性能

钢材在拉伸试验中,测试所得的屈服点、抗拉强度、伸长率则是衡量钢材力学性能好坏的主要技术指标。钢材拉伸时的性能,可用图5-1所示的应力—应变关系曲线表示。低碳钢在拉力作用下产生变形,直至破坏,这个过程可以分为以下4个阶段。

(1)弹性阶段($O-A$)。OA是一直线,该阶段随着荷载的增加,应变成比例增加。在OA范围内如卸去荷载,试件可恢复原状,称为弹性变形。

OA阶段的应力与应变比值为一常数,称为弹性模量,用符号E表示,单位为MPa。弹性模量反映钢材的刚度,即抵抗弹性变形的能力,是钢材在受力条件下计算结构变形的重要指标。

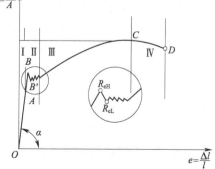

图5-1 碳素结构钢的应力—应变图

(2)屈服阶段($A-B$)。当应力超过弹性极限,即使应力不再增加,而钢材或试样仍继续发生明显的塑性变形,称此现象为屈服。在该阶段,当荷载增大时应力与应变不再成比例变化。这时如卸去外力,试件变形不能完全消失,即表明为塑性变形。当钢筋呈现屈服现象时,在试验期间发生塑性变形而应力基本不变的应力点强度称为屈服强度。屈服强度可分为上屈服强度和下屈服强度。通常将下屈服强度作为屈服强度特征值(或屈服强度)。

上屈服强度 R_{eH}:试样发生屈服而力首次下降前的最高应力。

下屈服强度 R_{eL}:在屈服期间,不计初始瞬时效应时的最低应力。

中碳钢与高碳钢没有明显的屈服点,通常以残余变形0.2%的应力作为屈服强度,表示为 $R_{p0.2}$。屈服点对钢材使用有重要意义,当构件的实际应力超过屈服点时,将产生不可恢复的永久变形。因此,屈服强度是确定钢结构容许应力的主要依据。

(3)强化阶段($B-C$)。试件在应力超过 B 点后,因塑性变形使钢材内部的组织结构发生变化,抵抗变形的能力得到增强,变形速度较快,随着应力的提高而增加,进入强化阶段。对应于最高点 C 的应力称为极限抗拉强度,用 R_m 表示。

抗拉强度虽然不能直接作为计算根据,但钢材的屈服强度和抗拉强度的比值,即"屈强比",它反映钢材可靠性和利用率。屈强比小时,钢材的可靠性大,结构安全。但屈强比过小,则钢材有效利用率太低可能造成浪费。所以应合理选用屈强比,在保证安全可靠的前提下,尽量提高钢材的利用率。

(4)颈缩阶段($C-D$)。试件在应力超过 C 点后,应变迅速增大,荷载逐渐降低,试件在某一薄弱处断面开始缩小,产生"颈缩"现象至 D 点断裂,此阶段称为颈缩阶段。

2.塑性

钢材在受力破坏前可以经受永久变形的性能,称为塑性。在工程中钢材的塑性指标通常用伸长率和断面收缩率表示。

(1)伸长率。是指试样拉断后,其标距部分所增加的长与原标距长的百分比。伸长率按下式计算:

$$A = \frac{L_1 - L_0}{L_0} \times 100\% \tag{5-1}$$

式中:A——断后伸长率(%);

L_1——试样拉断后标距部分的长(mm);

L_0——试样的原标距长(mm)。

(2)断面收缩率。是指试件拉断后缩颈处横断面积的最大缩减量占原横断面积的百分比。断面收缩率按下式计算:

$$Z = \frac{S_0 - S_u}{S_0} \times 100\% \tag{5-2}$$

式中:Z——断面收缩率(%);

S_0——试样拉断后颈缩处截面积(mm^2);

S_u——试样原始截面积(mm^2)。

3.冷弯性能

冷弯性能是指钢材在常温下承弯曲变形的能力,并可在弯曲中显示钢材缺陷的一种工艺性,以试验时的弯曲角度 α 和弯心直径 d 为指标表示。钢材的冷弯试验是通过直径(或厚度)为 a 的试件,采用标准规定的弯心直径($d=na$,n 为整数),弯曲到规定的角度时(180°或90°),检查弯曲处有无产生裂纹、断裂和起层等现象。若没有这些现象,则认为冷弯性能合格。钢材冷弯时的弯曲角度越大,弯心直径越小,则表示冷弯性能越好。

一、表面外形及尺寸检测

试验员首先对此钢筋进行表面外形及尺寸检测,判断标准符合《钢筋混凝土用钢 第 2 部分:热轧带肋钢筋》(GB 1499.2—2007)的规定。

1. 尺寸测量

带肋钢筋内径的测量应精确至 0.1mm。

2. 质量偏差的测量

试样应从不同根钢筋上截取,数量不少于 5 支,每支试样的长度不小于 500mm,长度应逐支测量,应准确到 1mm。测量试样总质量时,应准确到不大于总质量的 1%。

钢筋实际质量与理论质量的偏差(%)按下式计算:

$$质量偏差 = \frac{试样实际总质量 - (试样总长度 \times 理论质量)}{试样总长度 \times 理论质量} \times 100 \tag{5-3}$$

检验结果的数值修约与判定,应符合《冶金技术标准的数值修约与检测数据的判定》(YB/T 081—1996)的规定。

3. 尺寸和质量等检测

符合要求后再进行力学试验,其主要检测项目有室温拉伸力学性能试验和冷弯性能试验,评定此钢筋的抗拉强度和冷弯性能是否合格。

二、金属材料拉伸试验(GB/T 228.1—2010)

1. 试样

(1)组批规则。

钢筋的技术性能试验前,应检查钢筋的进场手续是否符合要求。要求具有出厂质量证明书或试验报告单,每捆钢筋均应有标牌。检查时应按批进行检查和验收,每一批应由同一牌号、同一炉罐号和同一尺寸的钢筋进行组批,每批不大于 60t,超过 60t 的部分,每增加 40t(或不足 40t 的余数)应增加一个拉伸和一个弯曲试验试样。

(2)取样数量各类钢筋每组试件数量见表 5-1。

(3)取样长度:直径大于 4mm 的钢筋,两夹头的长度应足够,以使试样原始标距的标记与最近夹头间近的距离不小于 1.5d。试验机两夹头间的自由长度应至少为 L_0 + 50mm。如不测断后伸长率,两夹头间的最小自由长度可以为 50mm。

各类钢筋每组试件数量　　　　　　　　　　　　　　　　表5-1

钢筋种类	每组试件数量	
	拉伸钢筋	弯曲钢筋
热轧带肋钢筋	2根	2根
热轧光圆钢筋	2根	2根
低碳热轧圆盘条	1根	2根
冷轧带肋筋	逐盘1个	每批2个

注：①凡取两个试样的，均应从任意两根中分别切取一个拉伸试件、一个冷弯试件；
　　②低碳钢热轧圆盘条，冷弯试件应取自同盘的两端；
　　③试件切取时，应在钢筋或盘条的任意一端截去500mm后切取。

(4)标距：原始标距与原始横截面积有 $L_0 = k\sqrt{A_0}$ 关系的试样称为比例试样。国际上，试样 $L_0 = 5.65\sqrt{A_0} \approx 5d_0$，原始标距应不小于15mm。当试样横截面积太小时，试样可采用 $L_0 = 11.3\sqrt{A_0} \approx 10d_0$ 或非比例试样。非比例式样其原始标距与原始横截面积无关。

(5)原始标距(L_0)的标记：应用小标距、细画线或细墨线标记原始标记，但不得用引起过早断裂的缺口作标记。

对于比例试样，如果原始标距的计算值与其标记值之差小于 $10\%L_0$，应将原始标距的计算值修约至最接近5mm的倍数，中间数值向较大一方修约。原始标距的标记应准确到±1%。

2.试验仪器

(1)各种类型拉力试验机均可使用，但应按照《静力单轴试验机的检验　第1部分：拉力和(或)压力试验机测力系统的检验与校准》(GB/T 16825.1—2008)进行检验，并应为1级或优于1级准确度，如图5-2所示。

(2)引伸计的准确度应符合《单轴试验用引伸计的标定》(GB/T 12160—2002)的要求。

(3)试样尺寸测量精度的要求：选用相应精度的任两种量具或仪器，如游标卡尺、螺旋千分尺或精度更高的测微仪、钢板尺、钢卷尺等。

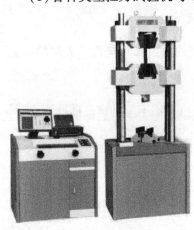

图5-2　拉力试验机

3.试验条件

(1)试验速率。

①在弹性范围和直至上屈服强度，试验机夹头分离的速率尽可能保持恒定，并在规定的应力速率范围内，见表5-2。

应　力　速　率　　　　　　　　　　　　　　　　表5-2

材料弹性模量 E(MPa)	应力速率 R(MPa·s^{-1})	
	最　小	最　大
<150000	2	20
≥150000	6	60

②测定下屈服强度,在试样平行长度的屈服期间应变速率应在 0.00025～0.0025/s 之间。平行长度内的应变速率应尽量可能保持恒定。

任何情况下,弹性范围内的应力速率不得超过表 5-2 规定的最大速率。

③当测定屈服强度或塑性延伸强度后,试验速率不应超过 0.008/s。

(2)试验温度。

一般在室温 10～35℃ 范围内进行。对温度要求严格的试验,试验温度应为 23±5℃。

4. 试验步骤

(1)在试件上画标距,估算试验所需最大力。

(2)调试试验机,选择合理的量程。试件破坏荷载必须大于试验机全量程的 20% 且小于试验机全量程式的 80%,试验机的测量精度应为 ±1%。

(3)测量屈服强度和抗拉强度。钢筋拉伸试验在试验机上进行,当测力度盘的指针停止转动后恒定负载或第一次回转的最小负荷即为所求屈服点的荷载。

抗拉强度是向试件连续加荷直至拉断,由测力度盘或拉伸曲线上读出最大负荷。最大力除以试样原始横截面积得到抗拉强度。

(4)测定伸长率。试件拉断后,应将试样断裂的部分仔细地配接在一起,使其轴线处于同一直线上,并采取特别措施确保试样断裂部分适当接触后测量试样断后标距,计算伸长率。

钢材拉伸试验过程如图 5-3 所示。

 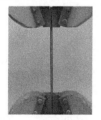  

a)测量原始标距　　b)拉伸中　　c)拉断　　d)断后钢筋标距长度

图 5-3　钢筋拉伸试验

5. 试验结果数值修约

试验测定的性能结果数值,应按照相关产品标准的要求进行修约。如未规定具体要求,应按照如下要求进行修约:强度性能值修约至 1MPa;屈服点延伸率修约至 0.1%,其他延伸率和断后伸长率修约至 0.5%;断面收缩率修约至 1%。

6. 试验结果处理

(1)试验出现下列情况之一时,其试验结果无效,应重做同样数量试样的试验。

①试样断在标距外或断在机械刻画的标距标记上,而且断后伸长率小于规定最小值。

②试验期间设备发生故障,影响了试验结果。

(2)试验后试样出现两个或两个以上的缩颈以及显示出肉眼可见的冶金缺陷(如分层、气泡、夹渣、缩孔等),应在试验记录和报告中注明。

7. 试验记录

试验记录见表 5-3。

钢筋室温拉伸试验记录　　　　　　　　　表5-3

试件编号	炉批号、批量(t)	钢材品种	试件尺寸			断后标距(mm)	伸长率(%)	屈服荷载(kN)	抗拉荷载(kN)	屈服点(MPa)	抗拉强度(MPa)	断口形状
			直径(mm)	横截面积(mm²)	标距(mm)							
YJ-004	451-2172-19.440t	热轧带肋	16	201.1	80	97	21.5	70.0	99.0	348	492	塑断
						96	20.0	68.0	98.0	338	487	塑断
			技术要求			—	≥17	—	—	≥335	≥455	塑断
结论:符合评定标准要求,此钢筋抗拉强度合格												

三、金属材料弯曲试验(GB/T 232—2010)

1.试验设备

弯曲试验可用压力机、特殊试验机、万能试验机或圆口老虎钳等设备进行。试验过程中应平稳地对试样施加压力。支辊式弯曲装置,如图5-4所示。

图5-4　支辊式弯曲装置

(1)支辊长度和弯曲压头的宽度应大于试样宽度或直径。弯曲压头的直径由产品标准规定。支辊和弯曲压头应具有足够的硬度。

(2)除非另有规定,支辊间距应按照下式确定:

$$l = (D + 3a) \pm \frac{a}{2} \quad (5\text{-}4)$$

式中:l——支辊间距(mm);

D——弯心直径(mm);

a——钢筋直径(mm)。

此距离在试验期间应保持不变。

注意:此距离在试验前期保持不变,对于180°弯曲试样此距离会发生变化。

2.试样

(1)试样表面不得有划痕和损伤。

(2)选择适当的弯心直径 d,对不同种类的钢材,其弯心直径取值不同取值。

(3)一般试件截取长度为:$L \geq 0.5\pi(d+a) + 140 \text{mm}$。

(4)各类钢筋每组试件数量见表5-1。

3.试验条件

一般在室温10~35℃范围内进行。对温度要求严格的试验,试验温度应为23±5℃。

4.试验程序

(1)试样弯曲至规定弯曲角度的试验,应将试样放于两支辊(图5-5)上,试样轴线应与弯曲压头轴线垂直,弯曲压头在两支座之间的中点处对试样连续施加力使其弯曲,直到达到规定的弯曲角度。

如不能直接达到规定的弯曲角度,应将试样置于两平行压板之间,连续施加压力,使其两端进一步弯曲,直到规定的弯曲角度。

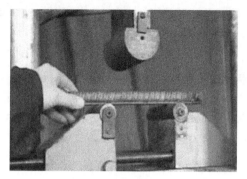 

a) 将钢筋置于支辊上　　　　　　　　b) 弯曲试验中

图 5-5　钢筋弯曲试验

(2) 试样弯曲至 180°角两臂相距规定距离且相互平行的试验,首先对试样进行初步弯曲(弯曲角度应尽可能大),然后将试样置于两平行压板之间连续施加压力,使其两端进一步弯曲,直到两臂平行。试验时可以加或不加垫块。除非产品标准中另有规定,垫块厚度等于规定的弯曲压头直径。

(3) 试样弯曲至两臂直接接触的试验,首先对试样进行初步弯曲,然后将试样置于平行压板之间,连续施加力压其两端是进一步弯曲,直至两臂直接接触。

5. 试验评定

(1) 应按照相关产品标准的要求评定弯曲试验结果。如未规定具体要求,弯曲试验后不使用放大仪器观察,试样弯曲外表面无可见裂纹应评定为合格。

(2) 以相关产品标准规定的弯曲角度作为最小值;若规定弯曲压头直径,以规定的弯曲压头直径作为最大值。

6. 试验记录

钢筋的弯曲试验记录,见表 5-4。

钢筋的弯曲试验记录　　　　　　　　　　　　表 5-4

试件编号	炉批号、批量 (t)	钢材品种	试件尺寸		弯心直径 (mm)	角度 (°)	评定
			直径 (mm)	横截面积 (mm²)			
YJ-004	451 - 2172 - 19.440t	热轧带肋	16	201.1	42	180	合格
			技术要求		无裂纹		
结论:符合评定标准要求,此钢筋抗弯强度合格							

思考与练习

一、填空题

1. 建筑钢材的技术性能主要包括_____和_____两个方面。

2. 钢筋在工地存放时,应按不同品种、规格,分批分别堆置整齐,不得混杂,并应设立_____,存放的时间不宜超过_____。

3. 钢筋的连接宜采用_____或_____。钢筋的焊接接头宜采用_____或采用

_____、电渣压力焊或气压焊,但电渣压力焊仅可用于竖向钢筋的连接,不得用作水平钢筋和斜筋的连接。

二、综合题

根据《钢筋混凝土用钢 第2部分:热轧带肋钢筋》(GB 1499.2—2007)标准规定,简述测量钢筋质量偏差的方法。

任务二 钢绞线技术性能检测

 学习目标

1. 了解钢绞线的种类;
2. 了解钢绞线的力学性能要求;
3. 了解钢绞线的力学性能试验。

 建议学时

2学时。

 任务描述

××高速公路××合同段K157+365竹口大桥,基础采用钻孔灌注桩,下部构造采用桩柱式桥墩、肋式桥台、桩接盖梁桥台,上部结构采用6×25m+6×25m先简支后连续预应力混凝土小箱梁。小箱梁施工设计用C50混凝土,后张法预应力张拉用钢绞线为1×7-15.20-1860,直径为15.2mm,现工地进场一批钢绞线,共55t,项目部试验员需外委检测评价该批钢绞线的技术性能,判断是否符合国家标准,能否用于施工现场。

本工作任务沿如下脉络进行:预应力混凝土用钢绞线的种类及性能要求→预应力混凝土用钢绞线的力学性能试验。采用《预应力混凝土用钢绞线》(GB/T 5224—2014)和《预应力混凝土用钢材试验方法》(GB/T 21839—2008)进行检测,判断其指标是否满足设计要求。

 理论知识

按照国家标准《预应力混凝土用钢绞线》(GB/T 5224—2014)的规定,预应力混凝土用钢绞线(以下称为钢绞线)是由冷拉光圆钢丝及刻痕钢丝捻制而成,按结构形式分为8类,钢绞线的产品标记包含结构代号、公称直径、强度级别和标准编号。

标记示例:公称直径为15.20mm,强度级别为1860MPa的7根钢丝捻制的标准型钢绞线,其标记为:预应力钢绞线 1×7-15.20-1860-GB/T 5224—2014。

1×7标准型结构预应力钢绞线的公称直径、直径允许偏差、测量尺寸及测量尺寸允许偏差,应分别符合表5-5的规定。

1×7标准型结构预应力钢绞线的力学性能应符合表5-6的规定。

模块五　金属材料检测

1×7结构钢绞线尺寸及允许偏差　　　　　　　　　　　　表 5-5

钢绞线结构	公称直径 （mm）	直径允许偏差 （mm）	钢绞线公称截面积 （mm²）	每米钢绞线参考质量 （g/m）	中心钢丝直径加大范围不小于 （%）
1×7	9.50	+0.30 -0.15	54.8	430	2.5
	11.10		74.2	582	
	12.70	+0.40 -0.20	98.7	775	
	15.20		140	1101	
	15.70		150	1178	
	17.80		191	1500	
1×7 模拔型	12.70	+0.40 -0.20	112	890	
	15.20		165	1295	
	18.00		223	1750	

1×7结构钢绞线的力学性能　　　　　　　　　　　　表 5-6

钢绞线结构	钢绞线公称直径 D_n（mm）	抗拉强度 R_m（MPa）	整根钢绞线的最大力 F_m（kN）	规定非比例延伸力 $F_{p0.2}$（kN）	最大力总伸长率 $(L_0 \geq 500mm) A_{gt}$（%）	应力松弛性能 初始负荷相当公称最大力百分数（%）	应力松弛性能 1000h后应力松弛率 r（%），不大于
			不	小	于		
1×7	9.50	1720	94.3	83.0	对所有规格	对所有规格	对所有规格
		1860	102	89.8			
		1960	107	94.2			
	11.10	1720	128	113	对所有规格 3.5		
		1860	138	121			
		1960	145	128			
	12.70	1720	170	150		70	2.5
		1860	184	162			
		1960	193	170			
	15.20	1470	206	18			4.5
		1570	220	194		80	
		1670	234	206			
		1720	241	212			
		1860	260	229			
	15.70	1960	274	241			
		1770	266	234			
		1860	279	246			
	17.80	1720	327	288			
		1860	353	311			
(1×7)Ⅰ	12.70	1860	184	162			
	15.20		260	229			
(1×7)C	12.70	1860	208	183			
	15.20	1820	300	262			
	18.00	1720	384	338			

注：规定非比例延伸力 $F_{p0.2}$ 值不小于整根钢绞线公称最大力 F_m 的88%~95%

任务实施

钢绞线力学性能检测拉伸试验

1. 设备

(1)万能试验机,如图 5-6 所示。

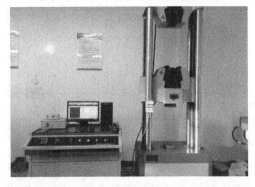

图 5-6 微机控制电液伺服万能试验机

(2)引伸计。

(3)测量尺或游标卡尺。

2. 试验速率

测定规定非比例延伸力时,应力速率应在 $6 \sim 60 (N/mm^2) \cdot s^{-1}$ 范围内,测定抗拉强度时,应变速率不应超过 $0.008/s$。

3. 试件制备

整根钢绞线的最大力试样数量为 3 根/批,屈服力试样数量为 3 根/批,最大力总伸长率试样数量为 3 根/批,从每(任一)盘中任意一端截取。

4. 最大力

整根钢绞线的最大力试验按《预应力混凝土用钢材试验方法》(GB/T 21839—2008)的规定进行。如试样在夹头内和距钳口 2 倍钢绞线公称直径内断裂达不到该标准性能要求时,试验无效。计算抗拉强度时取钢绞线的参考截面积值。

5. 规定非比例延伸力

钢绞线规定非比例延伸力采用的是引伸计标距的非比例延伸达到原始标距 0.2% 时所受的力($F_{p0.2}$)。为便于供方日常检验,也可以测定规定总延伸达到原始标距 1% 的力(F_{tl}),其值符合该标准规定的 $F_{p0.2}$ 值时可以交货,但仲裁试验时测定 $F_{p0.2}$。测定 $F_{p0.2}$ 的 F_{tl} 时,预加负荷为规定非比例延伸力的 10%。

6. 最大力总伸长率

最大力总伸长率 A_{gt} 的测定按《预应力混凝土用钢材试验方法》(GB/T 21839—2008)规定进行。使用计算机采集数据或使用电子拉伸设备测量伸长率时,预加负荷对试样所产生的伸长率应加在总伸长内。测定钢绞线伸长率时,1×7 结构钢绞线的标距不小于 500mm;1×2 和 1×3 结构钢绞线的标距不小于 400mm。

在测定总伸长为 1% 时的负荷后,卸下引伸计,标明试验机上下工作台之间的距离 L_1,然后继续加荷直到钢绞线的一根或几根钢丝破坏,此时标明上、下工作台的最终距离 L_2,$L_2 - L_1$ 的值与 L_1 比值的百分数,加上引伸计测得的 1.0% 即为钢绞线的伸长率。

如果任何一根钢丝破坏之前,钢绞线的伸长率已达到所规定的要求,此时可以不继续测定最后伸长率的值。如因夹具原因产生剪切断裂,所得最大负荷及延伸未满足标准要求,试验是无效的,如图 5-7 所示。

7. 测定结果数值修约

最大力除以试验钢绞线参考截面积得到抗拉强度,数值修约间隔为 $10N/mm^2$;最大力总伸长率 A_{gt},数值修约间隔为 0.5%。

8. 试验报告

参照《预应力混凝土用钢绞线》(GB/T 5224—2003)和《金属材料 室温拉伸试验方法》(GB/T 228—2002)要求,进行 1×7-15.20-1860 钢绞线钢绞线拉伸试验(最大力、1%延伸力、最大总伸长率)、弹性模量试验,采用液压万能试验机、蝶式引伸计,检测结果见表5-7。

图 5-7 钢绞线断裂图片

钢绞线力学性能检测报告　　　　表 5-7

样品名称	检测项目	计量单位	技术要求	检测结果	判定	备注
1×7-15.20-1860 钢绞线	最大力	kN	≥260	267	合格	
				270	合格	
				270	合格	
	最大力总延长率	%	≥3.5	6.0	合格	
				5.5	合格	
				5.5	合格	
	弹性模量	GPa	195±10	198	合格	
				196	合格	
				197	合格	
	1%规定总延伸力	kN	≥234	247	合格	
				249	合格	
				249	合格	
检测结论	经检测所检项目均符合《预应力混凝土用钢绞线》(GB/T 5224—2003)的技术指标要求					

思考与练习

一、填空题

1. 1×7-15.20-1860-GB/T 5224—2014 钢绞线的整根钢绞线的最大力不小于_____,规定非比例延伸力不小于_____。

2. 钢绞线的最大总伸长率 A_{gt} 数值修约间隔为_____。

3. 规定非比例延伸力 $F_{p0.2}$ 值不小于整根钢绞线公称最大力 F_m 的_____。

二、综合题

1. 预应力钢绞线 1×7-15.20-1860-GB/T 5224—2014 的含义是什么?

2. 简述钢绞线拉伸试验的取样要求。

任务三 锚具技术性能检测

 学习目标

1. 了解锚具的分类及标记;
2. 了解锚具力学性能要求;
3. 了解锚具的洛氏硬度试验。

 建议学时

2学时。

 任务描述

××高速公路××合同段K157+365竹口大桥,基础采用钻孔灌注桩,下部构造采用桩柱式桥墩、肋式桥台、桩接盖梁桥台,上部结构采用6×25m+6×25m先简支后连续预应力混凝土小箱梁。小箱梁施工设计用C50混凝土,现工地进场一批后张法预应力张拉用锚具YM15-12,项目部试验员需外委检测评价该批钢绞线的技术性能,判断是否符合国家标准,能否用于施工现场。

 理论知识

本工作任务沿如下脉络进行:锚具的分类及标记→锚具、夹具、连接器的组合件力学性能→锚具的洛氏试验。采用《公路桥梁预应力钢绞线用锚具、夹具和连接器》(JT/T 329—2010)和《预应力筋用锚具、夹具和连接器》(GB/T 14370—2015),《金属材料 洛氏硬度试验 第1部分:试验方法(A、B、C、D、E、F、G、H、K、N、T标尺)》(GB/T 230.1—2009),进行检测,判断其指标是否满足设计要求。

一、锚具分类与标记

交通运输行业标准《公路桥梁预应力钢绞线用锚具、夹具和连接器》(JT/T 329—2010)将锚具、连接器按其结构形式,分为张拉端锚具、固定端锚具两类。国家标准《预应力筋用锚具、夹具和连接器》(GB/T 14370—2015)将锚具、夹具和连接器按锚固方式不同,分为夹片式、支撑式、推塞式和握裹式4种基本类型。

锚具、夹具及连接器的标记由产品代号、预应力钢绞线直径和预应力钢绞线根数三部分组成。例如,预应力钢绞线的圆锚张拉端锚具,钢绞线直径为15.2mm,锚固根数为12根,标记为:YM15-12。

二、预应力筋用锚具技术性能

预应力筋用锚具、夹具、连接器力学性能要求见表 5-8。锚具、夹具、连接器组装件静载试验如图 5-8、图 5-9 所示。

锚具、夹具、连接器力学性能要求 表 5-8

标准号	检测项目		力学性能要求
JT/T 329—2010	锚具、连接器	静载锚固性能	同时满足：①效率系数 $\eta_a \geq 0.95$；②实测极限拉力时的总应变 $g_{apu} \geq 2.0\%$
		疲劳荷载性能	①试样经过 200 万次循环荷载后，锚具零件不应发生疲劳破坏；②钢绞线因锚具夹持作用发生疲劳破坏的面积，不应大于原试样总面积的 5%
		周期荷载性能	试样经过 50 次周期荷载试验后，钢绞线在锚具夹持区域不应发生破断、滑移和夹片松脱现象
		钢绞线内缩量	张拉端钢绞线内缩量应不大于 5mm
		锚口摩阻损失率	锚口(含锚下垫板)摩阻损失率合计不大于 6%
	夹具	静载销固性能	效率系数 $\eta_g \geq 0.92$
GB/T 14370—2015	锚具	静载锚固性能	同时满足：①效率系数 $\eta_a \geq 0.95$；②实测极限拉力时的总应变 $g_{apu} \geq 2.0\%$
		疲劳荷载性能	①试样经过 200 万次循环荷载后，锚具零件不应发生疲劳破坏；②预应力筋因锚具夹持作用发生疲劳破坏的截面面积，不应大于原试样总截面面积的 5%
		周期荷载性能	试样经过 50 次周期荷载试验后，预应力筋在锚具夹持区域不应发生破断
	夹具	静载锚固性能	效率系数 $\eta_g \geq 0.92$
	连接器		①永久留在混凝土结构或构件中的连接器力学性能要求与锚具的相同；②张拉后还需放张和拆卸的连接器，力学性能要求与夹具的相同

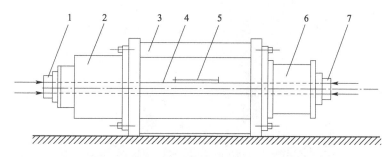

图 5-8 锚具、夹具、连接器组装件静载试验示意图
1-张拉端试验描具；2-加荷载用千斤顶；3-承力台座；4-预应力筋；5-测量总应变的装置；6-荷载传感器；7-固定端试验锚具

图 5-9 锚具、夹具、连接器组装件试验现场图

锚具的洛氏试验

1. 试验目的

通过试验检测产品零件是否满足设计规定的硬度值。

2. 试验原理

用标准型压头在先后两次对被试材料表面施加试验力(初试验力 F_0 与总试验力 $F_0 + F_1$),在试验力的作用下压头压入试样表面。在总试验力保持一定时间后,卸除主试验力 F_1,保留初试验力 F_0 的情况下测量压入深度,与在初始试验力下的压入深度之差(残余压入深度)来表征硬度的高低(参与压入深度越大,硬度值越低)。洛氏硬度 $= N - h/S \cdots (N$ 和 S 为常数)。

3. 试验设备及环境

试验设备采用洛氏硬度计,如图 5-10 所示。

试验环境一般为 10~35 ℃,对于温度要求严格的试验,温度为 23±5℃。

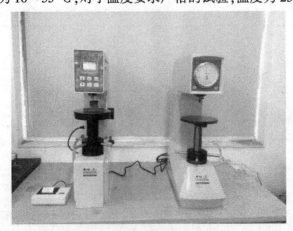

图 5-10 全自动型锚具洛氏硬度计

4.试验参数选取(略)

5.试验步骤

(1)施加初试验力 F_0 根据试样预估硬度,旋转试验力变换手轮,选取适合的标尺测量要求。将试件放置于工作台上,旋转手轮使工作台缓缓升起,并顶起压头,指示器大指针旋转3圈,小表盘指针到红点位置,大指针指到 $0±5HRC$ 位置,初试验力 F_0 施加完成。

(2)对零:转动指示器外表盘使大指针指到"B"或"C"。

(3)施加主试验力 F_1。

从初始验力 F_0 施加至总试验力 F 的时间应不小于1s,且不大于8s。

拉动加荷手柄,施加主试验力,保持时间 $4±2s$。卸除主试验力 F_1 并保持初始验力 F_0,经短暂时间稳定后,读取相应刻度盘数值。

(4)松开升降手轮,降下试验台,选取新的测试点进行试验(两相邻压痕中心之间的距离至少应为压痕直径的4倍,并且不应小于2mm。任一压痕中心距试样边缘的距离至少应为压痕直径的2.5倍,并且不应小于1mm)。

(5)每个试样检测3点。

6.检测结论

参照《金属材料洛氏硬度试验第1部分:试验方法(A、B、C、D、E、F、G、H、K、N、T标尺)》(GB/T 230.1—2009)和厂家产品质量保证书,进行金属洛氏硬度试验,HR-150A型洛氏硬度计,检测结果见表5-9。

锚具洛氏硬度检测结果　　　　　　　　　　　　表5-9

检测项目	样品编号	试件编号	技术要求	检测结果 1	检测结果 2	检测结果 3	平均值	结果判定	备注
洛氏硬度	2009081166	1	21~35HRC	24.0	25.0	25.5	25.0	合格	
	2009081166	2	21~35HRC	25.5	26.0	24.0	25.0	合格	
	2009081166	3	21~35HRC	27.0	28.0	26.0	27.0	合格	
	2009081166	4	21~35HRC	29.0	29.0	30.0	29.5	合格	
	2009081166	5	21~35HRC	29.5	27.5	27.0	28.0	合格	
检测结论	经检测,该样品所检项目均符合厂家产品质量保证书所提供的技术要求								

思考与练习

一、填空题

1.锚具的性能要求中规范(JT/T 329—2010)和(GB/T 14370—2015)对锚固静载的要求为_____、_____。

2.(GB/T 14370—2015)中对预应力钢绞线的用于固定端的压花式锚具的产品分类代号为_____。

3.锚具洛氏硬度试验在施加主试验力过程中要求保持时间为_____。

二、简答题

1.简述锚具、夹具、连接器组装件静载试验的主要组成部分。

2.简述锚具洛氏硬度试验的试验过程。

模块六　橡胶支座与石料检测

任务一　橡胶支座技术性能检测

 学习目标

1. 了解橡胶支座的分类及标记；
2. 了解橡胶支座力学性能要求；
3. 了解橡胶支座的抗压弹性模量、抗剪弹性模量试验。

 建议学时

2学时。

 任务描述

××高速公路××合同段K157+365竹口大桥，基础采用钻孔灌注桩，下部构造采用桩柱式桥墩、肋式桥台、桩接盖梁桥台，上部结构采用6×25m+6×25m先简支后连续预应力混凝土小箱梁。小箱梁施工设计用C50混凝土，现工地进场一批橡胶支座。项目部试验员需外委检测评价该批橡胶支座的技术性能，判断是否符合国家标准，能否用于施工现场。

 理论知识

通过本任务学习，使学生了解橡胶支座的分类、力学性能要求，以及了解橡胶支座抗压弹性模量和抗剪弹性模量项目的检测，根据《公路桥梁板式橡胶支座》(JT/T 4—2004)要求进行试验和判定。本工作任务沿如下脉络进行：橡胶支座的分类、代号及标记→橡胶支座力学性能要求→橡胶支座的抗压弹性模量、抗剪弹性模量试验。

一、橡胶支座的分类与代号

板式橡胶支座产品分类及代号见表6-1。

板式橡胶支座产品分类及代号　　　　　　表6-1

类　　型		名 称 代 号		型式代号
		JT/T 4—2004	GB 20638.4—2007	
普通板式橡胶支座	矩形板式橡胶支座	GJZ	JBZ	
	圆形板式橡胶支座	GYZ	YBZ	
四氟滑板式橡胶支座	矩形四氟滑板式橡胶支座	GJZ	JBZ	F4
	圆形四氟滑板式橡胶支座	GYZ	YBZ	F4

注：型式代号中 F4 表示为四氟滑板式橡胶支座，不加代号为普通板式橡胶支座。

二、橡胶支座标记

板式橡胶支座产品标记由名称代号、型式代号、外形尺寸及橡胶种类4部分组成。

例如：公路桥梁矩形普通氯丁橡胶支座，短边尺寸为300mm，长边尺寸为400mm，厚度为47mm，标记为：GJZ300×400×47(CR)。以上标记适用于交通行业标准（JT/T 4—2004）。

三、橡胶支座技术性能

板式橡胶支座力学性能要求见表6-2。

板式橡胶支座成品力学性能要求　　　　　　表6-2

项　　目		指　　标	
		JT/T 4—2004	GB 20688.4—2007
实测极限抗压强度 R_u(MPa)		≥70	
实测抗压弹性模量 E_1(MPa)		$E \pm E \times 20\%$	$E \pm E \times 30\%$
实测抗剪弹性模量 G_1(MPa)		$G \pm G \times 15\%$	
实测老化后抗剪弹性模量 G_2(MPa)		$G_1 + G \times 15\%$	$G_1 \pm G_1 \times 15\%$
实测转角正切值 tanθ	混凝土桥	≥1/300	
	钢桥	≥1/500	
实测四氟板与不锈钢板表面摩擦系数 μ_f(加硅脂时)		≤0.03	

桥梁支座的试验

1. 试样准备

桥梁支座成品力学性能试验应采用实体支座，当试验设备能力受到限制时，经与用户协商可选用小型支座或特制试样进行试验。

2. 试样停放与试验条件

试样在标准温度为 23±5℃ 的试验室内停放 24h，并在该标准温度内进行试验。

3. 试验用设备与仪器

(1)压力试验机的示值相对误差最大允许值为 ±1.0%，并应具有正确的加载中心。加载时应平稳无振动。压力机的使用负荷可在其满负荷的 0.4%~90% 内。

(2)试验中使用的测量仪表应定期检定。

(3)试验中使用的带有测力装置的千斤顶，其千斤顶和测力计的使用负荷可在其满量程的 1%~90% 范围内。

4. 板式橡胶支座试验方法

板式橡胶支座试验检测项目为抗压弹性模量、抗剪弹性模量、抗剪黏结性能、抗剪老化、摩擦系数、转角、极限抗压强度试验以及外观质量及尺寸检测，见表6-3。

橡胶支座检验报告　　　　　　　　　　　　表6-3

样品编号	检测项目	计量单位	技术要求	检测结果		单项判定	备注
				实测值(MPa)	与标准偏差(%)		
2013-0852-01	抗压弹性模量	MPa	608±608×20%	712	17	合格	
				662	9		
				650	7		
	抗剪弹性模量	MPa	1±1×15%	实测值(MPa)	与标准偏差(%)	合格	
				0.97	-3		
				0.99	-1		
				0.97	-3		

结论：经检测，该批 Φ375mm×66mm 板式橡胶支座所测指标符合《公路桥梁板式橡胶支座》(JT/T 4—2004)要求

一、填空题

1. 橡胶支座的技术性能中，板式橡胶的实测抗剪弹模偏差要求为_____。

2. 支座设计竖向承载力为 50000kN 的固定球型支座，其纵向位移量为 ±150mm，转角为 0.05rad，标记为：_____。

3. 橡胶支座抗压弹性模量、抗剪弹性模量各单项结果与算术平均值之间的偏差应不大于算术平均值的_____。

二、综合题

1. 简述板式橡胶支座抗压弹性模量的试验过程。
2. 通过本任务的学习，你知道三种橡胶支座的主要检测项目分别有哪些吗？

任务二　石料技术性能检测

 学习目标

1. 了解公路工程所用石料的种类和用途；
2. 了解石料的技术等级划分；
3. 了解石料单轴抗压试验方法；
4. 了解石料抗冻性试验方法。

 建议学时

2学时。

 任务描述

××高速公路××合同段K157+365竹口大桥，基础采用钻孔灌注桩，下部构造采用桩柱式桥墩、肋式桥台、桩接盖梁桥台，上部结构采用6×25m+6×25m先简支后连续预应力混凝土小箱梁。设计钻孔灌注桩C30混凝土配合比，桩长60m，桩径1.5m。桥梁桩基用C30混凝土配合比，设计前项目部试验员需进行石料性能试验检测，根据《公路工程岩石试验规程》(JTG E 41—2005)规程和施工图纸，判断该批碎石是否符合国家标准，能否用于施工现场。

 理论知识

通过本任务学习，使学生了解公路工程桥涵所采用的石料技术等级划分以及用途。本工作任务沿如下脉络进行：石料的种类和技术等级划分以及用途→石料的单轴抗压试验→石料的抗冻性试验。

一、石料概念

石料是土木工程的主要材料之一，包括块状石料和粗集料。石料的质量主要取决于加工石料所用的岩石，岩石为颗粒间连接牢固、呈整体或具有节理裂隙的地质体。按地质成因不同，天然岩石分为岩浆岩、沉积岩和变质岩三大类。桥涵工程所用石料质量和规格必须符合设计要求和施工规范规定。桥涵工程使用的石料主要用于砌体工程，如桥涵拱圈、墩台、基础、锥坡、墙身等。

二、石料技术等级划分

岩石的坚硬程度应根据岩块的饱和单轴抗压强度f_{rk}大小分为坚硬岩、较硬岩、较软岩、软岩和极软岩 5 个等级,见表 6-4。

岩石坚硬程度分级 表 6-4

坚硬程度类别	坚硬岩	较硬岩	较软岩	软岩	极软岩
饱和单轴抗压强度标准值 f_{rk}(MPa)	$f_{rk} > 60$	$60 \geq f_{rk} > 30$	$30 \geq f_{rk} > 15$	$15 \geq f_{rk} > 5$	$f_{rk} \leq 5$

当缺乏有关试验数据或不能进行该项试验时,可按表 6-4 定性分级。

任务实施

单轴抗压强度的试验

1. 目的与适用范围

单轴抗压强度试验时测定规则形状岩石试件单轴抗压强度的方法,主要用于岩石的强度分级和岩性描述。该法采用饱和状态下的岩石立方体(或圆柱体)试件的抗压强度来评定岩石强度(包括碎石或卵石的原始岩石强度)。

2. 仪器设备

(1)压力试验机或万能试验机。

(2)钻石机、切石机、磨石机等岩石试件加工设备。

(3)烘箱、干燥器、游标卡尺、角尺及水池等。

3. 试件制备

砌体工程(桥梁工程、挡土墙、边坡)用的石料试验,采用立方体试件,边长为 70 ± 2mm,每组试件共 6 个。

有显著层理的岩石,分别沿平行和垂直层理方向各取试件 6 个。试件上、下端面应平行和磨平,试件端面的平面度公差应小于 0.05mm,端面对于试件轴线垂直偏差不应超过 0.25°。

对于非标准圆柱体试件,试验后抗压强度试验值按下式进行换算:

$$R_e = \frac{8R}{7 + 2\dfrac{D}{H}} \tag{6-1}$$

式中: R_e——试件高径比为 2:1 的标准抗压强度值;

R——试件任意高径比的抗压强度值;

D——试件直径;

H——试件高。

4. 试验步骤

(1)用游标卡尺量取试件尺寸(精确到 0.1mm),对于立方体试件在顶面和底面上各量取其边长,以各个面上相互平行的两个边长的算术平均值计算其承压面积。对于圆柱

体试件,在顶面和底面分别测量两个相互正交的直径,并以其各自的算术平均值分别计算底面和顶面的面积,取其顶面和底面面积的算术平均值作为计算抗压强度所用的截面积。

(2)试件的含水状态可根据需要选择烘干状态、天然状态、饱和状态、冻融循环后状态。试件饱和可采用下面任一方法。

①用煮沸法饱和试件。将称量后的试件放入水槽,注水至试件高度的一半,静置 2h。再加水使试件浸没,煮沸 6h 以上,并保持水的深度不变。煮沸停止后静置水槽,待其冷却,取出试件,用湿纱布擦去表面水分,立即进行试验。

②用真空抽气法饱和试件。将称量后的试件置于真空干燥器中,注入洁净水,水面高出试件顶面 20mm,开动抽气机,抽气时真空压力需达 100kPa,保持此真空状态直至无气泡发生为止(不少于 4h)。经真空抽气的试件应放置在原容器中,在大气压力下静置 4h,取出试件,用湿纱布擦去表面水分,立即进行试验。

(3)按岩石强度性质,选定合适的压力机。将试件置于压力机的承压板中央,对正上、下承压板,不得偏心。

(4)以 0.5~1MPa/s 的速率进行加荷直至破坏,记录破坏荷载及加载过程中出现的现象。抗压试件试验的最大荷载记录以 N 为单位,精度为 1%。

5.结果整理

(1)岩石的饱水抗压强度和软化系数分别按下式计算:

$$R_w = \frac{P}{A} \tag{6-2}$$

式中:R_w——岩石饱和状态下的单轴抗压强度(MPa);
P——岩石饱和状态下破坏时的荷载(N);
A——试件的截面积(mm^2)。

$$K_p = \frac{R_w}{R_d} \tag{6-3}$$

式中:K_p——软化系数;
R_w——岩石饱和状态下的单轴抗压强度(MPa);
R_d——岩石烘干状态下的单轴抗压强度(MPa)。

(2)单轴抗压强度试验结果应同时列出每个试件的试验及同组岩石单轴抗压强度的平均值;有显著层理的岩石,分别报告垂直与平行层理方向试件强度的平均值。计算值精确至 0.1MPa。

软化系数计算值精确到 0.01,3 个试件平行测定,取算术平均值;3 个值中最大与最小之差不应超过平均值的 20%。否则,应另取第 4 个试件,并在 4 个试件中取最接近 3 个值的平均值作为试验结果,同时在报告中将 4 个值全部给出。

6.试验注意事项

岩石的抗压强度是反映岩石力学性质的主要指标之一,它在岩体工程分类、建筑材料选择及工程岩体稳定性评价计算中都是必不可少的指标。试验研究表明,岩石的抗压强度受一系列因素的影响与控制。这些因素包括两个方面:一方面是岩石本身方面的因素,如矿物组成、结构构造及含水状态等;另一方面是试验条件,如试件形状、大小、高径比及加工精度、加荷速率等。

一、填空题

1. 天然岩石按地质成因分为_____、_____和_____三大类。
2. 石料单轴抗压试验含水状态有_____、_____和_____三种。
3. 岩石抗冻性试验是用来评价岩石在_____下经受规定次数的冻融循环后抵抗破坏的能力,其冻融过程中冻结取出放入_____的水中溶解,反复冻融。

二、综合题

1. 简述石料单轴抗压试件制备试件要求。
2. 简述石料单轴抗压试验过程。
3. 简述石料抗冻性的试件冻融过程。

模块七　土工合成材料检测

任务　土工合成材料技术性能检测

 学习目标

1. 了解土工合成材料的概念和分类；
2. 了解土工合成材料的技术性质及在工程中的运用；
3. 了解土工合成材料的宽条拉伸试验；
4. 了解土工合成材料的顶破强力试验。

 建议学时

2学时。

 任务描述

现路基开挖工程已施工完毕，施工期正值雨季，为防止水流对路基的冲刷作用，需用土工合成材料进行边坡永久性防护。现已采购一批Ⅰ级无纺土工织布，除应检查其出厂质量报告单外，还应检测其厚度、拉伸强度、撕破强力、顶破强力、刺破强力及穿透孔径，以此判断土工织布是否符合要求。

 理论知识

××工程,结构层为:4cm改性沥青混合料AC-13表面层+5cm中粒式沥青混凝土AC-20 Ⅰ中面层+6cm粗粒式沥青混凝土AC-25 Ⅰ底面层+36cm石灰粉煤灰稳定碎石基层+30cm 12%石灰土底基层。结构总厚度为81cm。路线全长2.98km,主路大部分路基为挖方路基。

本次学习任务是参照国家标准《土工布及其有关产品　宽条拉伸试验》(GB 15788—2005)、《土工合成材料梯形法撕破强力的测定》(GB T 13763—2010)、《土工合成材料

静态顶破试验(CBR法)》(GB T14800—2010)要求进行,参照《公路土工合成材料应用技术规范》(JTG/T D32—2012)进行判定该土工织物是否满足设计及规范要求。

一、土工合成材料的概念

土工合成材料是岩土工程中所应用的合成材料的总称。它是指以人工合成的聚合物(如塑料、化纤、合成橡胶等)为原料,制成各种类型的产品,置于土体内部、表面或各层土体之间,能发挥加强或保护土体的作用的岩土工程材料。

二、土工合成材料的分类

工程中常用的土工合成材料有以下几种:土工织物、土工格栅、土工网、土工膜、土工复合材料。其中,公路工程中用得较多的,是土工织物及土工特种材料中的土工格栅两种。

常用的土工合成材料如图7-1所示。

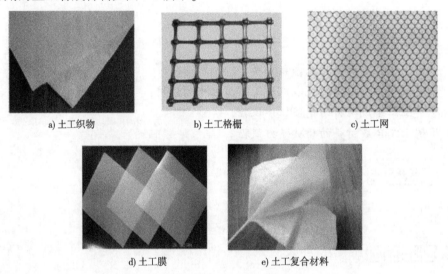

图7-1 常见土工合成材料

三、土工合成材料技术性质

1. 土工合成材料物理性质

(1)单位面积质量。

单位面积质量是土工合成材料物理性能指标之一,反映产品的原材料用量以及生产的均匀性和质量的稳定性,与产品性能密切相关。目前测定土工合成材料的单位面积质量通常采用称量法,单位采用 g/m^2。

(2)厚度。

目前土工织物及复合土工织物的厚度采用专门的厚度测试仪进行测量,土工膜厚度的测定是采用机械测量方法测定,土工薄膜和薄片厚度用 mm 表示,如图7-2所示。

(3)幅宽。

幅宽是指整幅样品经调湿除去张力后与长度方向垂直的整幅宽度。幅宽是土工合成材料规格中重要的指标之一,直接影响到产品的有效使用面积。

图 7-2　土工布厚度仪

(4)孔径。

土工合成材料孔径从概念上来分包括当量孔径和有效孔径两种。当量孔径是用于表示网格型(如土工网、土工格栅等)土工合成材料孔隙大小的指标,是将某种形状的网孔换算为等面积圆的直径。有效孔径是指能有效通过土工织物的近似最大颗粒直径,例如 O_{90} 表示土工织物中 90% 的孔径低于该值。

2.土工合成材料力学性质

反映土工合成材料力学性质的指标主要有:拉伸强度、撕破强力、顶破强力、刺破强力、穿透强力和握持强力等。

(1)拉伸强度。

土工合成材料的拉伸强度与试样的宽度、形状以及试验条件有关。目前,测定土工合成材料的拉伸强度基本上采用宽条拉伸试验测定。

(2)撕破强力。

撕破强力是指土工合成材料试样在撕裂过程中抵抗扩大破损裂口的最大拉力。土工合成材料在运输和现场铺设过程中,可能会受到剪切或刺破作用。此时,土工合成材料的抗破裂强度所控制。目前,土工合成材料的撕破强力采用梯形撕破强力试验测定。如图7-3 所示。

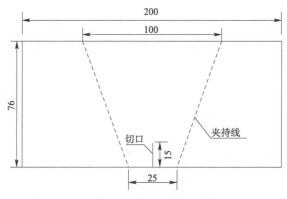

图 7-3　梯形试样平面图(尺寸单位:mm)

(3)顶破强力。

顶破强力是指以圆球或 CBR 仪的圆柱形顶杆匀速垂直顶压土工合成材料平面时,土工合成材料所能承受的最大顶压力。它所反映的是土工合成材料抵抗垂直于织物平面的法向压力的能力。目前,土工合成材料的顶破强力采用 CBR 顶破强力试验测定。

(4)刺破强力。

刺破强力是指一刚性顶杆以规定速率垂直顶向土工合成材料平面,并将试样刺破所需的最大力,反映的是土工合成材料抵抗小面积集中荷载。目前,土工合成材料的刺破强力采用刺破强力试验测定。刺破强力试验采用刺破强力用顶杆,如图 7-4 所示。

(5)穿透孔径。

穿透孔径是指规定尺寸的落锥在土工合成材料上方 500mm 高度处自由落下时,穿透土工合成材料的孔洞直径。它是反映土工合成材料抵御穿透能力的力学特性指标。

图 7-4 刺破强力用顶杆

土工布及其有关产品宽条拉伸试验

1. 试验范围

本标准规定了用宽条试验测定土工布及其有关产品拉伸性能的方法,适用于大多数土工布,包括机织土工布、非织造土工布、复合土工布、针织土工布和毡垫,也适用于土工格栅,但试样尺寸有可能需要调整。

2. 仪器设备

(1)拉伸试验仪。等速伸长型(CRE)拉伸试验仪,符合(GB/T 168251—2008)中的一级试验机要求。其夹具应有足够宽度,以握持试样的整个宽度,并采取适办法限制试样的滑移或损伤。

(2)伸长计。能够测量试样上两个标记点间的距离,对试样无任何损伤或滑移,应注意保证测量结果确实代表了标记点的真实动程。伸长计包括力学、光学、红外或电学装置等。

伸长计的精度应不超过 ±1mm。如果发现伸长计的应力—应变曲线出现不规则时,应舍弃该结果,对其他试样进行试验。

3. 试样准备

(1)试验数量。在样品的纵向和横向各剪取至少 5 块试样。

(2)试样选取。根据(GB/T 13760—2009)选择试样。

(3)试验尺寸。制备每个试样至 200 ±1mm 的最终宽度,并有足够的长度以满足夹钳隔距 100mm。其长度方向与外拉伸力的方向平行,如图 7-5 所示。

4. 试验步骤

(1) 设定拉伸试验机。

试验开始前，将夹具隔距调至 100±3mm，土工格栅除外。选择试验机的负荷量程，使断裂强力在满量程负荷的 10%~90% 之间。设定试验机的拉伸速度，使试样的伸长速率为隔距长度的 20%±5%/min，如图 7-6 所示。

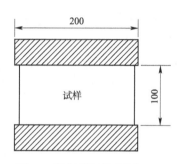

图 7-5 宽条试样（尺寸单位：mm）

图 7-6 拉伸试验机

(2) 夹持试样。

将试样对中地夹持在夹钳中。注意纵向和横向试验的试样长度与拉伸力方向平行。合适的方法是将预先画好的横贯试验宽度且相隔 100mm 的两条标记线尽可能与上下夹钳口的边缘重合。对于湿态试样，在从水中取出后 3min 内进行试验。

(3) 安装伸长计。

在试样上相距 60mm 分别设定标记点（分别距试样中心 30mm），并固定伸长计，且不能对试样有任何损伤。确保试验中这些标记点不滑移。

(4) 测定拉伸性能。

开动拉伸试验机并连续运行至试样断裂，停机并恢复至初始隔距位置。记录最大负荷，精确至满量程的 0.2%；记录伸长率，精确至一位小数，试样拉伸过程如图 7-7 所示。

每个方向至少试验 5 块试样。

a) 准备试样

b) 试样拉伸

c) 破坏后试样

图 7-7 试样拉伸试验

(5) 测定伸长率。

使用合适的记录装置测量在任一特定负荷下试样实际夹持长度的增加。

一、填空题

1. 土工合成材料的拉伸强度与试样的宽度、形状以及试验条件有关。目前,测定土工合成材料的拉伸强度基本上采用_____测定。

2. _____是指土工合成材料试样在撕裂过程中抵抗扩大破损裂口的最大拉力。土工合成材料在_____过程中,可能会受到剪切或刺破作用。

3. _____是指与土工织物平面垂直方向的渗流的水力梯度等于1时的渗透流速;_____是指在土工织物内部沿平面方向的渗流的水力梯度等于1时的渗透流速。_____是指水位差等于1时垂直于土工织物平面方面的渗透流速。

二、综合题

1. 常见的土工合成材料有哪些种类?
2. 在路基防护冲刷施工中,采用土工膜袋的技术要求有哪些?
3. 学习完本课程,说说你对土工合成材料的认识。

参 考 文 献

[1] 张超,支喜兰.公路水运工程试验检测专业技术人员资格考试用书——道路工程[M].北京:人民交通出版社股份有限公司,2016.
[2] 王瑞.土质与筑路材料[M].北京:中国劳动与社会保障出版社,2012.
[3] 何玉珊,程崇国,章光永,等.公路水运工程试验检测专业技术人员资格考试用书——桥梁隧道工程[M].北京:人民交通出版社股份有限公司,2016.
[4] 李立寒,章南鹭,孙大权.道路工程材料[M].北京:人民交通出版社,2010.
[5] 袁聚云,钱建国,张红鸣.土质学与土力学[M].北京:人民交通出版社,2013.
[6] 孙新枝.土质与公路筑路材料[M].北京:人民交通出版社,2013.